海外中国
研究丛书

刘 东 主编

[美] 艾尔曼 著

赵 刚 译

FROM PHILOSOPHY TO PHILOLOGY

Intellectual and Social Aspects of Change in Late Imperial China

从理学到朴学

中华帝国晚期思想与社会变化面面观

江苏人民出版社

图书在版编目(CIP)数据

从理学到朴学:中华帝国晚期思想与社会变化面面
观/(美)艾尔曼著;赵刚译.—南京:江苏人民出
版社,2011.9(2021.5 重印)
　(海外中国研究丛书/刘东主编)
　ISBN 978-7-214-07348-8

Ⅰ.①从…　Ⅱ.①艾…②赵…　Ⅲ.①学术思想-思
想史-研究-中国-清代　Ⅳ.①B249.05

中国版本图书馆 CIP 数据核字(2011)第 181694 号

From Philosophy to Philology by Benjamin Elman
© Council on East Asia Studies Publications,Harvard University
Translated and distributed by permission of the Council on East Asia Studies Publications

书　　　名　从理学到朴学:中华帝国晚期思想与社会变化面面观
著　　　者　[美]艾尔曼
译　　　者　赵　刚
责 任 编 辑　周文彬　沈　亮　洪　扬
特 约 编 辑　孟　璐
装 帧 设 计　陈　婕
责 任 监 制　王　娟
出 版 发 行　江苏人民出版社
地　　　址　南京市湖南路 1 号 A 楼,邮编:210009
网　　　址　http://www.jspph.com
照　　　排　江苏凤凰制版有限公司
印　　　刷　江苏凤凰扬州鑫华印刷有限公司
开　　　本　652 毫米×960 毫米　1/16
印　　　张　14.75　插页 4
字　　　数　186 千字
版　　　次　2012 年 1 月第 1 版
印　　　次　2021 年 5 月第 5 次印刷
标 准 书 号　ISBN 978-7-214-07348-8
定　　　价　45.00 元

(江苏人民出版社图书凡印装错误可向承印厂调换)

序"海外中国研究丛书"

　　中国曾经遗忘过世界,但世界却并未因此而遗忘中国。令人嗟讶的是,20世纪60年代以后,就在中国越来越闭锁的同时,世界各国的中国研究却得到了越来越富于成果的发展。而到了中国门户重开的今天,这种发展就把国内学界逼到了如此的窘境:我们不仅必须放眼海外去认识世界,还必须放眼海外来重新认识中国;不仅必须向国内读者迻译海外的西学,还必须向他们系统地介绍海外的中学。

　　这个系列不可避免地会加深我们150年以来一直怀有的危机感和失落感,因为单是它的学术水准也足以提醒我们,中国文明在现时代所面对的绝不再是某个粗蛮不文的、很快就将被自己同化的、马背上的战胜者,而是一个高度发展了的、必将对自己的根本价值取向大大触动的文明。可正因为这样,借别人的眼光去获得自知之明,又正是摆在我们面前的紧迫历史使命,因为只要不跳出自家的文化圈子去透过强烈的反差反观自身,中华文明就找不到进入其现代形态的入口。

　　当然，既是本着这样的目的，我们就不能只从各家学说中筛选那些我们可以或者乐于接受的东西，否则我们的"筛子"本身就可能使读者失去选择、挑剔和批判的广阔天地。我们的译介毕竟还只是初步的尝试，而我们所努力去做的，毕竟也只是和读者一起去反复思索这些奉献给大家的东西。

　　　　　　　　　　　　　　　　　　刘　东

目　录

中文版序

　　最近,我高兴地获悉拙作《从理学到朴学》中文版已收入"海外中国研究"丛书,即将由江苏人民出版社出版。首先,我衷心感谢故宫博物院陈列部的赵刚先生、中国社会科学院近代史研究所的雷颐先生。赵刚先生花费大量精力、时间把此书译为中文,雷颐先生认真审定了译稿。再次,我向挚友,原中国人民大学清史所所长,加州大学洛杉矶分析访问教授,现中国社会科学出版社副总编王俊义先生、中国社会科学院历史所副所长陈祖武先生致以诚挚的谢意。没有他们的帮助,这部书的中文版是无法问世的。最后,谨向戴逸教授、杨向奎教授、汤志钧教授致以深谢,在我 1983～1984、1992、1994 年秋三次来华访问研究时,他们及所在单位均给予我巨大的帮助。

　　《从理学到朴学》是我首次来华之前完成的,1983 年来华之后,对此书作了进一步修订,然后交哈佛大学东亚研究委员会出版。此后,我得到美国全国科学院、美中学术交流委员会资助,于 1983～1984 年来华从事研究工作,以此为基础,完成了我的第二部著作《经学、政治、宗族:中华帝国晚期的常州今文经学》。该书主要论述了常州今文经学,由加利福尼亚大学出版社出版,获 1992 年度的伯克利奖金,该奖每两年颁发一次,以奖励加利福尼亚大学出版社出版的优秀东亚研究论著。没有1983~1984年在华获得的新资料,我是不可能获得这项奖励的。

《从理学到朴学》出版后,得到欧美、日本汉学界的好评,获1985年度费正清奖,日文本正在筹划之中。该书第一版售罄之后,哈佛大学出版社又于1990年出版了平装本。我希望中国读者能够注意本书综汇学术史、社会史于一体的研究方法,它采用了欧美最近出现的"新文化史"方法,这种方法摒弃了传统学界将思想史与社会史割裂开来的作法。中国学者将会发现,《从理学到朴学》一书旨在从清代社会经济的背景考察江南学术共同体的演变过程。这一考据学赖以生存的江南学术共同体后为1850年爆发的太平天国战争摧毁。

本书还着重讨论了明清时期大运河沿岸的文化中心城市苏州、杭州、扬州、常州,力图透过政区和地方史的视角展示考据学的崛起。与传统著作中俯拾即是的思想史研究理路不同,本书更注重"哲学的框架"(fieldwork in philosophy)。读者若对这种新颖的文化史研究方法感兴趣,可进一步阅读前面提到的最新出版的《经学、政治、宗族》,该书从武进庄氏与阳湖刘氏两个家族长期拥有的显赫地位探寻常州今文经学的兴起。乾隆末年,庄存与转向公羊学,嘉庆初年,刘逢禄运用考据学为今文经学辩护,这些现象都可以从庄、刘两族的社会地位与政治声望加以解释。1780~1790年和珅擅权也是刺激庄存与重视公羊学的重要因素。除此而外,对这些问题感兴趣的读者可参阅拙著《中国文化史的新方向:一些有待讨论的意见》(《台湾社会研究季刊》第十二期,1992年5月,页1~15)。

我希望中国读者批评指正本书。1984年,本书英文版问世时,应我的请求,出版社在封面印上了篆书"实事求是"四个字,因为考据学者动用古代遗物复原古史,成为现代考古学研究的先驱,1984年以来,"实事求是"的主张再度在中国广为提倡,犹如18、19世纪之际的乾嘉学派。

与清代考据学相比,现代文献学、语言学、考古学、历史学有相当大的改进,但这并不能抹煞清代考据学通行的研究方法的历史意义。现代中国学术固然深受西方学术和科学的影响,但是我们不应忘记,中国现代的社会史、文化史研究人员曾受惠于清代学者的考证成果,如阎若璩的《古文尚书》研究,戴震的声类研究,段玉裁《说文解字》的研究,王念孙的训诂学研究。没有清代金石学者奠定的坚实基础,中国考古学者恐怕不可能释读甲骨文。清代考据学的许多特点常使我们想起18世纪欧洲启蒙运动的众多思想家和学者。此外,17、18世纪的考据学、实学思潮还东传日本、朝鲜,推动了18世纪朝、日两国实学的兴起。

最后,我再一次向所有为本书中文版问世尽心尽力的同仁致意。

1994.11.1 于北京

初版序

　　如何区分清朝衰亡和中国传统社会整体性崩溃之间的差异,这是一个令现代中国的历史学者极为困惑的复杂问题。最近,孔飞力(Philip Kuhn)在对近代中国早期历史的精辟论述中,对此提出了新的答案。他认为,只有假定在19世纪之前中国社会尚未出现根本性的变化,我们才能承认,惟有西方势力的介入,才加速了传统王朝体制的解体,导致横扫传统文化方方面面的总体性革命的爆发。不过,他从社会学角度的研究表明,早在19世纪中叶以前,中国的社会权威及权利结构、儒家精英阶层的凝聚力已开始崩溃瓦解。

　　只要我们把清代历史的研究重点从社会关系转向学术思潮,就不难发现,知识阶层对帝国正统学术的批判早在18世纪已达到高潮。传统儒学经典一度拥有的不容置疑的权威性,在那时即受到知识阶层日趋尖锐的挑战。这种挑战明显反映于他们的语言、数学、天文、地理、金石实证性研究之中。18世纪的知识分子,运用这些研究成果,重新审视儒学遗产众多理论的合理性,对宋明理学对儒家经典解释所充斥的空疏之风极为不满。儒家经典受到全面的怀疑,并经由史学化,变成了寻常的史学研究对象和材料。这是知识阶层思想变化最显著的标志。

要研究清代考据学运动的广泛影响,就必须了解它赖以形成、发展的学术共同体。清代,太平天国运动爆发之前,长江下游地区已存在着一个统一的学术共同体。当时,多数士大夫没有参与或推进考据学研究的发展,不属于本书即将讨论的考据学运动的积极参与者。换言之,这个学术共同体的成员不同于政治官僚,他们人数不多,只占士大夫阶层的极小部分。但是,这个群体影响巨大,意义深远,聚集着当时最优秀的学者。他们通过知识传播的组织与机制走到一起,就寻找、发掘知识的途径达成共识。

托马斯·库恩(Thomas Kuhn)曾对专业化学者形成的共同体与技术性写作实体的关系进行过富有开拓性的研究。本书将运用他的研究成果,探讨清代学术共同体的总体特点,重点分析清代学术形成内在与外部的成因。此外,我们还将借鉴福柯(Michel Foucault)在《知识考古学》一书中阐发的"话语"理论。我们认为,考据学就是一种话语,一种学术性谱系和意义。实证方法的形成、流行,展示了17、18世纪中国在语言使用和意义上的剧烈变化。作为思想学术事件,实证性朴学话语特点的逐步形成是基本学术观念变化的反映。后者同时还引发了对传统认知和理解的更重大的基本变革。从前公认的学术范式受到了致命的

xxix 挑战。

本书第一章将集中讨论这场学术话语革命发生、发展的脉络。第二章将深入讨论17、18世纪的学术成果及其透露的学术走向,介绍考据学者的文献考证,史学、科学建树。第三、四章将阐述考据学专业性学术共同体产生的社会、学术机制,这种为江南中心城市的考证学派形成而建立的机制还是中华帝国晚期学术研究"职业化"的标志。

18世纪的考据学研究是在一个生机勃勃,充满进取意识的学术环境中展开的。这种环境即是本书第五章的讨论重点。那些采用实证方法的考证专家,经过不懈努力,在清代的江南地区,形成了一个相对自主,拥有独特学术规则的社会群体。它尽管受到太平天国战乱的破坏,但

是,其学术遗产并未消亡。考据学派的出现毕竟拉开了中华帝国晚期重新审视正统儒学传统的序幕。

时至今日,18世纪的中国史,也即"康乾盛世",仍未得到很好的研究,当然,并非没有别具慧识的学者。但是,中国近现代多数学者在探索和重建从传统向现代社会转变的险象环生的历程时,只重视17世纪和19世纪的历史,对于18世纪则有所忽略。本书下面将指出,18世纪晚期的中国历史,实际上是17世纪以来政治、学术变革的延续及其发展的 *xxii*
极致,其影响甚至播及19世纪乃至20世纪。18世纪的历史是17世纪满族入关到19世纪西方入侵的漫长历史进程的有机组成部分,因而,不应被孤立出来,搁置一边。

对于这段充满变化而又为现代中国史学家长期忽略的历史,本书的研究仅是一个引子和开端。我们只是希望通过这些研究提醒那些对18世纪兴趣日趋浓厚的学者,对有关这段历史的传统观点需做进一步的修订和检讨。我们还希望本书在推进美国学术界重视18世纪中国史方面能尽绵薄之力。本书分析了18世纪众多的历史线索,但是,还有许多历史线索有待澄清,不少本书无力涉及的学术空白亟待填补。总之,我们的讨论不是研究的终点,它只是对这段历史研究的开始,仅仅扫清了某些障碍,为后继者的进一步探索铺平了道路。

第一章　中华帝国晚期的学术话语革命

中国从帝制时代向现代国家的转变远比我们想象的复杂。西方史学家总是认为,中华帝国发展到晚期,业已腐朽衰落,失去生机。他们在向前追溯鸦片战争(1839～1842)和太平天国叛乱(1850～1864)的历史根源时,通常把中国在现代化运动中的落伍归咎于 18 世纪及以前的历史进程,认为中国当时衰弱、停滞,欧洲朝气蓬勃、正在走向工业化,双方形成鲜明对照。这种对中国历史的认识过于肤浅,业已过时,它完全忽略了宋(960～1279)、元(1280～1368)、明(1368～1644)、清(1644～1911)各朝对中国现代化的出现、儒教传统的式微发挥的关键性作用。本书认为,17、18 世纪历史不仅是儒教中国衰亡的前奏,也是新时代即将来临的序曲。

17 世纪,儒家知识分子毅然摆脱了前代儒学理论框架的限制,他们提倡客观实证学风,要求通过这种方式,恢复理想的古代社会,并以此为突破口,向官方正统学说发动猛烈攻击。在这一点上,他们的主张与文艺复兴时期最伟大的语言学家洛伦·维拉(L. Valla 1407～1457)、伊拉斯谟(D. Erasmus 1466? ～1536)的观点是非常相似的。清代小学家同他们的欧洲同行一样,追求语言的简明、清晰、纯净,这种追求引导他们揭露当时通行思想及表达方式的种种谬误。他们也像维拉和爱拉斯摩斯一样,虽然是道德革新者,但却成为现代语言学的先驱。他们在学术上反对迷信权威,追求更高层次的一致性,渴望消除语言混乱,以此奠定人类永恒秩序的基础。他们认为,只要正确研究并恢复古代经典的纯洁语言,就会建立这种永恒秩序。①

历史学者逐渐认识到,17 世纪中国在学术和哲学领域已开始出现重要转变。1644 年,明朝为清朝"夷狄"所取代,这一致命的打击使许多亲身经历这场巨变的士大夫进一步认识到理学话语的陈腐和危害,他们严厉指斥理学见地荒诞,背叛儒学真谛,最终导致明末的社会大崩溃。②

明亡前,内圣之学极富吸引力,令中国多数杰出学者心醉神往。宋、元、明儒学都倡导个体的道德完善,西方学者把这种思想模式称为"新儒学"。新儒学主张,只要每个士大夫都成为道德楷模,儒家的理想社会就会复兴和繁荣;知识和行动是一致的,政治、文化的稳定取决于每一个体严格的道德修养。

宋明儒学家为论证其道德学说,发展出一套精心构致、相当系统的天人相谐理论。他们对世界万物生成的结构、差异的宇宙论模式作过深入研究,认为自己已最终洞见到人及其道德心性能力在一个变化有序世界中的位置。他们还认为,要成为圣哲,就要有一种崇高的洞见,也即一种本体性洞见,换言之,即能认识到人是构成一个在道德上、理性上至善至美的宇宙的核心因素。

然而,到1750 年,继新儒学而起的清代知识分子业已变成一个世俗性学术团体的成员,这个团体鼓励严格的富有创造性的文献考证,还为之提供生活保障作为学术奖励。与其理学先辈相反,清代学者崇尚严密的考证、谨严的分析,广泛地搜集古代文物、历史文件与文本保存的客观

---

① 凯莱《现代史学的基础:语言、法律与文艺复兴时期法国的史学》(纽约,1970)页 19～50;昆廷·斯金纳《现代政治思想基础》第一卷(剑桥,1979)。
② 帕特森《匏瓜:方以智与学术变迁的冲击》(纽黑文,1979)页 1～17。

证据,以具体史实、版本及历史事件的考证取代了新儒学视为首要任务的道德价值研究和论证。现在,成就圣人的个体道德理想在严肃的儒士心目中已成为不切实际的幻梦,不再是他们追求的目标。

在中国传统学术历史上,清代学术代表了崭新的极为重要的转变。我们从当时学术话语发生的革命中,可以发现一个代表儒学最后的伟大传统的杰出学术共同体所取得的进展和创造性成果。而且,我们还能够看到这一崭新的学术进展在重新确立中华帝国晚期儒家知识分子的社会地位时发挥的作用。清代知识分子开创、维护的实证性小学传统即是我们讨论的主题。

本书涉及的多数学者生活在长江下游物产富庶、人文荟萃的江苏、浙江、安徽三省。他们在当地和帝国的首都北京,潜心研究,探寻儒家文化的根基,为我们认识古代中国奠定了基础。他们的探索是中国历史上在学术研究领域发生的多次最富有创造性的转变之一。他们汲取、重构并革新了儒家的学术研究传统。迄今为止,中国学仍受到他们建立的研究方法的影响。

第一节　江南学术界的内外环境

一、内在理路和外在变迁

我们要弄清江南考据学者共同体以及专业化程度不断发展的学术界赖以产生的各种因素的脉络,就必须考察把朴学家们和更广泛的社会背景联系在一起的个体和社会关系的复杂结构。清代学术话语的变革是一个复杂的过程。这一过程包括学术本身的变革,以及规范性研究、著述赖以产生的社会环境的变化。[①]

---

① 关于"环境"一词社会学意义上的定义,详参莫顿《科学社会学,理论分析与实证研究》(芝加哥,1973)页 373。

要进行我们的研究,仅依靠一种理论框架是不够的。我们将从米歇尔·福柯、托马斯·库恩等西方学者的著述中借用某些适用于中国的观点。我们还将考察一种学术话语内在发生的思想突破,以及与学术发展相应的外在而必不可少的社会、政治因素。学术话语剧烈变化的历史过程仰赖于学术本身的内在机制,它向那些需要的学者提供有用的专业术语、概念和理论框架。因此,本书将详细考察清代内在学术理路和外在社会环境的相互作用。

要深入认识清代江南学术共同体,还要弄清其成员通行的教育和学术交流模式。考据学是一种群体性事业。不了解朴学家的群体特质,就不能准确把握其实证方法的走向及其发展方式。17世纪,明朝灭亡引发了剧烈的社会、政治、文化危机,许多学者受到这一危机的冲击,开始提倡实证学风,18世纪考证学派提出的许多社会和学术观点,如同他们的研究方法,同样受到前一世纪形成的广为流行的训诂考证学风的影响。[①]

17世纪中国开始出现的学术变革,如果没有适宜正在形成的新学术话语传播的学术机制,就不能在18世纪迸发出如此巨大的冲击力。尽管清代多数进士不是朴学家,但是,他们通过提供经济资助推进了新学术话语的发展。这个社会在相当大程度上保证了考据学共同体的生存,因此,清代社会特质就是我们首要的研究对象。

二、江南地区的交通和地位

唐代(618~906)中叶,中国发生了中世纪经济变革,此后,南方人控制着学术事业,北方人尽管在重要政治活动中仍有一席之地,但在文化事业中失去了主导地位。宋、元、明三朝的多数重大学术、艺术、思想运动,都是由南方士人首开风气的。1644年,满洲入主中原后,江南知识分

---

① 有关学术内在理路和外部环境差异的讨论,详参库恩《必要的张力》页105~126、293~319。

子开始对明亡引发的文化困境进行严肃反省。他们从道德修养转向实证研究,这是中国社会对明亡反应的重要内容。

众所周知,江南地区是中华帝国晚期商业和交通的中心。清代文化事业主要集中于江南各省。江南地区经济、文化中心地位的形成是中国早期王朝大量人口从北方平原向江南丘陵、谷地及东南沿海迁徙的产物。隋、唐、北宋(960～1127)建立起新的科举制度,进一步向比以前更广泛的社会阶层开放仕途,加速打破北方士族对政权的垄断。

唐宋以降,江南诸省凭借由长江、运河、太湖交织形成的交通网迅速发展,到明清以后,已成为一个巨大的内陆商业区。当地的城市化程度 9 远远超过其他地区,许多城市成为商业枢纽,日益繁荣。① 南京(明朝的两都之一)、苏州、杭州、扬州等城市堪称中华帝国晚期商业化程度最为发达地区的中心。苏州地区位于江南腹地,是中国主要的稻米、茶、水果产区,从元代起就成为文人学者聚集的中心。苏州不仅是制造供应出口和国内市场种种奢侈品所需丝、棉的主要产区,也是一座艺术和商业同步发展的大都市。直到 20 世纪,苏州士人在文学、音乐、戏剧、书法、绘画领域依然深具影响力。

江南既是大运河南端的终点,又是长江的入海口,因此,当地区域性的贸易系统成为全国性的谷物、食盐、纺织品贸易中心。明清两朝,许多陕西、山西商人,千里迢迢,从西北迁往江南,在江、浙两省从事利润丰厚的商业活动,这些省份有利的商业位置使淮安,特别是扬州,变成朝廷盐政和发往北京的漕粮的重要中心。两淮盐政就设在地处长江、淮河及大运河交汇处的扬州,负责管辖江苏、安徽、河南、江西、湖南、湖北及贵州的盐务,其产销量、税收额远远超过其他地区。陕西、山西、安徽盐商出于商业、享乐的考虑奔赴扬州,这些外来客赋予扬州以大都市的风情。

---

① 详参施坚雅《19 世纪中国地方城市化》,《中华帝国晚期的城市》(斯坦福,1977)页 211～249;《农耕中国的市场与社会结构》(《亚洲研究杂志》,1964～1965),又参傅衣凌《明代江南市民经济试谈》(上海,1957)页 1～23,该书认为"江南"和"长江下游地区"是意义相同的概念。

当然，还有许多商人离开江南，告别家园，为商业目的奔赴中国其他地区。安徽的徽商就分布于全国各地。①

12 19 世纪之前，江南盐商操纵了盐业，拥有中华帝国晚期商界最庞大的资产。扬州商人以学术界、戏剧、艺术的头号赞助者而闻名，江南盐商时常聘用大批考据学者开展学术活动，以此消磨时光。由于商人为推进江南学派和学术圈的发展提供了引人注目的支持，他们与士大夫几乎融为一体。②

中国图书业和江南高水准文化成就存在密切关联。在过去几个世纪中，苏州、常熟、杭州、松江、无锡等城市是江南图书收藏出版的中心。江南城镇的进士录取比率远远高于全国其他地区。对清代各地进士录取名额的统计表明，江苏、浙江进士录取率分别位居全国第一、第二位。科举录取领先的地位使江南士子处于较高的政治地位。③

---

① 克莱克《宋代社会，传统的变化》，《亚洲研究杂志(1941～1971)学术论著精选》(杜克逊，1972)页 65～74；宫崎市定《明清苏州轻工业发展研究》(《亚洲史研究》卷四，东京)页 306～
262 320；《明清苏松地区士绅与民众》(《史林》33，3；219～251，1954.6)。他指出，苏州的中心地位，直到 19 世纪才为后来居上的上海所取代。又参弗里德里克·莫特《中国城市化千年的历程：苏州的形式、时代与空间概念》(《利斯大学研究》59.4；33～65，1973)；西拉斯·吴《走向权力：康熙与他的继承者》(剑桥，马萨诸塞，1979)页 4～6、83～105、194。又参马里恩、沈复《鉴赏与研究，M.塞勒在纽约与普林斯顿收藏的中国画》(普林斯顿，1973)页 4～5；卡黑尔《告别海岸：明代早期及中期(1368～1580)的中国绘画》(纽约，1978)页 4、60；《中国画的气韵》(纽约，1967)页 20、90。关于扬州研究，详参威廉姆·斯考特《扬州八怪》，《亚洲研究》1～2；1～2(1964～1965)；何炳棣《扬州盐商，18 世纪中国商业资本主义研究》(《哈佛亚洲研究杂志》17；130～168，1954)；托马斯·墨子刻《清代国家的商业管理功能：1740～1840 年两淮盐商的专卖权》，见 W.E.威尔姆《中国社会的经济组织》(斯坦福，1972)页 9～45。
② 何炳棣《扬州盐商》页 155～157；卡黑尔《中国画的气韵》页 92；柯林·梅克拉斯《京剧的崛起，1770～1870 清代中国戏院的社会特征》(牛津，1972)页 49～80；吴敬梓《儒林外史》(纽约，1972)。有关南京文化生活的描述，详参卡黑尔前引书页 97～98。关于明代南京官商相互作用，详参斯考特《扬州八怪》页 1～19；南西·李·斯万《七位私人藏书家》，《哈佛亚洲研究杂志》1；369(1936)；杜维运：《学术与世变》(台北，1971)页 118。关于商人对学术的支持，详参大久保英子《明末士大夫读书结社活动》(东京，1976)页 221～361；张仲礼《中国绅士及其 19 世纪社会角色的研究》(西特尔，1967)页 102～111。关于商人的文化修养，详参罗友枝《清代中国的教育与大众识字率》(安·阿勃，1979)页 9～10。
③ 何炳棣《中华帝国的成功捷径》(纽约，1962)页 226～237；魏斐德：《中华帝国的衰亡》(纽约，
263 1975)页 19～24；吴广兴《1618～1644 中国学术、图书出版与收藏》(芝加哥大学，博士论文，1944)页 184、260。

清代众多学术流派通常是根据与江南学派的关系远近来划分的。人们可以理所当然地把学派林立视为学者交流的明证。这些学者借助个人或地域的联系、哲学或文学上的默契、共同的师承关系等中介聚合起来,形成特殊团体。江南学界富有吸引力的观点、通行的研究方法使我们有可能超越个别特定学派的歧见,寻找发掘其共同的学术特征。清代多数学派尽管在学术风格与方法上各具特色,但扔按通行标准界定自身。反之,这些标准也允许每个学派突出自己的个性。

考据学派的地域性具体体现在江南特定都市地区引人瞩目的学术支派上。这些引人瞩目的学术支派为更大的学术共同体所囊括,这一学术共同体可看作学派。18 世纪晚期及 19 世纪,福建、广东、湖南兴起的许多学派,在诸多方面不同于乃至反对江南中心城市发展起来的主流学术观点。

江南士子扮演了"国家精英"的角色,因而能够把江南学术的活力、风格移植到北京。这种移植是通过负责官方修书活动的政府赞助机构以及江南学者占有优势的清朝书院制度实现的。1780 年完成的官修《四库全书》聘用的大多数杰出学者来自江南。许多朝廷大员的幕室以及北京翰林院集中着大批前来投奔的江南学者。江南文风、学风及艺术风格通过这些赞助渠道传遍全国。① ¹³

考证学派兴起之时,中国正处于少数民族统治之下,这使人们往往忽略清代学界在提出、选择学术课题方面的自由。现存的大量论著只强调清朝统治对中国社会造成的负面影响,指责它导致一个学术发展贫乏、停滞时代的来临,却忽略了许多反映当时学术发展有着相当自由度的史实与文献。我们应重新审视这种草率观点,以揭示考据学派产生的广泛政治影响。

---

① 有关清代学派详细讨论,详参拙著《清代的学派》(《清史研究》,1981);何炳棣《成功捷径》页 288;方志彤《孙星衍书目研究》(哈佛亚洲研究丛刊,14:241,1,1951);《中华帝国晚期的城市》页 247。关于"国家精英",详参孔飞力《起义及其敌人》页 180~188。

第二节　清代政治与学术

人们一般把清代盛行的考据学斥之为"儒学的堕落"。他们批评当时许多学者放弃对有意义的政治、道德课题的关注,转向思想贫乏的文献考证,借此打发时光。这种观点极易为人接受,因为一些广为人知的著作只论述清朝在1644年后钳制士大夫思想,在学术领域实行文字狱的事实。[①]

相对于前代而言,清代对士大夫的压制显然为人夸大了。把考据学派的兴起归因于清朝文化压制政策的说法,忽略了前代出现过类似政治环境的事实。不论宋朝,还是明朝,都不是自由表达政治观点的天堂。更有甚者,17世纪,太监魏忠贤操纵的对政治敌手东林党的迫害,其手法之残酷恐怖,规模之大,远远超过清朝的文禁。[②]

同时,我们发现清代朴学家以天文、数学、水利、地理等实用课题补充其经典考证。约翰·韩德森(John Henderson)指出,17世纪的汉族士大夫认为,应把科学技术和儒学结合起来。18世纪的考据学者比20世纪的历史学家更清楚,不通晓儒家经典中的天文历算内容,就会妨碍对儒学传统的研究。后者却似乎以对人文学科的研究承诺为自己在科学上的无知辩护。[③]

---

① 这个观点从路德·C.古德里希《乾隆文字狱》出版后,广为学界接受,(巴尔的摩,1935)页30~67。侯外庐《近世中国思想学说史》代表了马克思主义学者对这一问题的看法,详参该书(上海,1947)页422。弗尔维克《18世纪中国的社会与国家》(安·阿勃,1976)页25~31。
② 罗文《语言学,宋代理性主义的特点》(《中国文化》17.4:5,1976);顾颉刚《明代文字狱研究》(《哈佛亚洲研究丛刊》3:254~311,1938);胡克《晚明东林党运动》(费正清《中国思想与制度》,芝加哥,1957,页153~156);蒂尔曼·格里姆《明代对书院的控制》(《日本远东学术讨论会论集》)。这些论著论述了清以前的文化迫害。
③ 韩德森《清代前期思想中的天地秩序》页75、137~138、216;约翰斯《18世纪晚期中国的烦琐哲学与政治思想》(《清史问题》,3、4:28~29,1975);墨子刻的重要作品《清代官僚体制的内部结构:地方、任命与交流网络》(剑桥,1973),另参其前引论文《清朝国家管理》页11。

一、清廷政策和考据学

尽管满洲统治者为远离政治的考据学派兴盛及赖以形成的环境提供了一个稳定的社会、经济结构,但并未左右考据学研究将要采取的形式。当时,小学及辅助学科的发展在某些方面依赖于清朝文化政策为考据学研究提供的社会政治条件,在另一些方面则与之无关。例如,17世纪许多知识分子对困扰晚明的党争极为反感,指责晚明儒士的党派之争导致明朝的灭亡,他们因此对政治参与产生了某种厌恶,这是明亡留下的一笔常为人忽略的遗产,学术生涯则与之相反,成为受人欢迎的一种选择。

17、18世纪,清政府为阻止士大夫非议朝政,促使他们支持国家,对学术进行了大规模干预。知识分子受到了朝廷精心策划的文字狱的监视。尽管如此,他们在提出选择研究课题上仍然有一定的自由度,他们能够随心所欲地就自己喜好的经典进行讨论,但如被发现有指斥朝廷或蒙古的不敬之词,则会受到处罚。[①]

清代文禁是政治性的,很少涉及思想学术领域。例如,17世纪转向实证研究的先行者阎若璩敢于确凿地证明,朝廷迄今推尊的经典的一部分是赝品。学术界对阎氏的发现毁誉不一。但是,他的论著从未受到朝廷的压制。有人甚至呼吁从科举考试使用并得到官方尊奉的经典中删除《尚书》古文经部分。

《四库全书》的纂修常为人视为一种文化压制,它当然存在阴暗的一面,曾使两千多种书籍毁于乾隆(1735～1795)清除图书文献中反满意识的行动,其中大多数是晚明著作。清廷责成那些负责向各地藏书家借阅、购买纂修《四库全书》所需图书的官员审查所搜集的图书中的反满思

[①] 黄培《集权政治,雍正时期研究》(布鲁明顿,1974)页222～224。他认为,雍正朝文字狱主要出于特定的政治需要,与镇压异端思想无干。藤塚邻《清代文化东传研究》(东京,1975)页10～11。

想。然而，肯特·盖（Kent Guy）指出，禁书过程和文字狱不像我们迄今想象的简单，盖的研究表明"官僚、士绅、朝廷三方是如何从不同的目的和利益出发共同促成文字狱，以及文字狱的规模如何超出他们三方驾驭范围的复杂过程"。他们各有自己的政治迫害目标。由于文字狱的发展远远超出朝廷既定的目标，朝廷最后出面阻止其规模的扩大。

清廷对汉族知识分子的政策具有双重性，他们一方面力图限制知识阶层批评时政，另一方面积极鼓励汉族学者运用经验归纳方法进行研究。清朝耗费巨大财力，举办众多必需考据专业知识才能完成的修书活动（详参第三章），主办规模庞大的出版工程（详参第四章），都体现出对考据学派的支持。但是，任何仅以外在的政治因素为根据分析清代学术都将忽略明清转折时期考证学话语兴起、发展的历史根源。[①]

正如盖所言，当时学术思想深刻影响了《四库全书》对历代学术的评价，这体现出清代学者在价值阐述和表达观点上的独立性，及其巨大的影响。考据学者在参与《四库全书》编修时，力图使选书标准和自己的学术观点协调一致，这在相当程度上为朝廷主办的学术事业接受当时江南最著名的私人学者阐述的学术观点铺平了道路。

作为一种学术事业，考据学并未被朝廷视为威胁。根据盖的看法，"纂修《四库全书》同样需要甄别文献，校勘不同版本，考证、纠正错误"。乾隆皇帝和他手下的纂修者最终感到，他们正在筹划的这部丛书对那些流传千年的重要著作进行了卓有成效的整理，是对中国文化作出的意义深远的贡献。他们接受了当时公认的主张，即经史文献研究必须以考证为基础。在乾隆朝的官方文化中，朝廷的目标设想为考据学运动提供了支持。政治和学术通过庞大修书工程结合起来，这些工程表明，清廷的主张与当时学术思潮的主流基本上是一致的。

---

① 古德里希《清代文字狱》页 67；代超温《清代藏书楼的发展》（台北，1977）页 40～41；盖博坚《中华帝国晚期的国家与学术：四库全书编纂的政治意义》（哈佛大学博士论文，1981）结论部分。

与此同时,皇帝支持对蒙、满、藏历史和语言的研究。早在《四库全书》纂修之前,江南考据学者即受命编纂一部收录托忒蒙古文(Eleuth)、维吾尔语、藏语和柯柯诺尔方言的字典,许多著名学者(如王昶等人)参与了该字典的编著,因此,他们可以在自己的小学及古音韵研究中对蒙、满、汉三种语言进行比较研究(详参第五章)。1766年这部字典编成后,王昶及其他学者又受命收集佛藏中的咒语仪轨,把它们用满、蒙、汉、藏四种文字编辑成书。清朝虽然是少数民族建立的王朝,但却使用汉族整理史料的方法重建自己的历史谱系。

18世纪的文字狱只是清代文化教育政策的阴暗一面,这项政策还包括经费支持、学校奖助、官方对学术的认可、强化教育特定作用、对学术发展鼓励。事实上,没有清朝文化政策为考据学发展规范化提供先决的社会条件,考据学研究就无法大规模地展开。

清代学者出于多种原因转向考证学,其原因之一固然是清廷严禁可能触及官方禁忌的政治讨论。不过,中国历代王朝,特别是少数民族统治时期,都存在类似的禁忌,然而,考据学并未在取宋而代之的蒙元时代出现,也未在明朝逼迫儒士屈服的时期流行,我们将另辟蹊径,探讨18世纪江南出现致力于考据研究的学术群体出现的根本原因。我们认为,考据学"话语"并不缺乏政治影响。[①]

二、戴震的社会批判:从考证回归义理

清代学术既有经世目的,也有政治影响。它们认为,只有重构真实的墨子或历史的孔子,清除佛、道教义对诗、书、礼的污损,才能建立坚实的义理根基,以此批评、摒弃、取代官方支持的理学思想体系,这种行动

---

① 盖前引博士论文结语部分;阿若·胡默尔《清代名人传》页805~806;余英时《清代知识主义思潮初论》(《清华中国研究集刊》11:128,1975)、《清代思想史的一个新解释》(《中国哲学思想论集清代篇》,台北,1977)页12~16;杜维运《学术与世变》页120~131;林友春《清代书院教育》(《学习院大学文学部研究学报》6:179,1959)。

本身即具有政治性。戴震(1724～1777)社会批判学说的惊人影响为西方汉学界长期忽略,他以《孟子》为批评武器,建立哲学体系,与朱子(1130～1200)正统学说相抗衡,这具有重要政治意义。因为《孟子》毕竟存在维护反抗权利和民本的思想。明代皇帝就曾从科举考试通行的《孟子》版本中删除这些内容。

18

戴震尽管必须小心谨慎,仍然自由地发表了《孟子字义疏证》一书,向清代正统学说提出挑战,该书是在清代文字狱空前严酷的乾隆朝完成的,当时,他已是著名考据学者,正在参与《四库全书》的编修。但清代皇帝并不像明代帝王那样,把戴震对《孟子》的阐发视为反叛之举。戴震写道:

> 尊者以理责卑,长者以理责幼,贵者以理责贱,虽失,谓之顺;卑者,幼者,贱者以理争之,虽得,谓之逆。于是下之人不能以天下之同情,天下所同欲达之于上;上以理责其下,而在下之罪,人人不胜指数。人死于法,犹有怜之者;死于理,其谁怜之。

戴的哲学著作显示出小学蕴含的理论冲击力。保罗·戴密微(Paul Demiéville)指出,当时的学者运用考证方法阐释儒家哲学的基本内涵。戴震的高足段玉裁指出,《孟子字义疏证》是戴氏为同时代人撰写的最后一部哲学著作。1777年5月30日,也即戴震逝世前一个月,他致信段玉裁,在信中指出:

19

> 仆生平著述最大者,为《孟子字义疏证》一书,此正人心之要,今人无论邪正,尽以意见误名之曰理,而祸斯民,故疏证不得不作。①

《孟子字义疏证》的书名及其运用的方法都明显反映出考证研究对义理思想的冲击。该书书名使用了专业术语"疏证"一词,这表明,他仍

---

① 戴震《孟子字义疏证》,引自胡适《论戴东原的哲学》(台北,1967)页55～56;段玉裁《戴东原先生年谱》(台北,1973)页68～69。

把自己的努力视为考据学运动的一部分。阎若璩在详细讨论《古文尚书》的著作书名中也曾使用过这一术语,戴震的《孟子》研究本质上运用的是语言学方法,也即以训诂考证学探求经典义理。他从对理、气、性、情的详细考释开始着手,认为运用训诂考证的方法,可以纠正朱熹及其他新儒家学者对这些概念的错误解释。戴震的《孟子》考证表明,新的概念化和系统化方法也能够提出一套系统学说,即"气"的哲学(详参第二章)。

戴震对宋学的批评激怒了历史学家章学诚(1738~1801)及其他同时代的学者。章学诚认为可以纠正宋学的某些错谬,但是,戴震竟公开攻击宋学的道德学说,这实属过分。章学诚指责戴震过河拆桥,忘记了自己的学术渊源于宋学的事实。19 世纪,戴震的理学批评也引起朱熹正统学说维护者的反击。理学正统学说的忠实辩护士,安徽桐城的方东树(1772~1851)认为:

> 若不问理,而于民之情欲,一切体之遂之,是谓得理,此大乱之
> 道也。①

18 世纪的考证学界同样不欢迎戴震有关义理的论述。戴震等人对哲学问题的深入研究,一方面受到理学正统学者的攻击,另一方面也遭到视义理为玄谈的考据学同行的批评。考据学支持者朱筠(1729~1781)责难戴震研究哲学纯属误入歧途,认为他的论点最终是错误的。他认为"(义理著作)可不必载,戴氏可传者不在此"。程朱理学信徒唐鉴(1778~1861)则认为:

> (戴震)先生故训之学也,而欲讳其不知义理,特著《孟子字义疏证》。

18 世纪晚期,戴震的哲学著作只找到有限的知音,章学诚及其理论

---

① 章学诚《文史通义》(台北,1973)8:25(补佚)。有关戴震政治及哲学思想的语言学基础,详参保罗·戴密微《中欧第一次哲学交流》(Diogenes,58:81~85,98~101,1967 夏季号)。关于章学诚对戴震攻击朱子的反映,详参河田悌一《章学诚的戴震观》,《中国哲学史展望与探索》(东京,1976)页 777~783;方东树《汉学商兑》(台北,1963)2A:19a。

也受到同样的冷遇。汉学家卢文弨(1717~1796)在给戴震一部著名考证著作所作的序中,阐述了当时学者对戴氏所持的普遍看法。他说:

> 吾友新安戴东原先生,生于顾亭林、阎百诗、万季野诸老之后,而其学足以与之匹,精诣深造,以求至是之归。

著名历史学和考据学者钱大昕(1728~1804)在为戴氏作传记时,只叙述21 其考据学贡献,没有提及其哲学著作。

19 世纪,学术风气发生某些变化,儒家知识分子逐步接受义理之学。他们重新讨论儒学话语的道德特征。(详参第六章)从 1801 到 1823 年,著名考据学者和学术支持者阮元(1764~1849)先后撰写三篇有关儒家哲学的重要论著,其中以《性命古训》最为著名。阮元模仿戴震以训诂方法解释哲学理论的方式,使用考证语源和训诂方法重新阐释儒学基本观念的内涵。

阮元的朋友及扬州同乡焦循(1763~1820)也继承戴震的义理之学,1820 年,他以戴震《孟子字义疏证》为基础,完成了《孟子正义》一书。就此而言,考证研究为应用新途径解决传统哲学问题提供了推动力。焦循对戴东原哲学成就为人忽略深感痛心。他认为:

> 其所谓义理……即东原自得之义理,非讲学家西铭、太极之义理也。

儒学基本的概念和范畴受到了训诂学的检验,这是戴东原学术思想影响的结果。人们希望在文献考证中行之有效的方法论,也能有效应用于道德义理的研究中。[1]

---

[1] 余英时《论戴震与章学诚》(香港,1976)页 63~75。关于朱筠的观点,详参江藩《国朝汉学师承记》(《四部备要》,6:6a)。唐鑑的评论,引自氏著《清学案小识》(台北,1968)5:619~624 (卷 39)。有关卢文弨的观点,详参《抱经堂文集》(上海,1937)2:76(卷 6)。有关阮元的讨论,详参伦马凯(音译)《阮元(1764~1849)生平、著作与政治生涯》(夏威夷大学博士论文,1977)265 页 80~96 及《清代名人传》页 144~145。关于焦循,详参《雕菰集》(上海,1936)2:95(卷 7),3:(184~185)(卷 12)。

20 世纪,章炳麟、刘师培等激进国粹派接受了戴震哲学的政治批判学说。刘师培在陷入无政府主义的泥潭前,十分仰慕戴震对程朱理学思想禁锢的批评。他把戴和卢梭相提并论,认为戴震把自己从理学的独断观念中解放出来。章炳麟(1868～1936)和刘师培(1884～ 1919)早年从事激进的政治活动,后来成为 20 世纪少数最杰出的汉学家。清代考据学研究的收获通过他们的努力延续到我们所处的时代。①

三、今文经学的政治观:经学与义理

从共时性结构考察,清代考据学研究体现为内容广泛的学术话语。随着历史的推移,考据学话语逐步渗透到一些较少仰赖实证考证的学术领域。尽管这一过程的详情还不清楚,不少环节仍为空白,但是,考据学派显然引发了哲学变革,这种变革对晚清今文经学阐发的社会、政治学说产生了某些推进作用。这些学说是由当时今文经学研究提出的。此后,清代经学迸发的政治和哲学冲击波逐步强化。

要准确评估训诂学在 18 世纪今文经学兴起中发挥的作用,还需要进一步研究。这里,我们只能肯定,18、19 世纪,今文经学阐发的一系列观点与诉诸小学和复古的主张息息相关。今文经学家开始主张,通常视为正统学说的古文经其实多数是王莽篡汉后儒生伪造的赝品。②

一些学者从语言和历史考证的角度重提汉代古文经、今文经之争,清代学者因此对儒学传统提出新的看法。18 世纪,江苏常州学者开始对千百年来儒学界一直冷落的《公羊传》进行首次研究。《公羊传》的有关材料表明,西汉今文经学与其说是一个著名学派,不如说是一种激进的政治主张。18 世纪晚期和 19 世纪早期,多数考据学者忽略或极少了解

---

① 河田悌一《清末学者心目中的戴震——以刘师培为例》,《东洋学论集》(东京,1979)页 1015～1034。
② 笔者目前正在广泛研究清代考据学运动对今文经学兴起的推动作用。

今文经学家重新阐发的观点。庄存与(1719～1788)与其他常州学者转向《公羊传》,他们似乎认识到,他们面对的与其说是一个文献考证课题,不如说发掘一种为东汉古文经学排挤的、由其理论推衍形成的、后为人遗忘的政治学说。①

18 世纪,今文经学还只是清代经学界有待进一步研究的潜流。19世纪以前,今文经学的复兴并未产生显著的思想影响。不过,它与古文经学存在着尖锐的矛盾。今文经学视孔子为根据自己权能行动的圣人,也即以《春秋》阐述神圣的道德社会秩序的"素王",古文经学则把孔子视为古典智慧的传播者。

今文经出自西汉,因而未受到东汉及其以后出现的佛道学说的影响。今文经典对孔子作用的论述逐步受到新的重视和注意。清代今文学的兴起显然不是西方化冲击的学术产物。今文经学研究在触及 19 世纪的社会变革难题前,其学术宗旨与居于学术主流位置的实证研究基本一致,因而得到考据学者的认可。而且,今文经学家在倡导西方化以前,已提出传统儒家式的改革方案。

19 世纪末叶,廖平(1852～1932)、康有为(1858～1927)先后接受常州学派及其支持者提出的今文经学主张。广东学者康有为在其著名的《孔子改制考》一书中,以其天才激进的政治发挥把孔子描述为社会改革家,该书 1897 年出版,1898、1900 年两次因政治原因遭禁。按照康有为社会变革学说的解释,孔子曾提出过"进化"思想,后为古文经学埋没。这种富有号召力的新解释把康的"改制"思想同现代社会改革构想结合起来。他写道:

> 伪古说出,而后窒塞掩蔽,不知儒义。以孔子修述六经,反博雅

---

① 约瑟夫·列文森及墨子刻的最新论著都讨论过 19 世纪今文经学复兴的特点。列文森《儒教中国及其现代命运》(伯克利,1968)卷 1 页 79～94;墨子刻《摆脱困境:新儒学与中国政治文化的演进》(纽约,1977)页 218～220。

高行,如后世郑君、朱子之流,安得为大圣哉！章学诚直以集大成为周公,非孔子。①

萧公权指出,康有为今文经学观的来源复杂多样,其所著《大同书》阐述的乌托邦思想,曾大量汲取佛教和宋明理学的思想素材。非常耐人寻味的是,康有为的早期著作,尤其是 1891 年出版的《新学伪经考》,主要依靠训诂考据方法重新恢复西汉今文经学的原貌。康有为试图在自己训诂考据著作中吸收常州今文经学家刘逢禄、魏源的成果。

结果,康有为的著作完全成为考据学著作拙劣的仿制品。不过,我们应当看到,17、18 世纪,阎若璩、惠栋等考据学主流派人物已开始否定《尚书》古文经部分的正统地位(详参第五章)。他们对《古文尚书》的考辨成果为重新探索其他古文经典的真伪开辟了道路,也推动了对今文经严谨的考证性成果的产生。训诂决定义理,阎若璩考证《尚书》古文经真伪著作中存在的异端倾向,又以一种意外的天启学说(apocalyptic vision)重新出现了。阎若璩及其他汉学家无意参与,更难以料及的是, 他们的考证成果竟然意想不到地为康有为挽救中国历史危机的尝试提供了动力。②

康有为如果不否定古文经的真实性,那么,他在 19 世纪西学冲击下形成的激进儒学理论就难以成形。张谐之于 1904 年指出:

> 近年康有为出,谓六经皆刘歆伪书,而阎百诗惑世诬民之祸,于是为极。

---

① 侯外庐前引书 2:599;《清代名人传》页 519;康有为《孔子改制考》(北京,1958)页 164 卷 7;张灏《梁启超与中国思想的过渡》(剑桥,马萨诸塞,1971)页 35~37。
② 萧公权《近代中国与新世界:康有为变法与大同思想研究》(西特尔,1975)页 41~189;史华兹《清代学术概论》序(剑桥,马萨诸塞,1959)页 xxi~xxii;齐思和《魏源与晚清学风》(燕京学报,39:177~226,1950);列文森前引书卷 1 页 79~94;有关朴学在学术思想形成中发生的作用,详参拙著《从理学到朴学:人心道心之辨》(《通报》69,4&5:175~222,1983)。

康有为背经叛道的主张激怒了汉学主流派学者,他们坚持认为古文经流传有序,大部分真实可信,谴责康有为以主观武断的臆见歪曲了两汉经学传统。最后一代汉学专门名家章炳麟系统揭露了今文经学历史、训诂考证中存在的谬误之处。章太炎和其他学者重申了古文经实事求是的传统,以与他们视为粗疏浅薄、荒诞无稽的康有为及支持者的主张相对抗。这场争论持续到 20 世纪。①

我们发现,不论结论多么怪诞,今文经学向古文经传统提出的政治挑战,显然是朴学对传统政治思想挑战的社会和思想传统的延续。我们无须对 19 世纪晚期今文经学冲击政治观念的复杂例证感到惊讶。因为考辨和还原儒家经典原貌,终究要导致对儒家社会政治学说内涵的重新审视。我们也无须对重新研究先秦经典历史和语言,竟逐步导致官方正统学说解体的结局感到意外。文艺复兴期间,基督教忠实信徒对早期拉丁文和希腊文版本的圣经的相继发掘也产生过类似的效果,这种发现到欧洲 18 世纪激进的反基督教的启蒙运动兴起时达到高潮。在 18 世纪晚期的中国,汉学发掘的古义要比理学更受人重视。②

第三节　理学的解体

有清一代,学者们自觉地以新的语汇探讨和阐发新的学术话语。我们将在第二章指出,当时盛行的考据学"话语"主要是小学实践的产物,这种实践能揭示义理形成及其范式相互联系的规则。

---

① 引自张谐之《尚书古文辨惑》序(1904)页 16。章炳麟的有关论点,详参其《国学概论》(台北,1974)页 27~38、44~46。费侠莉《造反的圣人:章炳麟的内心世界》(《变化的限度:中国保守主义论集》,剑桥,马萨诸塞,1976,页 115~128)。研究章太炎的最新成果,详见黄彰健《经今古文学问题新论(三)》,大陆杂志,58,2:49~87(1979, Feb);杨向奎《清代的今文经学》,《清史论丛》1:177~209(北京,1979)。

② 古典文献对现代西方政治观念的冲击,与儒学经典影响前现代时期的中国、朝鲜和日本,几乎是同步进行的。

通过这种学术理路，我们将会理解 18 世纪学者使用的系统方法，他们将用这种方法提出并处理一系列用于实证研究的共同认识方式。①

考据研究代表一种认可新的严谨方法的实证学术范式，这种方法明古论今。就学术宗旨和特征而言，考据学标志着一种前所未有的学术研究方法的诞生。考据学者对古典文献的研究逐步为他们用以考辨的学术话语形式所左右。他们提出了训诂学的理论预设，这些预设根据它规定的知识范围和检验方式确定进行考证的对象。凡是不适于这种全新考证方法的内容都受到排斥。

小学训诂研究既规范界定考据学的研究范围，还包括查阅属这一范围的文献资料的方法。这里，我们将集中讨论与考证学范式形成和发展有关的学者与文献。我们将探讨个别学者发挥的关键影响，他们网罗文献，建立考据话语。② 我们的目标是明确儒家学者感兴趣的人类知识范围，找出他们的专业领域，最后勾勒出他们专业训练的发展脉络。我们 *27* 在这一目标完成之前，应首先讨论清代学者的志趣、目标，他们在自己的研究中重视小学、贬低理学的原因，他们通过自己严谨考辨希望成就的事业目标。

一、汉学的目标

清代考据学者虔诚地相信古典儒学的完善性以及由复古而治今的可行性，这二者是他们投身于儒家经典考证训诂的精神支柱。考据学者能够在佛、道学说通过通行的宋明理学对儒学玷污六个多世纪之后恢复

---

① 本书使用的"话语"一词，详参福柯前引书页 50～63；萨伊德《东方主义》23，《开始：目的与方法》（巴尔的摩，1975）页 281～315；《语言与思想考古》（《国际哲学季刊》）11：1：104～134，1971。

② 帕特·伯格、托马斯·卢克曼合著《现实的社会结构、知识社会学论集》（纽约，1966）页 116；萨伊德《东方主义》页 15～25。

原始儒学的圣贤原义吗？他们能够建立一座超越理学的桥梁,恢复和古代圣哲中断的交流吗？他们的回答是肯定的。①

清代汉学家决心戳穿宋明形而上学和本体论思想体系的厚重的道学面纱,他们企望由此探得古代圣王在六经中阐发的原义。这事实上是向当时占统治地位的儒学思想,也即清政府尊为科举考试权威思想和官绅规范道德理论标准的朱子学说提出的非难。

千百年来,儒家经典和中国政治制度一直关系密切,无论其性质保守、激进还是温和,这种联系都说明经典对中国传统政治运作的影响力。它们为官僚、学者、士绅提供一系列判断政府、社会善恶的普遍标准。1784年,《四库全书》纂修官、汉学支持者纪昀(1724～1805)在北京主持会试时指出:

28

夫设科取士,将使分治天下之事也,欲治天下之事,必折衷于理,欲明天下之理,必折衷于经。

要掌握古代圣王的义旨就应研究和珍视古典遗产。士绅们从六经中获取有关人类实践的丰富知识,他们从此懂得祛恶从善的规范。六经包含着理想的社会模式以及对超历史真理绝对无误的阐述。②

因此,对清儒而言,训诂考证的意义远远超出一门辅助性工具的范

---

① 例如,扬州考证学者焦循认为,当时汉学家已在学术史方面做出重要突破,并择要评述有关成果。详参《雕菰集》页181～186,卷12。本书下列讨论得力于盖博坚的《启蒙引论:现代无神论的兴起》(纽约,1966)cf;科尔姆德《经典:永恒与变化的语言幻影》(纽约,1966);T. S. 艾略特《何为经典?》(《诗与诗人》,纽约,1961,页52～14)。西方意义上的经典,与中国人心目中的"经典"不同,它更注重其文学价值,较少强调伦理规范意义。在传统中国,在1905年科举制度废除之前,五经是科举制度的骨干,其中包括《诗》、《书》、《礼》、《易》、《春秋》,《乐经》早在这些经典形成的时代即已失传。
② 有关宋代道学兴起的讨论,详参约翰·海格《新儒家学术融合的脉络》(《亚洲研究杂志》31:499～513,1972);刘子健《理学是如何成为国家正统学说的?》(《东西方哲学》23,4:483～505,1973);考纳德·施罗克尔《被攻击的新儒学》(《宋朝的危机与前景》,杜逊,1975,页163～198);纪昀《纪晓岚诗文集》(香港)页34;韦勒克《汉代的儒学与孔子在汉代》(《古代中国早期文明研究》)(香港,1978,页227);宇野精一《周礼刘歆伪作说论考》(《东亚论丛》,页272)。

围。它是发掘、重温儒家文化古典遗产的必要途径。它能恢复古典生活，考据学派的"复古"主张对书法界就有明显的影响。人们开始重视当时发现的金石铭文，倡导古代通用的书体（详参第五章）。汉学家的训诂考证还能恢复古代经籍的原貌。18 世纪著名史学家和经学家王鸣盛（1722～1798）指出：

> 经以明道，而求道者不必空执义理以求之也。但当正文字、辨音读、释训诂、通传注，则义理自现，道在其中矣。

学识渊硕的戴震把训诂学视为探求义理的门径：

> 经之至者，道也，所以明道者，词也；所以成词者，未有能外小学文字者也。由文字以通乎语言，由语言以通乎古圣贤之心志。　　29

训诂学而非哲学，才是恢复三代之治的方法。[1]

二、批评和怀疑

由于训诂学能还原古典原义，它就不再是一门辅助的或无足轻重的学科。这种还原过程再和对六经日益增长的谨严的、批评性的考辨结合起来，就能唤起一种批评意识，向过去至高无上的经典权威挑战。清儒认为，考证是义理的最终裁定者，这种要求揭示出考证学隐寓的社会和政治意义。

宋代新儒学力图建立涵盖全部人类经验的理论框架，这一宏伟异常的设想，不太重视训诂考证。约翰·韩德森指出：理学天人合一的图式和政治理想，同汉代学者一样，都既不主张也不鼓励思想批评意识的发展。这并不是说理学整体上不热衷批评性分析，它也重视这一点，但这不是其理论重点所在。因此，只有首先否定韩德森称之为"本体论图式"

---

[1] 洛扎·莱德浩斯《米芾与中国书法的经典传统》（普林斯顿，1979）；王鸣盛《十七史商榷》序　*267*（台北，1960）页 2a；戴震《戴震文集》（香港，1974）页 146。

理学理论体系的合理性,才能为重新审视理学正统学说提供历史依据。

就理学话语而言,在理学演绎形成的结论提出之前,其理论体系通常可归纳为唯理主义原理(如阴、阳或五行),清代汉学家主张以具体的可证验的史实考辨取代抽象范畴的思辨,以扭转这种趋向。阎若璩在 17 世纪末叶完成的《古文尚书疏证》中明确指出,《尚书》中受人怀疑的古文经确实是后人伪造的赝品,并非公元前 2 世纪在孔子故居发现的《尚书》原本。阎若璩的同行和好友胡渭(1633~1714)也指出,理学本体论图式渊于道家。他们的研究所引发的对理学持续不断的致命冲击,在 17、18 世纪从未消失。①

一种新模式的批评出现了,它迟早将要跨出清初汉学家界定的范围。1668 年,归庄(1613~1673)在致同乡和考据学开创者顾炎武的一封信中就注意到这一令人不安的趋向。

> 兄前书自言精于音韵之学,著述已成,弟未及见,但友人颇传兄论音韵必宗上古,谓孔子未免有误,此语大骇人听。因此,度兄学益博,僻益甚,将不独音韵为然,其他议论,倘或类此,不亦迂怪之甚者乎!②

阎若璩《尚书古文疏证》的观点更是动人心魄,该书在 17 世纪末叶以抄本流传,直到 1745 年才作为遗著刊行问世,《尚书古文疏证》的这两次发表都引起巨大轰动。他是这样论述自己如何运用考证方法阐释六经。

> 或问曰:子于《尚书》之学,信汉而疑晋疑唐,犹之可也。乃信史信传而疑经,其可乎哉? 余曰:何经何史何传,亦唯其真者而已。经

---

① 有关汉代宇宙论图式和谶纬,详参舒勒·卡曼《中国魔方的演变》(《美国远东社会杂志》,80:116~124,1960);韩德森《天地秩序》页 1~13;罗《语言学,宋代理智主义的一个特点》页 17~26;李约瑟《中国科技与文明》卷 3(剑桥,1954~)页 55~62。在宇宙论上,宋儒的整体式世界观可能比清代朴学家的主张,更接近五经原旨。

② 归庄《归庄集》卷 2(北京,1962)页 323~324。这里特向普林斯顿大学的威廉·帕特森致谢,他向著者提供了这条材料。

真而史传伪,则据经以正史传可也。史传真而经伪。犹不可据史传 ³¹
以正经乎? 或又曰:晚出之书,其文辞格制,诚与伏生不类,兼多脱
漏,亦复可疑。然其理则粹然一出于正,无复有驳杂之讥。子何不
过而存之乎? 余曰:似是而非者,孔子之所恶也;弥近理而大乱真
者,朱子之所恶也。余之恶夫伪古文也,亦犹孔子朱子之志也。①

无论阎若璩还是顾炎武绝无任何反叛儒学之心。与之相反,阎若璩明确
认为,他的考证目标是要通过研究古代经解和音韵的变化重新阐发古代
圣哲的真实思想。顾炎武发现,孔子传播六经时难免用当时的方言土
语。此后,他开始重构古代圣哲阐发六经的字义方式,以净化改良汉语。
他认为这样才能在现实世界恢复六经设计的秩序。但是,早期儒学认
为,要实现这一目标,还要有必要的道德修养,现在,这种修养几乎为人
完全遗忘了。

18 世纪,程朱博学精神的崇尚者江永(1681～1762)比 17 世纪的阎
若璩和顾炎武走得更远。他彻底抛弃顾、阎从前代沿袭的把训诂学研究
视为义理实践一部分的观点。江永声称,古音韵研究只是一项趣味盎然
的学术课题,而不是实现一种理想化社会政治目标的途径,这就在考据
学界实现了一种关键性的观念转变。在这一转变中,训诂音韵逐步成为 ³²
18 世纪大多数考据学者高度重视的精密学科。考据学派的训诂前提证
明,它与查尔斯·吉里斯皮(Charles Gillispie)在西方科学史著作中论述
的锋利的"客观性锋刃"是不可分割的。②

不过,清代的复古运动从没有自觉地倡导怀疑主义。但是,考据学

---

① 阎若璩《尚书古文疏证》(清经解续编本)2:2a～2b。关于《疏证》一书,详参 P. K. Yu 编辑《国
会图书馆中国藏书》(华盛顿,1974)页 317～319。
② 详参阎若璩《经义杂志书录序》(台北,1967)页 2a;《四库全书总目》42:45a～45b,44:50b。江
永近乎阎若璩等人,属朱子信徒。但是,他特别重视阐发朱学的知识主义特征。查尔斯·吉
里斯皮《锋利的客观性,科学思想史论集》(普林斯顿,1960)。有些问题应同等对待。吉里斯
皮论述了科学领域中向数学等纯学术转变的趋势。这种学术不受当时科学解释中残余的道
德观点的影响。清代小学从未达到这一点。

不断强化的自我认同感为怀疑批判传统儒学思想提供了生存空间。考据学者运用这种方式强调学术的客观性,这进一步唤起了对儒学的怀疑。这种怀疑意识最初只无声地隐伏于他们对古代名物的细密研究之中。例如,《考信录》堪称旷世巨著,其书名表明,崔述(1740~1816)决心献身于古代思想信仰的发掘。这种学术取向引导他对理学违背儒家经典原意的解释提出批评。

17、18世纪,一些从事文献整理的士大夫通过自我反省,感到他们献身的学术研究和复古愿望已经误入新的危险的歧途。有些学者对是否追随汉学犹疑不定,似乎汉学考证会引人误入歧途。例如,无论金石学专家翁方纲(1733~1818),还是理学家方东树都反感汉学家的著述。他们敏锐地觉察到,复古思潮背后潜藏的经典本位意识不仅不会满足维护道德秩序稳定的需要,还将引发废黜理学正统的危险。而攻击理学正统地位,即是抛弃儒家全部遗产的第一步。随着时间推移,那些古典本身也将遭受攻击。①

33 三、古代和现代

古代儒学向汉学家提供的不是现成的文化成果,它须重新探索,重新建构。清代汉学家认为,他们的努力将最终撕下理学的正统面具,纠正宋明理学对古代经典影响广泛的歪曲。这种观点是否正确姑且不论,但是,这种回归古代学术取向使18世纪批判理学正统的思潮成为可能。

由于汉、宋之间关于古代性质的争论,以及古文经学和今文经学的分歧,在清代学者中出现了门户之见。汉学家致力于上古经典考证,纠正理学传统存在的种种局限。他们这种学术主张同样波及政治领域(详参第六章)。例如,汉学家转向研究东汉古文经学,因为它们近乎经典成

---

① 余英时《清代知识主义思潮初论》页105~144;劳伦斯·施奈德《顾颉刚与中国新史学》(伯克利,1971)页195~200。

书年代,更准确地揭示了经典阐述的圣贤原意。而宋明儒学信赖的众多材料,则因为成书过晚,权威性不高,为他们所摒弃。

清代汉学家确信,唐宋经学源于东汉古文经学。但某些学者,尤其是常州经学家却要复兴为东汉郑玄(127～200)等人倡导的古文经学所埋没的今文经学,并取而代之。如前所述,东汉以来,古文经学广为士人接受,因此,常州今文经学对其全方位的批评产生了巨大影响。今文经学出现于西汉,相对古文经学而言,更近乎孔子生活的时代,因而受到一些汉学家的特别重视。

19世纪初叶,今文经学与古文经学的对立,使汉学失去生机,推动了西汉今文经学的复兴。魏源、龚自珍(1792～1841)等今文经学家发现,18世纪考证学派推崇的“汉学”宗旨,存在着崇尚东汉古文经学、压制西汉今文经学的偏向。于是,他们开始向学界流行的观点提出挑战,指出 34 汉学,亦即东汉古文经学本身即是有悖经典原旨的学说。①

清代的经学史研究为重估因西汉灭亡及今文经学衰落而产生的各种政治理论的可行性和适应性奠定了基础。古典儒学令人向往,宋明理学受人怀疑,二者存在的尖锐对立表明,中华帝国晚期的经学主张并非一种思想崇拜,而是对古代经典的整理。汉学家认为他们在重新沟通与古代中断的对话。他们坚信,这种沟通将帮助他们有效地解决现时难题。②

汉学家处理古今关系时,并不盲信古代范式。清初天算学家梅文鼎指出,即使古代圣人也不能修订中、西学者后来发现的球面几何学和球面三角学的永恒真理。又如,考据学派受到明清之际耶稣会士传入的有限的科学技术意义深远的影响。他们对欧洲传教士引进的历算成果以及后来发现的元代天算学成就的重视,使他们认识到学术研究的许多方

---

① 拙著《学海堂与广东今文经学的兴起》(《清史问题》,4,2:51～82,1979)。
② 周予同《经今古文学》(台北,1967)。

面已经远远超过古代的圣哲(详参第二章、第五章)。

此外,17、18世纪,不是所有学者都同意下列观点,对古典文献的重新疏证将能实现孔子设计的理想社会模式。王夫之(1619～1692)、江永及其他学者都倾向于进化的观点。他们的目标是重建一种没有书生之见,能促进社会复兴的,现实可行的复古模式。王夫之指出:

> 至于设为规画,措之科条,《尚书》不言,孔子不言,岂遗其实而弗求详哉?以古之制,治古之天下,而未可概之。今日者,君子不以立事;以今之宜,治今之天下,而非可必之后日者,君子不以垂法。故封建、井田、朝会、征伐、建官、颁禄之制,尚书不言,孔子不言。岂德不如舜、禹、孔子者,而以记诵所得者断万世之大经乎?

江永等人公开承认,全盘复古的理想模式是无法实现的。[①]

清代考证学者也是相当现实的。章学诚、魏源和龚自珍都承认,圣人固然是文化天才,为古典时代的人类文明创造出适宜的条件。但是,他们站在现实主义的立场上,认为古典理想存在的社会和政治条件早已消失,现在需要的是符合当代环境的新理想。魏源指出:

> 古乃有古,执古以绳今,是为诬今;执今以律古,是为诬古;诬今不可以为治,诬古不可以为学。[②]

到1800年,考据学派戏剧性地证明自身是学术话语中一种不断发展和逐步积累形成的领域。现代意识尽管没有取得完全胜利,但已成定局。清代学术话语革命使考据学者形成共识,即学术是一种循序渐进的事

[①] 王夫之《读通鉴论》(北京,1975)页1112。著者这里采用狄百瑞的译文,详见《中国传统的渊泉》卷1(纽约,1964),页549;邓嗣禹《王夫之的历史观与史学著作》(《亚洲研究杂志》28.1:115～116,1968);弗里德利克·莫特《艺术与文化的理论模式》;克里斯蒂·穆克《艺术与传统:传统在中国文化中的功用》(普林斯顿,1976,页7～8)。有关梅文鼎,详参桥木敬造《梅文鼎的历算学》(《东方学报》,41:510,1970)。

[②] 《魏源集》卷1(北京,1976)页480;高田淳《章学诚史学思想研究》《东洋学报》,47、1:71～73,1964);坂出祥伸《魏源思想试论》,《怀德》35:45～48(1964);侯外庐前引书卷2,页609～642。

业,任何专门学科的进步都取决于专业考证方法的应用。

　　客观主义和实证学风在中国的出现,不是 19 世纪帝国主义和鸦片贩子移植的突发性进步。我们不想贬低西方冲击的影响。不过,我们认为,只有更深入地探讨鸦片战争之前清代中国的社会、经济和思想环境,才能较公正地估价 19 世纪西方冲击在中国现代历史中所发挥的催化剂作用的范围和限度。过分强调外部的政治因素已妨碍我们对鸦片战争以前中国学术话语内部发生的巨大变化以及形成这种变化的学术共同体的范围的认识。这里,我们将指出,中国现代出现的古文献、历史学和考古学等众多领域都从 17、18 世纪清代学者的开创性工作中获取思想养分。

　　中国现代思想学术的主流肯定是复杂多样、众彩纷呈。但是,11 世纪宋儒开创的人文主义理学传统,清代汉学家创立的富有批评意识的朴学传统显然是其中两根支柱。我们在下一章将从更深的历史层面考察 17 世纪从理学道德话语向考据学的转变。①

----

　　① 岛田虔次《中国近代思维的挫折》(东京,1970)页 4～5。

第二章　考据学派与共认的认识论观点的形成

　　一种居主流地位的学术话语要为另一种所取代,取决于众多社会和学术因素的相互作用。社会规范的变化经常导致新的学术领域的诞生,宋明理学向清代考据学的转变已证实了这一点。新学术的冲击改变了儒学的追求,使之由追求道德理想人格的完善转向对经验性实证知识的系统研究。在江南学界的这一革命性变革过程中,追求客观性的思潮是如何压倒内圣理想的,这即是我们探讨的主题。在西方学术传统中,社会环境类似的变化曾促使18世纪启蒙运动的出现。

　　在下列章节中,我们将通过分析推动考据学方法普及的外部因素,探讨清代考据学派如何成为居支配地位的学术话语。探讨考据学形成
的外在原因将有助于我们准确理解随之而来的由理学到汉学转变的具体过程。学术话语的这种变化,一种共同承认的认识论观点最终形成与风行,固然依赖汉族士大夫们自觉的富有创造性的选择,不过,也受到外在社会因素的制约。①

　　职业方面的考虑也许可以解释考据学在18世纪空前发展的原因

---

① 帕特森《匏瓜》页 2、12、79;Najita,页 8～13。

（见第三章），但并不能说明考据学在 17 世纪形成的由来。本章将研究考据学派在成为 18 世纪儒学主导性学术话语之前的历史起源，学术话语的这一变化对江南学界专业化趋势产生的冲击，考证学派知识论的特点，以及 17、18 世纪引进西方科学在理学到汉学转变中发挥的作用。我们将会看到，汉学家对西方实证科学的兴趣是他们追求客观性知识的关键因素。西学的引进促进了中国固有的传统天文历算的复兴。

第一节　考据学的出现

18 世纪，在江永（1681～1762）、戴震（1724～1777）等汉学家著作中，仍保留着宋明理学思想方式、术语影响的遗迹，这表明，考据学派部分是从理学内部的发展变化中脱颖而出的。因此，明清之际（也即 17 世纪），理学到汉学的转变是一个较通常估计复杂得多的历史过程。17 世纪，考据研究是由一些与朱熹（1130～1200）、王阳明（1472～1529）等人建立的宋明理学关系密切的学者倡导的。[①]

40

17 世纪，新的实证学风的开拓者还意识到对理学应承担的责任。顾炎武（1613～1682）试图纠正朱子理学的某些误解，并在坚实的文献考证基础上诠释道德规范。推尊朱熹是阎若璩《尚书》考证的重要特点。他曾这样论述过朱子学术观点对自己的影响："吾为此书，不过从朱子引而伸之，触类而长之耳。"从许多方面看，阎若璩及同时代的其他一些学者都试图把内容广泛的考证研究纳入理学体系。[②]

18 世纪，清儒与宋明理学存在的这种联系为人忽略了。17 世纪，学者还承认他们与宋明理学传统的联系。18 世纪的汉学家时常忽略乃至

[①] 余英时《清代知识主义思潮初论》页126～129；岛田虔次《章学诚的地位》《东方学报》41：519～530，1970）；倪德卫《章学诚（1738～1801）的生平与思想》（斯坦福，1966）页 286；福柯前引页 173。

[②] 阎泳《尚书古文疏证序》页 1a；韩德森前引书页 38～41。

否认宋明理学对他们的影响。《四库全书》编辑者只是按照考证学派史源、考证和史料整理的标准评价王夫之的经学考证。他们还如法炮制，把方以智（1611~1671）等明代学者视为考证学派的先驱人物，全然无视宋明理学对他们的推动作用。①

一、考据学话语的起源

唐宋时期，儒学对经典诠释目的和方法的认识出现新的变化。浦立本（Edwin Pulleyblank）指出，8世纪出现的《春秋》新注代表了儒家经典考证的新趋势。一些学者受其影响，开始批评唐朝政府颁布的正统经注。他们中许多人摒弃两汉以来出现的并被广泛接受的《春秋》三种传注的权威地位，倾心回归《春秋》本身，把它看作理解孔子提出的褒贬规则的基础。②

与清代严密的训诂方法论相比，宋代的训诂研究水平难免相形见绌，但宋儒的研究开辟了新的天地。从宋代理学家的经注作品中，我们就可以发现传统知识范式已发生重大变化。宋代经注的初步变化肇始于对汉唐注疏的否定。宋儒热衷于阐发义理，他们只关注经典阐明的道德理论体系，不关心汉唐注疏家讲求的文字训诂课题。

皮锡瑞（1850~1908）指出，北宋儒学话语的重要变化在于：11世纪，人们开始怀疑经典本身的真实性。欧阳修（1007~1072）、苏轼（1036~1101）、司马光（1019~1086）考证经典。这些争论后来为12世纪的朱熹、叶适（1150~1223）继续讨论过。③当时特别盛行"论辨"体文，杨时（1053~1135）、王柏（1197~1274）等人广泛运用这种文体，研讨经典。

---

① 章学诚《文史通义》（台北，1973）页52、55；《四库全书总目》6：7a~8b，14：13a~14b，119，11b~12b；韩德森前引书页38。

② 爱德温·浦立本《新儒学与新正统主义》；芮玛丽《儒学信念：唐代文学界（755~805）》（斯坦福，1960）页77~114。

③ 皮锡瑞《经学历史》（香港，1961）页220~221；刘子健《欧阳修，11世纪的新儒学》（斯坦福，1967）页85~99；施洛克前引书页184~187。

王柏怀疑《诗经》《尚书》等经典部分内容的真实性。他引证了欧阳修、苏轼、朱熹的观点,指出:

> 何敢疑先王经也。不幸秦火既焰,后世不得见先王全经也。惟其不全,固不可得而不疑;所疑者,非疑先王之经也,疑伏生口传之经也。[1]

元明两朝,文献考证之学和疑古之风并未完全消失。我们可以发现,当时某些著作在语言的含义和用途上已出现时而平缓,时而剧烈的变化, 42 这种变化反映了知识论本身的变迁。[2]

二、晚明儒学话语的变化

岛田虔次指出,明朝不是没有富有批评精神和理性意识的儒家学者。阳明学术传统本身即有蔑视权威的批评精神,它集中体现于 16 世纪扬州府的王学左翼——泰州学派及李贽(1527～1602)等学者身上。他们批评江南的理学正统学派。李贽批判理学,斥责程朱理学信徒为伪道学,认为经典不是绝对真理的源泉,而是可以质疑的文献,人类的欲望是合理的,实现这种欲望的要求也是合理的。他毫不妥协地捍卫理性的自主性。

毋庸置疑,与考据学形成有联系的清代学者一致拒绝泰州学派的观点,斥之为狂妄悖逆。顾炎武在论述 17 世纪的士大夫阶层时,就把加剧明朝灭亡的社会腐败出现的原因归咎于泰州学派的主张。黄宗羲(1610～1695)则认为泰州学派陷入禅学泥潭,导致王学理论的总体性崩溃。

然而,泰州学派高扬的独立精神,并未因为后人对其政治社会异端

---

[1] 朱彝尊《经义考》(四部备要本)84;36;温罗前引书页 1～26,特别是页 6n。
[2] 详参拙著《阎若璩与宋明理学的关系》,《清史问题》3,7;105～113(1977);朱彝尊《经义考》85;1a～3b,88;6b～7a。当时怀疑高书真实性的学者还有赵孟頫(1254～1322)、吴澄(1247～1331)、陈元(音译)、梅鷟,其他学者详参 Najita 与施纳尔的《德川时期学术史》页 xi。

学说的猛烈攻击而销声匿迹。与之相近的自主意识仍然是考据学话语的重要特色。18世纪的考据学尽管成为一种脱离政治的学术研究，但是，它在学术领域崇尚的自主意识，在一定程度上仍是与泰州学派思想主张分不开的。①

泰州学派激越的批判意识在当时即产生了深远的影响，它在为世拒斥时，已为江南未来的思想研究奠定了基础。后来，批评精神又复兴了，成为清学的基本特点。考证方法尽管代替了更为广泛的批判意识，但是，明清考证学的发展在相当程度上要归功于晚明削弱正统儒学权威的批判精神。考据学者固然发展了训诂考证方法，反对泰州学派激烈的反智识主义主张，捍卫儒家正统学说，但这不应否认下列事实，考据学者同样在试图摆脱盛行了五个世纪的理学的绊羁，重构古代儒学。②

明朝晚期，对于考据学自我觉醒的潜在意识出现了，人们开始追求新的学术方法，只有这种方法，才会使考据学成为一种具有自足性的学术话语。明代许多学者的研究和著述充满了个人主义，有时甚至是英雄主义精神，他们醉心于尚未开拓或研究的知识领域。当时，一些学者已开始致力于小学这一为许多人遗忘的领域，逐步形成共同的研究领域和通行的学术话语，这种发展趋势是考据学派形成的必要条件。明代考证学者作为新学术话语的开创者，在一定程度上，为考据学赢得了某种相对于其他知识领域的独立性，这使后来的学者有可能在他们开拓的基础

---

① 岛田虔次《中国近代思维的挫折》页230～299。萧公权为《明代名人传》撰写的李贽传记，详参该书页807～817。英语世界泥述泰州学派最重要著作是狄百瑞《晚明思想界的个人主义与人道主义》，《明代思想中的自我与社会》(纽约，1970)页157～225。王夫之、顾炎武、黄宗羲激烈批评李贽，详参所著《读通鉴论》页453～454。《日知录》(台北，1974)页540～541；《明儒学案》(台北，1973)页311～313，顾炎武对李贽著作未全部绝迹尤为遗憾。有关论述，详参滨口富士雄《清学成立的背景》，《东方学》，58：114～127(1979)。

② 欧文·布鲁姆《明代思想中的义理：罗钦顺哲学初探》，(狄百瑞与布鲁姆合编)《原则与行动，新儒学与实学论集》(纽约，1979)页106；岛田虔次《中国近代思维的挫折》页232。

上进行研究。①

明代考据学因深受理学思想的束缚而尚未成熟，他们只是认为，儒家经典现存的注释充满偏见，业已过时，需要以新的考证精确的解释代替之。继泰州学派批判理学正统思想之后，明代考证学者开始重建儒学传统。批评意识以这种方式在学术界扮演着创造性角色。他们潜心于实证研究，对其兴趣远远超过内圣之学(参见第五章)。②

明代考据学者虽然继续探讨理学课题，但是，明清之际经传注疏作品出现的新变化表明学术话语已发生变革。考据学者摒弃对经典的义理阐发，潜心研究汉唐学者提出的考证课题。他们认为，早期经注(也即疏证)考证严谨、系统，为阐释经典本身奠定了坚实基础。

44

早期考据学者在研究古典时，采用丰富多样的语言学方法和技巧，这反映在精确的技术性语汇之中。梅鷟(？～1513)的《古文尚书考异》、陈第(1541～1617)的《毛诗古音考》、方以智的《物理小识》等书，都以分析、考证代替了一般性注解。他们大多崇尚汉代经学。汉代是专业化经学家的黄金时代，这些经学家在帝国学术机构中供职，专门研究个别经典，指导自己学生学有所成。梅鷟等学者预示着向清代称为"汉学"的学术方向的转向。两汉学术的复兴表明，它已被看作发掘古典智慧更为准确的来源。③

明清转变时期，对各种不同观念和语言规范的运用代表了新的思想方式。清代汉学家纠正了宋明理学把一切问题诉诸"义理"，以及根据玄

---

① 《四库总目提要》119：3b～5b，119：12b～13a；容肇祖《明代思想史》(台北，1969)页270～283，都论述过陈第的考据学成就。阿诺尔德、塔克莱、罗伯特、莫顿《学术训练，乔治·萨顿的悖论》Isis 63：474(1972)；爱德华·钱《焦竑与反理学思想》(狄百瑞《新儒学的解体》纽约，1975，页271～303)；帕特森"鲍瓜"页12；吉里斯皮前引书页202。

② 盖前引书页127～203。

③ 中材欠四郎《清朝学术思想史(1)》，《东亚研究》2，11：51(1912)。经典考证的变化同样反映于从汉代至清代经学编年目录中。小系夏次郎《清朝考据学的背景》，《国民精神文化》1.1：35(1935)。有关讨论，详参海登·怀特《话语的主体，文化批评论集》(巴尔的摩，1978)页1～25；哈图尼前引书页84；肯尼特·伯克前引书(伯克利，1973)页1～3。

270

学思辨寻求答案的思维定式。山井涌指出，明清之际，"气"的哲学取代朱子"理"的哲学，在儒学研究中取得了主导地位。

山井涌考察了从明代罗钦顺（1465～1547）到 18 世纪戴震、阮元思想的发展线索。他引证了包括和"气"的哲学产生有关的泰州学派成员在内的明清 24 位学者的材料，认为从朱子哲学的转变反映出从抽象的义理之学向具体的实证观念（考证）的转变，这种转变包括思想上从主观体悟向客观标准的变迁，它欲以恢复人类世俗生活尊严的学说取代超越性的"理"的哲学。①

欧文·布鲁姆（I. Bloom）在他研究"气"在罗钦顺思想中作用的文章中指出："气"的哲学不仅反映出清代知识论走向，也代表着一种主导性趋向，可以想象，没有这种趋势，就难以发展出清代实证主义学风。《四库全书》编者指出，方以智走在明代考据学的前列，他认识到，道学空洞玄谈将为基于"气"学的实证性考据方法所取代。②

人们开始从考证经史文献提到的名物入手，力图冲破理学的束缚。中国人对"名"（names）的兴趣已有漫长的历史。孔子为建立一种社会秩序，提出"正名"说，他认为在这种社会秩序中，每一个人都必须有相应而明确的社会位置。因此，在考据学者看来，他们研究"名"并非无足轻重或不关大局。他们认为，社会秩序的建立要求规范化的语言，经典语言、讲述古代名物、典章的论著的语言就是规范语言。考据学者认为，名物是具体证据。古史的真实性可以根据编年史或地理学史实证实或证伪。③

考据学话语的出现把实证考据推到传统经典整理分析的中心位置。

---

① 山井涌《明清时期的"气"之哲学》，《哲学杂志》46. 711：82～103（1951）。
② 帕特森《方以智：西学与实学》，《狄百瑞新儒学的展开》（纽约，1975）页 357～380；坂出祥伸《方以智的思想》（东京，1970）页 95～102；布鲁姆前引书页 76。
③ 本书第一、五章分别论述了胡渭对理学宇宙论图式的批评，这种批评是当时实证考据的重要范例。奥泽·瓦莱《孔子格言》（纽约）页 171～172。

尽管"考证"一词早已为南宋(1127～1279)王应麟(1223～1296)采用,但是,直到17世纪,它才成为一种学术宗旨。明清之际,一些倡导"实事求是"学风的学者效仿宋元前辈的遗风,采用"辨"体论述方式,把考辨形式视为建立务实、公正、客观学风的关键因素。考证才成为考证学知识理论产生的中心议题。[1]

复古意识和经学本位意识渗透到晚明清初的复古运动。这种知识走向不仅代表着新的知识领域和对古典的新解释,而且是思想领域的重要变革。早期考据学在摒弃理学思辨方法后,为重建古典传统,倾心回归对之有用的上古文献。复社的一些成员就知识问题提出新的理论,许多与复社有关的士人都直接或间接地受到徐光启的影响,徐光启(1562～1633)是著名学者、官僚,曾和利玛窦(1552～1610)合作翻译过许多西方数学、水利、天文、地理学著作。据小野和子考证,与他们视为"空言"的理学话语不同,(详参第三章)复社强调实学。[2]

17世纪,考据学研究发展迅速,复原古典儒学的可能性与日俱增,考证方法不论对古音韵还是《尚书》辨伪,都至关重要。方法论一度成为重要问题。一些学者追求根据实证标准进行考辨的新学术,另一些学者仍恪守理学旧的道德思辨体系,双方的对立开始出现了。

三、"五经热"的复活

晚明时期,学术研究重心重新从四书转向五经,这是形成上述对立的重要起因。四书包括《论语》、《孟子》、《大学》、《中庸》,由南宋学者朱子及其弟子汇编成书。他们认为,四书对儒家道德修养的重要性超过五经。

---

[1]《四库全书总目》119:16a～17a。"辨"及其衍发的"辨解""辨证"都出现于清代著述中。E. D. 爱德华《十三经引论》,《亚洲学术研究年鉴》12:771～772(1948)。"实事求是"一词最早出现于《汉书》5:2410(53:1a)。

[2] 吉川幸次郎《钱谦益与清代经学》,《京都大学文学部研究纪要》9:22～23,28(1965);小野和子《明末清初结社活动的考察》,《史林》45,2:40～42(1962);艾维四《复社:从教育到政治》(狄百瑞《新儒学的解体》页348～349)。

四书内容浅近,不需要过高的知识水平就能掌握,是探讨宋明理学道德及教育思想的理想入门著作。需要指出的是,11、12世纪,学界就经典真伪展开辩论,但这一争论对《四书》未产生影响。元代,四书被指定

47

为科举考试的必备书籍,正式成为儒家伦理规范的组成部分。明永乐(1403～1425)朝,翰林院编纂了四书的权威性注本《四书大全》,把它指定为八股科举考试的标准经典。约翰·梅斯克(John Meskill)注意到,除《四书》外,应试举子只需研习一种经典。经典的这种附庸地位表明,科举考试不要求太多的经典训练。①

晚明时期,人们不断倡导儒家经典本位意识,这是五经重新恢复其儒学主导地位的标志。宫崎市定发现,薛应旂(1500～1573?)的著作具有鲜明的考据学性格。他是常州府人,1557年出版《四书人物考》,该书对《四书》进行了一系列考订,宫崎认为,这表明他对朱子和《四书大全》的正统学说已缺乏信心。晚明学者步薛氏之后,认为《大学》《中庸》只是《礼记》的一部分,强烈反对把四书单列为经典的做法。他们批评四书是宋儒拼凑的粗劣著作,难以准确概括五经经旨。

宫崎发现有些参与这场运动的学者和耶稣会士有交往,对西方天文历算兴趣浓厚。利玛窦等耶稣会士与儒家兴起的经典本位意识关系密切。利玛窦试图区分儒家本义与理学的"唯理主义"理论。他重视早期儒家的经典注释,轻视朱熹及其他理学的经典传注,这种倾向极为明显。他试图使中国学者相信,朱子的道德形上学不是儒学原有的主要内容,其主张不符合儒学宗旨。利玛窦和他的支持者坚信,儒家早期学说和天主教教义本来是完全一致的,后来,因为被屠入佛道学说才与天主教出现分歧。利玛窦指出:"在我

48

看来,五个多世纪之前兴起的哲学偶像尽管仍然受士大夫的崇拜,但其

---

① 宇野精一《从五经到四书——经学史新论》,《东洋文化与社会》2:1～14(1952);林友春《清代的书院教育》页30;《四库全书总目》35:1a～1b,36:13b～14b;约翰·梅斯克《明代学校论集》(杜克逊:1982)页24。

吸引力日渐衰弱。我们应竭尽全力抵制这种学说,这不仅基于理性的原因,还因为,其全部学说有悖于古代圣人所阐发的义理。"①经典考证成为复古要求的中心课题。②

宋明理学崇尚抽象道德哲学的学术话语,与之相反,明清之际确立的新的经典考证之学反映出儒学研究和教育向知识论的重要转变。知识范围和内容的变化体现为研究方法、研究途径的变化。理学话语倡导的"讲学"、"问答"式研究及教育方法受到早期考据学者的排斥。他们著书立说,恪守朴学传统,讲求专题性研究,不欣赏道德思辨,因而放弃了宋明理学流行的"语录"体。札记体著作成为必不可少的"扎实之学"。(详参第五章)

江南考据学者摒弃宋儒讲学式的讨论,崇尚精密考证,视之为著述立说的基础。17 世纪,考证学者批评明儒,尤其是泰州学派风行的"讲学"方式,因为它没有把经典纳入讨论范围。他们认为,当务之急是回到文献本身和精密考证,只有掌握这种方法,才能重新发现经典本身的精确含义,其效果远非孤身只影地耗费时间于道德思辨所能及;只有通过精密的考证和分析,才能复兴古典儒学传统。

还有一些学者认为,宋明时期流行的语录体是唐代佛教对道学影响的结果。顾炎武指出:要理解认识义理,必须深入研究经典。顾炎武把当时风行的玄学讨论与公元 4 世纪佛道通行的玄学相提并论。人们历来把这种讨论方法视为清谈。顾炎武指出,理学采用这种方式,不仅是受佛道影响的明证,而且玷污了理学本身。 49

18 世纪,钱大昕(1728~1804)及其他考据学者都接受了顾炎武的看法。钱大昕认为:

---

① 宫崎市定《四书考证学》,《亚洲史研究》卷 4 页 379~382;路易斯·格拉夫《16 世纪的中国:利玛窦游记》(纽约 1953)页 95。有关论述,详参格莱德·杜纳《巨人的诞生:明末耶稣会士在华经历》(南伯恩特,1962)页 27~43。
② 吉川幸次郎前引文页 81;柯山吉广《姚际恒的学问》及《文学研究》9:15~35(1961)。

> 魏晋人言老庄,清谈也;宋明人言心性,亦清谈也。

他们对道学的批评,不论是否符合历史真相,都表明,17 世纪江南学术圈正发生着重大变化。18 世纪,这种变化已开花结果,经典考证终于回到走向知识主义立场的儒学话语的中心地位。江南地区接受这种学术话语的人数远远超过明清之际。①

第二节 明亡的冲击

清朝的征服产生了巨大的冲击,这是清代考据学内在体系形成、确立的具有决定性的外部因素。明代江南地区的考据学先行者,从后世看来,固然在学术史具有重要地位,但在当时并不居于支配地位。晚明时期虽已出现理学向汉学转变的萌芽,但是,只有明朝灭亡所引发的儒学史上前所未有的大崩溃,才能加速理学向汉学的转变。17 世纪中叶,汉族知识分子日趋成熟,迈开了学术转变的步伐。②

1644 年,满族已开始汉化,但仍残留着原始部族的遗风。满族军队击败了华北地区的起义军,占领北京。此后,清军与南明军队围绕地位重要的江南地区展开争夺战。苏州、嘉兴和江阴的抗清斗争最为激烈,它们被攻陷后,数以千计的人拒俘自尽。"明朝为什么灭亡?",这一问题困扰着中国知识分子。许多明亡大浩劫的幸存者,都参与过痛苦而无聊的间接加速了明朝崩溃的派别倾轧。③

---

① 倪德卫前引书页 14～15;帕特森《匏瓜》页 1;内藤虎次郎《清朝史通论》,《湖南全集》(东京,1969～1974)页 355～356;杜维运《黄宗羲与清代浙东史学之兴起(上)》,《故宫文献》,3:1～13(1971);小野和子《儒学中的异端》,《亚洲的转折》(东京,1966)页 22～23;何佑森《顾亭林的经学》,《文史哲学报》,1967,16;185;《顾亭林诗文集》(香港,1976)页 62;《十驾斋养新录》,台北,18;19a;余英时《论戴震与章学诚》页 189;皮锡瑞《经学历史》页 289～290。

② 余英时《从宋明理学的发展论清代思想史》,《中国学人》2;26～37(Sep,1970),哈鲁图恩,页 66～67;福柯前引书页 8～9;海登·怀特《破译福柯》页 27～28;勃格·卢克曼前引书页 179。

③ 详参魏斐德《清朝进攻江南时出现的地方主义与忠臣意识,江阴的悲剧》,魏斐德、格兰特合编《中华帝国晚期的统治与冲突》(伯克利,1975)页 43～85,该文极精地论述了清军攻陷江阴的过程。嘉定也受到清军类似的洗劫。

一、思想的回应

　　江南及其他地区的儒家义士经历着空前动荡,其规模远远超过晚明时期的社会变迁。这场不断膨胀的政治、文化危机波及思想、教育、艺术和社会活动,震撼着当时中国,尤其是江南社会。

　　许多人因王朝崩溃、满洲入主中原,谴责明代流行的空谈学风。当时学人把明亡归因于道德沦丧、伦理秩序崩溃,并认为它是由空洞浅薄的理学思辨引发的。他们发现,明末的境况与东汉末年导致王朝灭亡的政治腐败极为相似。席文(Nathan Sivin)认为,明遗民确信,只有反省前代学术的失败,才能为哲学和精神的复兴,以及有效解决现实问题找到出路。[①]

　　顾炎武批评李贽给明朝士大夫带来的恶劣影响。他把李贽看作中国有史以来最粗暴、最狂放无羁的儒学叛逆。在他看来,李贽愚弄了他的时代,是晚明风行的颓废主义文化的祸首。李贽同时代的一位学人邹善曾分析过他声名显赫的原因,他认为:"人心谁不欲为圣贤,顾无奈圣贤碍乐耳。今渠谓酒色财气,一概不碍,菩提路有此便径,谁不从之?"这种观点为后世学者所接受。[②]

　　17 世纪末叶,颜元(1634~1704)走得更远,他对明亡痛心疾首,认为程朱理学应承担主要责任。他坚信理学正统学说受过佛教思想的污染,肯定是异端邪说;理学崇奉的通过心理精神训练实现道德修养的方式是迂腐可笑的,这只会培养出一个思想行动脱离实际的士大夫阶级。[③]

---

① 席文《王锡阐》,《科学传记词典》卷 14(纽约,1973)页 163;爱德华·钱前引书页 271~272;史景迁《道济,历史引论道济绘画研究》(安·阿勃,1967)页 17。有关安对绘画的冲击,详参马歇尔·苏里文《17 世纪中国的艺术与政治》,《阿波罗》103,107;231~235(1975,3)。

② 顾炎武《日知录》页 540~541。这段引文由吴讷孙译为英文。《董其昌(1555~1636):热衷艺术,冷淡政治》(瓦莱特、崔彻特合编《儒家的人格》,斯坦福,1962,页 279~280)。有关其起源,详参黄宗羲《明儒学案》页 144,卷 16。

③ 颜元《四书正误》1;2b(《颜李丛书》,台北,1965,1;47);小野和子《颜元的学问论》,《东方学报》,41;467~490,1970;《清代名人传》页 914;《颜李丛书》1;199。

18世纪,《四库全书》编者赞成颜元对宋明理学哲学玄谈的批评,但同时也指责他的过激态度将倾覆儒学话语的根基。

> 盖元生于国初,目击明季诸儒崇尚心学,放诞纵恣之失,故力矫其弊,务以实用为亲,然其中多过激之谈,攻击先儒,未免已甚。……至谓性命非可言传云云,其视性命亦几类于禅家之恍惚,持论尤为有庇。殆惩羹吹荠,而不知其矫枉过正欤?①

清初的许多学者感到,晚明时期宗派斗争激烈,学术门户之争频频发生,这是引发当时政治混乱的首要原因。因此,政治冷漠症的出现是不奇怪的。在东林党因政治内讧瓦解后,许多士大夫产生了对宗派、门户的反感情绪。一些江南学者拒绝参加清朝征服后建立的党社团体,他们认为宗派纷争是明朝社会解体的内在原因。还有些学者因受明亡的刺激,反省过去历史,重新意识到,自己应效仿古圣,重新承担起整理明代历史的重任。②

黄宗羲分析明亡的原因,为后人设计出一份理想政治的蓝图。他指出,宗派之争和生员乱政是明朝灭亡的催化剂。然而,他在最后的分析中仍然以儒家理想的政治结构以及主宰中国政治文化的君主政体解决这些基本问题。他认为,应根据儒家经典原则建立新的国家体制。

> 古者以天下为主,君为客,凡君之所毕世而经营者,为天下也。今也以君为主,天下为客……古者天下之人爱戴其君,比之如父,拟之如天,诚不为过也。今也天下之人怨恶其君。视之如寇仇,名之

---

① 《四库全书总目》97;9b～11b,尤其是11a。
② 席文:《王锡阐》页163;《清代名人传》页45;冈田武彦《张杨园与陆桴亭》Teoria 9;1～14,1951;平冈武夫《经书的传统》(东京,1951)页372～425;威廉姆·道尔比《中国戏剧史》(纽约,1976)页127。

为独夫……岂天地之大,于兆人万姓之中,独私其一人一姓乎?①

17世纪,学者们通过亲身经历深切感受到,士大夫如果不懂治国之道,自然无力挽救明朝危亡。他们怀疑,仅凭个体的道德修养能否培养出有为的政治家,建立强有力的政府。他们对晚明历史的认识,同样也规范和界定了其后继者知识兴趣的范围。17世纪的考据学者一方面冲破了其前辈恪守的理学话语的束缚,另一方面,他们又把学术话语的范围限定于某些固定的考证课题上,严格限定18世纪后继者的学术范围,使之研究的范围不至过于宽泛。

经世之学的不同需要为考证学提供了新的基础。道学处于守势,清统治者把程朱理学定为官方意识形态,加深了帝国钦定儒学和考据学派学术主张的裂痕。② 浙江学者毛奇龄(1623～1716)指责道学是异端学说。他认为,宋代理学家把佛道学说掺入自己对经典的阐述中,给儒学研究造成巨大损失。毛奇龄最后指出:

> 自孔孟不作,道学专行,圣道圣学,其不明于世者,越七百年于兹矣。③

如果我们进一步观察,就能发现,到1750年,理学正统经注(仍然是科举考试的必备读本)只是一套世所认可、但气息奄奄的道德训诫,已不再为多数士子(包括考据学者)顶礼膜拜。文化的断层标志着儒家话语历史的断裂,新儒学的霸权颠覆了。理学尽管仍在北京享受着政治性的

----

① 狄百瑞《中国的专制主义与17世纪的儒学思想:对17世纪的一种考察》(费正清《中国思想与社会》,芝加哥,1957,页165～168);黄宗羲在《明夷待访录》一书中对此有详细论述。这段引文译自《梨州遗著汇刊》本《明夷待访录》(台北,1969)页1b～2a。
② 韩德森前引书页20;帕特森《匏瓜》页10n。1644年前后成长起来的一代士人确立起不仕异姓的道德观,反对一个朝代的臣民臣仕另一个王朝。席文《王锡阐》页163;余英时《论戴震与章学诚》页130n。
③ 毛奇龄《西河合集》1699年,册75:1a～6b。

供奉,但在江南已为考据学者的批评击溃了。①

二、经世致用与内圣之学的衰落

1644 年以后,提倡道德人格完善之风急剧衰退了,这标志着新儒学的崩溃。明遗民及其支持者认为,具有实用性的经世之学才是儒学遗产的基本内容。他们讨论的经世之学范围比纯粹的政治概念范围广泛。在他们看来,经世之学涉及众多不同的专业领域,包括有关历法改革的天文学、治理洪水必需的水利学,军事需要的炮术及其他学科。

中材久四郎和山井涌都指出,17 世纪后期,形式多样的考据学内容开始转化为具体明确的学术研究领域。明清之际,许多属于经世之学范围的学科受到重视,它们为考据学注入了新的动力,推动了博学之风的兴起,归纳方法的产生,这种学风和方法到 18 世纪盛行一时。② 根据山井涌的研究,17 世纪出现的对王学左翼思想的攻击本身虽然不是考据学,但推动了一系列新的学术成果的出现,促进了考据方法的改善。不过,考证学要等到受 17 世纪经世之学影响较少的新一代学者出现以后,才能走向成熟。③

根据山井涌的分析,黄宗羲、顾炎武等人决心首先搞清并扭转明清之际社会动荡带来的混乱,他们亟切期望解决明亡引发的政治、社会、经济崩溃,因而提出了批评理学玄谈的种种主张。黄宗羲潜心天文历算,顾炎武精通军事地理,明遗民学者的研究目标是经世致用,但倾向于把考证方法运用于学术研究。余英时把他们提出的博学主张称之为"清代

① 奥泽·瓦莱《袁枚:18 世纪的中国诗人》(斯坦福,1970)页 66;帕特森《鲍瓜》页 166;萧公权《农耕中国:19 世纪的帝国统治》(西特尔,1967)页 184~258。
② 中材久四郎《清朝学术思想史(3)》页 40~42;山井涌《明末清初经世致用之学》,《东方学论集》1:13b~150,1954;《黄宗羲学述:明清之际学术转变的具体分析》,《东京支那学报》3:31~50(1957);《顾炎武的学术——从明清之际学风转变看顾炎武的学术》,《中央大学文学部纪要》35:67~93(1965)。
③ 山井涌《明末清初的经世致用之学》,《东方学论集》11:37~54(1965)。

儒家知识主义的复兴",这是非常贴切的。经世思潮的兴起,及其对实用事物、社会福利的重视刺激了建立新的具有实证主义特点的知识领域的需求。他们的目标是要重构古典儒学,重估经典中治理现世的主张,这为考据方法提供了用武之地,但是,还没有完全认可考据方法自身具有的价值。①

17世纪晚期,考据学的自我认同日趋明确、具体。通行的儒学话语随之发生变化。例如,随着对宋明理学方法论及其主观武断学风批评的展开,人们越来越青睐实证研究和学术建树,而一度处于中心地位的道德修养则退居次要地位,性心之学为人轻视,道德修养变为陪衬。人们不再把道德修养视为求知问学的首要途径,而是看作理性质疑的对象。崇尚道德修养之风式微了,对天文、小学、地理、数学的重新重视填补了它留下的文化空缺。约翰·韩德森指出,清代学者不仅把古代圣人视为道德楷模,更多的是把他们视为天文、占卜、水利、测量等传统科学的祖师。韩德森认为,这是从内在道德修养和内圣之学向经世外王之学转变的例证。②

随着这种转变的出现,人们对儒家世界的相应内容发生了怀疑。儒家世界观是实现传统经说关注的核心内容——天人相谐一的媒介。清代对自然秩序无规律性、不和谐性却有深刻认知。这反映出他们对形而上玄学思辨的反感态度。对理想秩序、宇宙和谐性及传统天人合一模式的批评,标志着理论兴趣的淡化和思辨性知识的衰落。宇宙论被天文历算所代替。③

明清之际重视闻见之知的倾向与当时把怀疑视为学术研究第一要

---

① 余英时《清代知识主义思潮初论》页105~106。有关科学在因其自身价值为人视为重要事业之前所得到支持的讨论,详参莫顿前引书页180~185。

② 山井涌《明清"气"的哲学》(哲学杂志211:82~88,1954,Nov);韩德森前引书页4、19~20;余英时《论戴震与章学诚》页19。道德修养仍然是当时潜流。19世纪的性道德修养如康有为梁启超以其亲身经历所显示的那样,再一次重视个人修养。

③ 韩德森前引书页32.51~52,150,187~206。

义的风气有很大关系。考据学者根据实证标准怀疑批评传统的学术观点，客观地评判各种学术主张。例如，阎若璩极善于提出问题，对历代研究《尚书》的学者恪守的定论提出怀疑，这是其方法论最核心的内容。他在《尚书古文疏证》中引用马骕的一段话：

> 若非先儒绝识疑论及此，我辈安能梦及，然犹幸有先儒之疑而我辈识之，恐世之不能信及者，犹比比矣。

⁵⁶ 他认为，考证只是一种工具，这种辅助工具将使他能够"以虚证实，以实证虚"。他反对唐代儒学存在的固执己见的态度，主张一个学者必须"平其心"而"抑其气"，这样才能准确地理解经典文献。他认为自唐以来，并没有多少学者持客观态度，运用考证方法考辨《尚书》古文部分的真伪。若有学者这样做，他们将发现：

> 盖作伪书者多因其时之所尚，文辞格制亦限于时代，虽极力洗刷出脱，终不能离其本色，此亦可以类推也。①

姚际恒（1647～1715？）是阎若璩的好友，又是当时江南的学者，他在自己的《诗经》论著中提出，"心平"是学术研究的先决条件。后来，戴震也以同样的观点告诫其学生段玉裁（1735～1815），段当时正研治小学。"仆以为考古宜心平，凡论一事勿以人之见蔽我，勿以我之见自蔽。"段玉裁也认为："凡今人论及古人所说之是非，皆当平心易气，分析其孰是孰非？"②

---

① 《尚书古文疏证》1：7a，1：10b，8：10b，8：31a，有关"虚""实"之辨，详参戴君仁《阎毛尚书古文公案》（香港，1963）页58～59；胡适《中国哲学的科学精神与方法》，C. A. 摩尔编《中国的心灵》（火奴鲁鲁，1967）页104～131。
② 有关姚际恒，详参村山吉广《姚际恒的学术》页29；余英时《论戴震与章学诚》页17～18；《戴震文集》页76；段玉裁《经韵楼集》（《段玉裁遗书》，台北，1977，11：40b）。

第三节　实证学风的冲击

18世纪,越来越多的学者日趋成熟,这与考据方法论的形成是分不开的,一批受过严密的语言、历史和天文学系统方法训练的学者出现了。 57
他们在江南形成一个特殊的共同体,其成员相互交流彼此的论著。他们致力研讨的课题多半与社会问题无关,主要是由儒学博闻明辨传统的内在刺激引发的。17世纪特有的经世课题业已为人遗忘了。①

席文发现,"到1750年,视域狭隘的考证方法论本身变成目的,烦琐考据、门户之见日益盛行"。唯名主义(nominalism)知识论走向极端,蔚为时尚。唯名主义倾向尽管从未得到系统阐发,但明显体现于对理学话语的轻视之中。"有本之学"(solid learning)成为一种偏见的代名词。因此,人们孤立地分析历史与语言材料,极少做综合性阐释。考据学在接触到新的发现所开辟的学术领域后,就立即投入这样一个变化迅速、来不及进行综合的学术天地。②

一、汉学和宋学

18世纪,学者习惯于把考证视为汉学的顶峰,汉学固然是清代最盛行的学派,同时又是最富有对抗性的学派,但是,考据方法并非汉学专利。尽管如此,清代学者还是将考证与汉学合为一体,视为他们给学术所下定义的一部分。考据学者时常把汉学和考证视为同一枚硬币的两面。他们视汉学为认识古典的窗口。清代考据学者认为,考据研究方法的端倪出现于汉代经学。考据学派的支持者阮元指出: 58

> 圣贤之道存于经,经非诂不明,汉人之诂去圣贤尤为近。元少

---

① 托马斯·库恩《必要的张力》页118~119。
② 席文《王锡阐》页163;倪德卫前引书页14;约翰·格雷《20世纪中国的史学著作的背景与发 274
展研究》,比斯利、浦立本《中日历史学家》(牛津,1961)页197。

> 为学,自宋人始,自宋而求唐,求晋魏,求汉,乃愈得其实。

戴震最挚爱的弟子段玉裁同样摒弃宋儒经说:

> 余自幼时读四子书注中语,信之惟恐不笃也。既壮,乃疑焉。
> 既而熟读六经,……六经言道及阴阳,而宋儒言道非阴阳……此东
> 原先生《原善》一书及《孟子字义疏证》不得已于作也,余谓言学但求
> 诸经而足矣。

59　18世纪晚期,上一世纪出现的由四书到五经的转变几乎为考据学家一致
接受。

　　准确地说,17世纪学者只是考据学的开拓者,因为他们排斥理学主张,倾向两汉学术思想,但还未显示出明显的"汉学"特征。严格意义上的汉学,直到18世纪苏州学者惠栋(1697~1758)之时才正式成型。汉学对考据研究的兴起发挥过重要作用,但不是考据方法的垄断者。例如,常州今文经学家也提倡考据,属考据学派的一部分。常州学者庄述祖(1751~1816)所著的《毛诗考证》影响显赫。该学派的另一位学者刘逢禄与汉学人士过从甚密,曾著《左氏春秋考证》攻击儒家古文经学。①

　　戴震等皖派学者对苏州吴派提出尖锐批评。戴的弟子指出,惠栋拘守汉代学者经说陈见,忽视求真的学术宗旨。戴震及其弟子继承汉代经学的考证方法,并严格准确地运用文献校勘、音韵、小学、数学、天文学研究。据戴氏弟子记载,戴震告诫其弟子,对包括汉代经学在内的一切学术主张都应进行分析考证。戴震的学术宗旨是实事求是,反对固守汉儒旧说。戴震的弟子、扬州学者焦循(1763~1820)指出:

> 吾述乎尔,吾学孔子乎? 尔然,所述奈何? 则曰:汉学也,呜呼,

---

① 《揅经室集》,台北,1964,2:505;《经韵楼集》9:38a。江藩在其《国朝汉学师承记》一书中,把阎若璩、胡渭排在第一、二位。有关庄述祖与常州学派的关系,详参内藤虎次郎《支那学问近状》,《湖南全集》卷6,页51~52;张寿安《龚定庵与常州公羊传》,《书目季刊》13.2:4,1979,11;而黑宣俊《龚自珍与公羊学——以经学为中心》,《爱知教育大学报告》24:3。

汉之去孔子几何岁矣？汉之去今，又几何岁矣？学者，学孔子者矣；

学汉人之学者，以汉人能述孔子矣，乃舍孔子而述汉儒，汉儒之学，

果即孔子否耶？

由此可见，焦循并不否认汉儒学说比后代更接近古代圣人原义的事实。

但是，他又认为，汉儒与圣人并不生活在同一时代，因此，他们的学说并　*60*

不等于古代圣人的主张。①

　　在清代江南学术界，汉学明确转向考据方法，宋学也在向考据学转

变。麓保考详细考察了宋学界应用考证方法研治宋学文献所取得的成

就（详参第五章）。一些程朱理学信徒仍然轻视清代考据学。但也有些

学者堪称实证派理学家。他们为 19 世纪广东出现的调合汉宋的学术尝

试提供了动力（详参第六章）。②

　　方东树的《汉学商兑》是为程朱理学辩护的重要著作，该书运用严密

的文献考辨，驳斥考据学者的主张。需要指出的是，方在书中既对考据

学派的音韵、训诂研究予以高度评价，又猛烈批评汉学，这是清代江南宋

学受学术范式转变冲击的例证。考证并非某一派的专利。王应麟等宋

代学者即是清代实证学风的重要先驱，因此，考证学的根源可以追溯到

宋代。《四库全书》毫无踌躇地把王应麟看作具有重要影响的考据

学者。③

二、传统经典考证和研究的复兴　*61*

　　学术界强烈的批评考辨意识和"回归原典"的趋势是复兴经典思想

---

① 侯外庐，1：365～366。惠栋弟子王鸣盛也注意到这种差异。转引自《清代名人传》页 698；小
　系夏次郎前引书页 34～35，38；《雕菰集》2：104～105。

② 麓保考《宋元明清近世儒学变迁史论》（东京，1976）页 133～167。

③ 方东树十分钦佩王引之的考证成果，详参《汉学商兑》2B：10b，2B：14a～17a；胡适《清代学者
　的治学方法》，《胡适文存》（台北，1968）1：401～402。《汉学商兑》汇集了考据学者反汉学材
　料，详参《四库全书总目》118：43b～44b。

尝试的一部分。起初,其目标是恢复古代世界精神,以此重建社会。这种趋势曾引发希腊、罗马古典遗产的重新发现,并对文艺复兴前的欧洲产生了巨大冲击。在中国,新史料、新文献的发现,经典本位批评意识的崛起,反映出对传统学术的不满,以及对之加以重新改造、澄清的愿望。①

17世纪,顾炎武研究古音韵,以之作为借助小学恢复经典提出的理想秩序的途径。他认为,净化语言将有助于纯洁思想。

> 综古音为十部,为《古音表》二卷,自是而六经之文乃可读,其他诸子之书,离合有之,而不甚远也。天之未丧斯文,必有圣人复起,举今日之音而还诸淳古者。

这种尝试也让位于复原经典原初形式的努力。18世纪,探寻接近、重构古典课题的意义,超过了通古致用的问题。例如,戴震在他的哲学论著中尽管承诺进行文献考订工作,但是,即使在他对传统权威批评最激烈的论述中,也从未涉及把治学心得诉诸实践的问题。在戴震的经注式哲学中,小学只是阐发义理的工具,不是行动的方略。戴震在批评前代理学时指出:

62　　　　后世儒者,废训诂而谈义理,则试诂以求义理于古经外乎?

钱大昕同戴震一样,把训诂学视为理解古典的门径,他在为两部训诂学专著所作序言中指出:"训诂者,义理之所由出。非别有义理出乎训诂之外者也。""谓训诂之外别有义理……非吾儒之学者也。"阮元像多数扬州学者一样,受到戴震的巨大影响,他钻研古代注疏,恢复经典术语的本义。他认为,宋明道学家接受佛道异端学说,致使经典本义佚失。阮元在研究古代语词的结构和变化时,以古代金石铭文和经典文献进行比较。这种方法是与对汉代经注的归纳分析联系在一起的。阮元在所著《性命古训》等书中,对语源的重新考证也是以归纳分析为基础的。因

---

① 韩德森前引书页91~93;格雷前引书页186~187。

此,通过语源分析建立经典文法和历史语言学,也就成为考据学派语言理论的基础。[①]

重构古典的努力逐步渗入对传统科技体系的研究之中。席文指出:耶稣会士学术训练产生的最直接重大的后果,就是使中国人复兴他们自己的天算传统。这种传统业已被忽略了三个世纪。1700 年,中国天才的数学家们接受简捷易行的西方方法的基本训练后,把思想成熟的年华献给重建传统精密科学的事业之中。这种研究程式直到 19 世纪才有所改变。戴震受欧洲科学挑战的刺激,致力于古代天算文献的发掘,这些文献显示了传统历学研究领域所达到的广度和深度。戴震曾参与《四库全书》的编纂,从《永乐大典》中辑出五种古代数学文献,他为之狂喜。这些文献后收入《四库全书》天算部分,有关书目提要由戴震撰写,他于提要中论述了这些新发现的早期数学文献对考据学的重要性。[②]

耶稣会士对传统科学体系研究产生的冲击体现于阮元的学术建树之中。1799 年,阮元出版《畴人传》,这是他天算研究的最高成就。席文指出,该书系统综合中西天算成就,试图以此推动中国天算的发展。这种方式在一个习惯于按照过去的标准认可革新的国家里是不可缺少的。

阮元身居江南考据学保护人的显赫地位,他对科学的兴趣产生了影响。1799 年阮元任国子监算学总监,当时人们正开展一场运动,试图把天文历算重新纳入儒家传统教育的一部分,这场运动至此达到高潮。1820 年,阮元在广东创办学海堂,他在给学海堂学生准备的论题中,要求他们考察和批评性地讨论以下问题:

1. 今大小西洋之历法来至中国,在于何时? 所由何路?

[①] 有关戴震、钱大昕的观点,详参《汉学商兑》2B:1a;钱大昕《潜研堂文集》3:348~349;何佑森《阮元的经学及其治学方法》,《故宫文献》2.1:26~33(1970)及侯外庐 1:542~577。对阮元文献考证有详细讨论。

[②] 席文《哥白尼学说在中国》lolloquis Copernicce(Warsaw, 1973)P72;近藤光男《清代经学家的科学意识——论戴震北极璇玑四游解》,《日本中国学会报》4:99,106(1952);《四库全书总目》107:1a~2a,107:10~11a。

2. 大、小西洋之法，自必亦如中国之由疏转密，但孰先孰后，孰疏孰密？

3. 元之回回历，明之大西洋新法，如是古法，何以不来于唐九执法之前，九执法又自何来？且西洋又何以名借根法为东来法也？

重视数学、天文、地理是学海堂及江南学术界的众多学者把有才能的学生培养成才的手段之一。阮元在广东的好友王兰修（1826年任学海堂山长）就是学有成就的数学家。他著有《方程考》，被收入《学海堂集》。该书汇集了学生撰写的从日晷研究到运用数学方法探讨星际运动的学术论文。复古运动就这样成为对中国传统的一系列理论和实用学科的重建活动。

小学成为通往古代的律渡，考证研究提供了在截然不同的实证学科领域广泛应用的方法论。训诂、小学、文字学成为释读古典秘密的钥匙。在谢启昆（1737～1802）《小学考》于1802年问世的前后，小学已不会被人根据其字面意义斥为"虫鱼之学"。现在，连姚鼐（1732～1815）之类的宋学家都不得不承认，小学是重新发掘经典遗产所绝对必需而极为专业化的工具。[1]

三、《四库全书》工程

从1770～1780年，随着《四库全书》编纂工作的进行，考据学者的主要任务就是建立一个标准，以评审《四库全书》编纂之前问世的各类有价值的著述。四库馆臣讨论、评判和批评进呈书籍所依据的标准和尺度也流露出考据学派崇尚小学的学术取向。考据学者把自己承担的任务看作取代清

[1] 转引自席文《哥白尼学说在中国》页99～100；伦马凯前引书页61、67～79、169。阮元的讨论详见其《揅经室集》3：129～130；李约瑟《中国科技与文明》3：175n；吴兰修的论文原载《学海堂集》II，10：1a～58b；学海堂学生的天文历算作品，详参《学海堂集》III，5：32a～34a，IV 3：9a～11b，IV 14：9a～34b；乌尔里希·里布来赫特《13世纪的中国数学：秦九韶的〈数学九章〉》（剑桥，马萨诸塞，1973）页61～63；姚鼐《小学考》序（《小学考》，台北，1969，页5a～6a）。

代以前通行的学术思想,并倡导 17、18 世纪考据学的最后机会。①

表一 《四库全书总目》的评价标准

标　　准	引用次数
1. 是否正确使用文献和考证方法	21
2. 判断是否武断	13
3. 是否具有考证价值	11
4. 是否运用宋儒义理的思辨方法	9
5. 是否和专题性研究有关	7
6. 是否正确运用训诂方法	6
7. 有无发明创见	4

我们从表一可以看出:在评述《四库全书》所收图书时,编者压倒一切的关注焦点是能否正确运用史料及考证方法。一部著作只有广搜博取不同的史料,用实证方法加以辨析,重视古文献中典章、名物、礼制的考订,才够得上"考证之助"水平,受到《四库》编修者的青睐。如果它在这些方面没有成功,就会被四库馆臣指责为"疏于考证"或"无足以资考证"。

四库馆臣提倡表彰学术新发现,常用"无所发明"之类的术语批评对积累性知识毫无贡献的明代学术著作,把专门性研究(也即"实学")称为　66
探本知源的方法。这种方式的研究必然要求探讨名物和典制,后者是"笃实之遗"。四库馆臣提倡实证研究,反对崇尚"虚谈"的两宋经学。

戴震完成《原善》和《孟子字义疏证》后,也受到类似的批评。朱筠(1729～1781)、钱大昕尽管对戴震的天文历算学造诣极为尊崇,但仍毫不犹豫地指责戴震有关"理"、"气"的论述是没有学术价值的空洞思辨。

章学诚认识到自己的学说和考据学派的学术风气针锋相对。因此,他有关史学和史料编纂学性质的论著一直受到冷遇,直到 20 世纪才因内藤虎次郎和胡适的注意引起重视。18 世纪,不是章学诚,而是考据专

---

① 这是我研读《四库全书总目》《尚书》、小学、目录学、类书、天文历算诸类时发现的。这里我只集中讨论《尚书》类,我认为,它是了解《四库全书》馆馆臣采用的图书评价标准的最具代表性的范例。

家钱大昕,才是公认的著名历史学家。章未受到同时代学术主流派的注意,他对时代确实未产生过影响。章曾这样描述过他 1775 年赴京见到的学术现状:

> (当时)多易其诗赋举子艺业,而为名物考订,与夫声音文字之标,盖骎骎乎移风俗矣。

不过,章学诚无论内心如何反感,都需正视自己时代的主流课题。①

⁶⁷ 第四节　专业化与实证学风

对经学的重新重视是与金石学、校勘学、目录学等辅助学科的发展密不可分的。这些学科应用的方法成为文献考证、历史地理、经籍考证、历史学、天文历算等领域进行进一步正规研究的主要手段。阮元曾这样评论 18 世纪学者钱大昕的学术特征。他说:

> 国初以来,诸儒或言道德,或言经术,或言史学,或言天学,或言地理,或言文字音韵,或言金石诗文,专精者固多,兼擅者尚少,唯嘉定钱辛楣先生能集其成。

阮元的论述首先表达了对一位考据学巨匠学识的由衷敬佩,但也透露出学术研究日趋专门化的趋势。考证学者认为这些专门学科是施展考证方法,处理各种具体学术问题的天地,如地理相对于天文学(详参第四章)。这一系列学术领域展示了考据学研究的有机联系。

从明代的"业余性研究"到清代"专业化"的转变展示了儒家学者地位和角色的重大变化。有些学者(如扬州学者焦循)担心专业化趋势发

---

① 余英时《论戴震与章学诚》页 7、83、90、104。钱大昕与朱筠的看法,详参章学诚致戴震的一封信,他在信中对戴震崇尚义理的观点予以高度评价,详见余英时前引书页 38～41、139～144;岛田虔次《历史的理性批评——六经皆史论》,《岩波讲座哲学》4:126～128(1969);《章学诚的地位》页 519～521。至于章的引文,详见《章氏遗书》3:149,由倪德卫译为英文,见《章学诚的生平与思想》页 51。杜维运《清乾嘉时代史学与史家》(台北,1962)页 1。

展过快:"学者或具其一而外其余,余患其见之不广也。"①　　　　　　　

一、古文献的辨伪和辑佚

文献真伪、著作时代的考辨是为其他目的引用史料必备的首要步骤。辨伪是运用一系列文体、文风鉴别方法考订古书真伪的精密学科,它的出现在不断涌现的由校勘学、版本学产生的各种发现中是非常重要的。段玉裁在致同行的信中写道:

> 定其是非之难,是非之难有二,曰底本之是非,曰立说之是非;必先定其底本之是非,而后可断其立说之是非。……而后经之底本可定,而后经之义理义可以徐定。……知之者所以辨其非而归于一,是也。②

考证学者提出了一系列辨伪通则和依据,以使当代学者更易通解古典。阎若璩的《尚书古文疏证》为辨伪树立了典范。江藩走得更远,他断言,阎若璩有关《尚书古文经》的结论和论证的准确性只是汉学研究众多标准的一部分。金石考证被运用于文字学研究。人们开始分析字体,关注和讨论字体在不同时期发生的变化。文字学和书法风格的演变密切相联。对汉代《说文解字》古篆的研究成为古文经学和今文经学争论的　重要内容,因为西汉今文经说是以当时官方认可的隶书记录的,古文经是用篆书书写的。因此,这类争论能否解决就取决于是否具有精湛的书

---

① 阮元《十驾斋养新录序》页 1a~2a;保罗·戴密微《章学诚及其历史编纂学》,比斯利、浦立本《中日史学家》(牛津,1961)页 167~168;中材久四郎《清朝学术思想史》(4)页 43。龚自珍对　
清代考证学十个主要方面的论述,详见《龚自珍全集》(上海,1975)页 225~230。焦循的忧虑详见其《雕菰集》2:109(卷 8),这一部分的有些观点详参以后几章的详细论述。余英时《论戴震与章学诚》序页 5。
② 段玉裁《经韵楼集》12:47a~52b;曹养吾《辨伪学史》,《古史辨》卷 2,页 388~416;梁启超《古书真伪及其年代》(台北,1973)页 30~57。

学史造诣(详参第五章)。①

古籍的收集和辑佚是复原佚失古典的尝试。1670 年,马骕出版名著《绎史》,该书网罗现存的所有文献材料,辑录各种类书保留的古佚书片断,记述了从远古直到战国时期的中国历史。他用纪事本末体的形式把这些材料整理成头绪分明、秩序井然的著作,他把中国各种经典文献当作历史资料加以利用。当然,他在引用时,未能加以考证、鉴别。

江南的文献考证在唤起对传统科学的重新重视上发挥了重要作用。17、18 世纪,考据学家经过研究,在传统天算的复兴方面取得许多重要的有价值的成果(详后)。他们在编修《四库全书》时,从明初编纂的《永乐大典》中发现大量的文献材料。戴震从《永乐大典》中辑出古代数学著作,邵晋涵(1743~1796)从《永乐大典》及其他早期类书中辑出《旧五代史》,该书后被列为正史。②

18 世纪的学者认为,校勘和辑佚是两门相互依赖的学科。他们运用"死校"、"活校"两种方法复原古籍的善本。他们重刊古籍时,都以最可信赖的版本做为出版底本。"死校"保存文献的原貌,不改动原文,包括原书存在的讹误,它是初级的校勘形式。能否搜集到最佳善本是"死校"的前提。"活校"是根据古代有价值文献中的引文对原书纠误补阙。孙星衍(1753~1818)在清代对佚散的汉以前子部文献的整理上占有重要位置,他的辑佚著作网罗了古代文、史总集,类书,丛书,经注中保存的佚书片断。

杭州学者卢文弨(1717~1796)精于古代经典的校勘,因此为世注目。他特别擅长对勘文献版本,指明其中异同,根据翔实的考证出版古

---

① 有关江的论述,详参伦明《续书楼读书记》,《燕京学报》3;482(1928);周予同《经今古文学》页49~51;顾颉刚《汉代学术史略》(台北,1972)页 154;诺尔·伯纳德《从考古发掘材料看清代书法改革的性质》,《中国早期文明研究》(香港,1978)页 181~273。

② 格雷前引书页 196;《四库全书总目》49;31b~32a;《邹平县志》1836;17;3a;薮内清《明清时代科学技术史》,东京《人文学科研究》1970,页 21~25;《清代名人传》页 637。

籍校订本。校勘学成为考据研究,特别是汉学依赖的支柱之一。① 当时,各种学术问题非常复杂,只有专业分工,才能使学者不致落后于学术发展的步伐。18世纪后期,章学诚承认,就个人而言,现代人只能掌握历代积累知识的一小部分,古人则相反,他们因处在较低的文化水准,倒易于掌握各种知识。他认识到,只有进行专题性研究,才能复兴和延续业已佚失的儒学传统。②

二、江南的历史研究

考据学者不断强调金石资料的重要性,反映出18世纪史学方法的变革。江南学术共同体成员融会年代学、方志学、典章、礼仪、天文于文献考证之中。王鸣盛是以治经方法治史的开拓者。他认为,一个史家应当尽可能地收集各类有价值的史料。他对正史的研究即利用了周秦诸子、小说、诗歌、游记、笔记、文集、辞书、佛道著作等书中的材料。

金石学受到历史考证学者的重视,他们运用金石铭文材料校勘史书存在的错误。余英时指出,章学诚尽管批评考证式的历史编纂学缺乏会通、综合能力,但仍重视史料的考证与鉴别,认为只有以此为基础,才能描绘出一幅更为渊深博大的历史画卷。③

杜维运详细阐述了18世纪下半叶历史考证学领域出现的专业化发展趋势。王鸣盛、钱大昕、赵翼(1727~1814)的努力为中国历史学科的发展提供了客观实证的坚实基础,他们成功地恢复了史学的声望和地位,把众多学者吸引到史学领域。1787年,王鸣盛在为其《十七史商榷》

① 叶德辉《藏书十约》,详见《观古堂所著书》1902,长沙,页9b~10a。这段引文由方志彤翻译,详见《哈佛亚洲研究杂志》13:150~151(1950)。有关汉代以前文献辑佚的研究,详参利格尔《略论清代学者对汉以前哲学文献的整理》,《亚洲研究论丛》1:172~185;《清代名人传》页550。
② 倪德卫前引书页156、164;余英时《论戴震与章学诚》页70~71、64。如余英时所言,章学诚一直醉心于史学研究与著述的综合性论述。
③ 王鸣盛《十七史商榷》序页2b~3a;余英时《论戴震与章学诚》页38~39。有关朝廷对北京史学家的赞助,详参本书第三章。

撰写的序文中,阐明了清代历史考证学的宗旨。他说:

> 大抵史家所记典制有得有失,读史者不必横生意见、驰骋议论,以明法戒也。但当考其典制之实……而或宜法,或宜戒,待人之自择焉可矣。其事迹有善有恶,读史者亦不必强立文法,擅加与夺,以为褒贬也。……盖学问之道,求于虚不如求于实,议论褒贬皆虚文耳,作史者之所记录,读史者之所考核,总期能得其实焉而已矣。外此又向多求耶?①

清代历史考据学者批评以空洞思辨和武断褒贬为依据的历史编纂学,醉心于运用金石、地理、语言考证勾勒历史的原貌。他们的批评显示出自身追求客观性的学术取向。钱大昕完全赞成王鸣盛的观点,他主张,历史褒贬应寓于史实本身。史家的褒贬近乎朝廷议论政事。因此,他们不应被迫或自觉地运用历史史实迎合政治或王朝偏见。钱大昕在引用史料时,特别注意以最原始的材料纠正后世记载中的错讹。②

在第五章我们将会看到,札记体和归纳方法已为考证学者广泛应用,这说明他们已找到了历史编纂学行之有效的方法论。他们考订史实、纠正史实的时代错讹,校勘本文,补充旧注,把起初在经典考证中运用的方法推广于史学研究之中。王鸣盛、钱大昕在经、史考证领域都作出意义重大的贡献。当时,历史学者致力于解决文献疑难,或考释典章、礼制术语。赵翼则进一步扩展史学范围,旁涉宋代金石学建树、明代士人、明代制度弊病等关乎现实的课题。他似乎已经察觉,过分讲求考证,将出现琐碎无聊的新弊病。③

---

① 王鸣盛《十七史商榷》序页 1a~2a;杜维运《论清乾嘉时期史学与史家》页 13~48、99~121;内藤虎次郎《支那学问近状》,《湖南全集》卷 11,页 334~336;梁启超《中国近三百年学术史》(台北,1955)页 291~292;宇安七四郎《赵翼的生平与史学思想》,《史学研究》3,41;93~95(1950.10)。
② 杜维运《清乾嘉时期史学与史家》页 43~44;钱大昕《潜研堂文集》2;224~225(卷 6)。
③ 赵翼《廿二史札记》(台北,1974)页 418~419、616、629~658,及页 4 赵氏"小引";宇安七四郎《赵翼的生平与史学思想》,《史学研究》页 95~96。

17 世纪,学术界只重视与经学有关的历史课题,例如阎若璩只为考证经典真伪,才引用史学文献。18 世纪,学术界多次讨论经史关系问题。史学地位在江南学界迅速上升,与经学几乎分庭抗礼。经学为体、史学为用的界线受到质疑。卢文弨在 1776 年于湖南主持科举考试,要求举子重新讨论经史关系,他说:

> 问:史之与经异用而同源,《尚书》《春秋》圣人之史也,进乎经矣。后世祖之,分为二体,可得析而言之欤?

73

另一方面,王鸣盛仍恪守经史之间存在的界线:"治经断不敢驳经,而史……苟有所失,无妨箴而贬之,此其异也。"他只是在个别细节上否定二者的差异:"要之二者虽有小异,而总归于务求切实之意则一也。"

钱大昕的主张走得更远,他甚至认为,经史本来没有高下之分,古人也没有这种分法,两汉以来,随着四部图书分类法的出现,才出现经史之别,钱大昕认为史学"非限于一家一姓之故实而系表彰往昔之历史",他不赞成尊经卑史、仅把史学视为经学复兴工具的倾向。他认为,史学也是恢复三代之治极端重要的依据。王、钱二人都含蓄地批评了惠栋、戴震等人专治经学、轻视史学的学术偏向。①

18 世纪下半叶,章学诚提出了著名的"六经皆史"说,对此应从 17、18 世纪江南考据学派发展的历史背景加以考察。王鸣盛、钱大昕为章学诚的"六经皆史"说提供了活动舞台。章的建树在于使经典研究历史化,明确地把六经变成史学研究的对象。②

学术文化史也成为史学研究的重要课题。1676 年,黄宗羲完成《明儒学案》,创立"学案体",它是按照学派详细分析并准确概述特定时期儒学发展历史的重要著述形式。黄的著作论述了 200 位明代学者,其中多数是江 74

---

① 卢文弨,4:237(卷 23);王鸣盛《十七史商榷序》页 2a~2b;钱大昕《廿二史考异》序(上海,1935~37)页 1;杜维运《清乾嘉时代史家与史学》页 8~11。
② 杜维运《清乾嘉时代史家与史学》页 10~110。

南人。黄宗羲还著有《宋元学案》,由其子黄百家和全祖望(1705~1755)修订成书。该书叙述了两宋及元代的儒学发展史,是继《明儒学案》之后对中国学术史研究的又一重大贡献。这两部开创性著作结果使学案体成为概括儒学发展历史、追溯传统思想发展源流的最佳方式。"学案体"学术史重新考察了传统学术思想师承演化的轨迹。[①]

全祖望在撰写学术史的同时,还致力于明清之际学者史料的整理、保护。他继承了17世纪浙东学者万斯同(1638~1702)的遗风,非常重视晚明历史的研究。他感到,18世纪的人们几乎遗忘了明遗民的悲怀懿行,他力图把它们保存下来,传之后世。全祖望认为,晚明时期的历史是气节之士的记录,所以,他要全力阐扬17世纪的学术。

章学诚重视史书体例、特点的研究,十分推崇"通史体"史书,认为它是准确记叙中国学术、文化历史最适宜的形式。章的思想受郑樵(1104~1160)历史编纂原则的影响,他的文化史观具有政治和文化进化论的特点。[②]

章学诚把历史文献置于特定历史背景加以解释,他力图建立一种以广博的目录学和精详考证为基础的学术阐释系统,还力图把历史史料融会于一种综合的系统的整体性阐释框架之内,他在这方面的建树为考据学者所不及。章学诚著有《文史通义》,试图重构儒学传统的序列,在这之前,有人曾以平庸正统的观点解释传统。章学诚觉察到史学已为官修史书通行的虚假信条所束缚。正史是那些提倡官修史书编纂的王朝任命的御用学者集体协作的产物。章追求客观性的理想使他拒斥了唐以

[①] 中材久四郎《清代学术思想史》(2)页22;阮芝生《学案体裁源流初探》,《史原》2:57~75(1971.10);杜维运《清乾嘉时代史学与史家》页5、59。1841年,一些学者对《宋元学案》做了补充。

[②] 杜维运《清乾嘉史学与史家》页7、53~58、90~97;侯外庐前引书1:428~444;倪德卫前引书页60~64。

后官修史书充斥的僵化教条。他认为,学者应在史学领域作出独创性贡献。①

　　传记汇编是 18 世纪流行的另一种学术史著作方式。钱大昕撰写过 11 篇清代学界人物传记,其中包括阎若璩、胡渭、惠栋,它是这种学术史形式的先声。后来,江藩(1761～1831)利用钱氏的材料,著成《国朝汉学师承记》,叙述清代汉学成果,引起许多争议。他还编著《国朝宋学渊源记》,在书中把清代理学划分为南北两派。②

　　清代史学的这一系列建树表明,那种认为中国史学编纂学未能成功地转化为科学的专题性研究说法的出现,在很大程度上是因为忽视了考据学的贡献(尽管倪德卫[David Nivison]在 15 年前已就这些贡献的各个侧面作过广泛论述)。而且,清代史学新进展的影响还波及朝鲜及德川时代的日本(1600～1867)。日本学界还把考证式的历史编纂学发展为严密的方法论。19 世纪,通过重野安绎(1827～1910)的努力,日本历史学者以早年的考证方法为基础,吸收借鉴德国学者兰克的史学理论。③

　　杜维运认为,清代出现的客观主义的考证式历史编纂学与耶稣会士对中国带来的文化冲击无关。他认为,耶稣会士的影响仅限于天文历法领域,并未渗入史学考证领域。杜认为,欧洲史学编纂方法在当时尚未 ⁷⁶ 传入中国。不过,杜的见解忽略了考证学跨学科的性质,以及西方天算对这些学科的影响。席文对此有详细讨论。钱大昕即是当时最精通西方天算的学者之一。因此,不承认钱大昕天算学对历史考证学的影响,

---

① 杜维运《清乾嘉史学与史家》页 67～90;余英时《论戴震与章学诚》,页 45～81;倪德卫前引书页 172～173、186、220、297。
② 近藤光男《钱大昕的文学》,《东京支那学报》7:31(1976);《清史列传》(台北,1962)69:38a;阮芝生前引书页 67～68。
③ 阿尔伯特·梅恩《再论郑樵》,布克鲍姆与莫特合编《转型与永恒:中国历史与文化》(香港,1972)页 23～57,页 29、48 的论述尤其值得注意;倪德卫前引节。Jiro Numata "Shigcho Yaswtsugu and the Modem Tokyo Tradition of Historical Wriliag"《中日史学家》页 264～287。我正在搜集材料,探讨中国考证学对日、朝两国的影响。

这种观点未免使人难以接受。①

三、诸子学:春秋战国思想的复兴

文献发掘、校勘和还原推动了湮没许多世纪的非正统的诸子文献的复兴。清儒的复古主张固然引导他们回归两汉经学,去寻找儒学传统的源头;同样也会引导他们回归战国诸子学派。17世纪,学者为阐释经典,开始注意引用战国诸子著作,但是,还未真正认识到其内在的价值,直到18世纪,东汉古文经学在人们心目中的地位逐渐为西汉今文经学和诸子学所取代,《墨子》、《荀子》、《公羊传》的复兴才显示出对东汉古文经学的威胁。

汪中(1745~1794)、章学诚在学术上针锋相对,但在倾覆孔学在儒学文化中心权威的过程中都扮演着关键性角色。汪中是扬州人,他崇拜顾炎武、阎若璩、胡渭、梅文鼎、惠栋、戴震,把他们视为清代学术的"六圣"。汪中起初潜心《荀子》的研究,他欲恢复荀子在战国儒学原有的重要学术地位,这种地位后来为人忽略了。②

需要指出的是,汪中开始研究《墨子》时,《墨子》思想的实用特征及其与早期儒学的联系已受到某些考据学者的注意。1780年及1783年,毕沅(1730~1797)主持刊行孙星衍、卢文弨等学者校勘的新版《墨子》,汪中为之撰写序言,他在序言中指出,战国时期,儒、墨两家关系密切。他以此为后代视作异端的墨学辩护,把墨子和孔子相提并论。

> 自墨者言之,则孔子鲁之大夫也,而墨子宋之大夫也,其位相埒,其年相近,其操术不同,而立言务以求胜,此在诸子百家,莫不如是。是故墨子之诬孔子,犹老子之诎儒学也。

---

① 杜维运《清乾嘉史学与史家》页3~8、13~18。
② 汪中《述学》补遗(台北,1970)5b~8a;侯外庐前引书1:524;倪德卫前引书页227;梁启超《中国近三百年学术史》页224~247;何佑森《顾亭林的经学》页194~195;奥格斯·格雷姆《后期墨子的逻辑、道德与科学》(香港,1978)页70。

汪中指责孟子对墨子的攻击,认为这种攻击导致墨学失传,他极为欣赏墨子著作中的专门技术和经世之略。另一方面,翁方纲(1733～1818)注意到汪中墨学观的激进之处。他认为,

> (汪中)且敢言孟子之言"兼爱无父"为诬墨子,此则又名教之罪人,又无疑也。

耐人寻味的是,墨子、荀子学说的复活竟唤起如此激烈的反击,很显然,这里还会有激烈程度更甚一筹的反应。程朱理学的卫道士方东树就诅咒那些回归先秦诸子的汉学家。他力斥钱大昕关于荀子比孟子更接近孔子礼学的暗示。考据学者显然大胆地恢复与孟子对立且长期为人冷落的荀子学说。而攻击孟子无异攻击理学。方东树还攻击汪中对墨子的推崇。方认为,汪中因重提与孔学对立的墨家学说,才受到其他扬州学者的批评。汪中竟然攻击朱子学说,毁弃名教,鼓动异端邪说,理应受到惩罚。翁方纲和方东树都认识到,荀、墨学说的复活是对理学的威胁。尽管如此,《四库全书》馆臣仍吸收了汪中的《墨子》研究成果。他们认为墨学消沉是孟子视墨子为异端并大肆诋毁的结果,并承认墨学是战国时代有影响的学派。这说明人们开始重新正视墨子在中国早期哲学史上与孔学并论的重要地位(详参第四章)。①

章学诚从先秦诸子和西汉今文经学文献中搜集出不少证据证明,孔子仅是春秋战国时期思想家中的重要一员,其学术思想也只是其中一派,他只是在传播许多世纪之前的周公学说方面发挥了有限的作用。章对先秦诸子的研究和汪中复兴战国时期学术思潮的努力同时进行,章的

---

① 汪中《述学内篇》(台北,1970)3:1a～4a;侯外庐前引书 1:480～484。张惠言(176～180)、王念孙(1744～1832)毕沅、孙星衍(1761～1802)、卢文弨都为为人忽略 2000 多年之久的墨学的重新复作出了重要贡献。《清代名人传》页 43、624、678、829;倪德卫前引书页 260～262;翁方纲对墨学复兴的批评洋参其《复初斋文集》(1877)75:9a;方东树的有关批评详参《汉学商兑》页 2a;23b～24a,32a～34a;戴密微《章学诚及其历史编纂学》页 185;《四库全书总目》107:3b～5a。

史学研究是考据学派由后向前、不断向上追溯的研究的一部分。他对周公、孔子不同地位的论述重新引发《周礼》与《春秋》何者重要的学术争论。在儒学发展史上,类似争吵都出现于儒家前期的历次改革运动,如王莽改制(前9~公元23),1069年的王安石(1021~1086)变法等。

谁是儒学的主要开创者? 这一问题的提出反映了18世纪江南学术界对宋明理学"道统"说日益增长的抵触情绪,两宋以降,孔、孟成为道统的核心人物。章学诚却认为,不是孔子,而是周公,才是规划世界秩序最具权威性的圣人。这种见解又掀起宋明理学是否具备成为儒学正统继承者资格的讨论。钱大昕就认为,唐以前没有道统说,道统说直到宋代才第一次出现。①

常州学派复兴非正统的《春秋公羊传》学说,它表明,在讨论儒学传统和历史上孔子地位等问题上,一种迥异俗流的学说正在18世纪形成。清代古文经学家重新重视先秦诸子的倾向和公羊学说的复兴几乎同步展开。公羊学说认为,孔子是儒学正统形成的奠基者。按照今文经学的观点,不是周公,而是孔子,才是儒家的圣人。孔子融古典文献于一体,在一个充满战乱的衰世建立了自己的学说。对常州学派而言,《公羊传》是阐释孔子修《春秋》、整理五经主旨的主要文献。刘逢禄认为,"(余)尝以为学者莫不求知圣人,圣人之道备乎六经,而《春秋》者,六经之钥也。"如果不了解《春秋》"微义",那么,无论运用什么考证方法,都难以理解六经。今文经学视孔子为圣人,自然也效仿他"托古改制"的尝试,到19世纪之后,就可以以此为借口,批评现实政治,进行社会改革。②

---

① 关于道统的最早含义,详参刘子键《新儒学是如何成为国家正统学说的?》页490;钱大昕《十驾斋养新录》18:10a~10b;岛田虔次《历史的理性批评——六经皆史论》页140~141,151;高田淳《章学诚的史学思想》页73,87;侯外庐前引书1:465~466;倪德卫前引书页147~150。

② 刘逢禄《春秋公羊经何氏释例》序《皇清经解》本1280:2b;陆宝谦《清代思想史》(台北,1978)页221~269,页248尤值得注意;浦边正行《中国国家体制的演变逻辑》,《东洋学术研究》10.1:129~133(Apr,1971);倪德卫前引书页148、281~283。

四、18 世纪江南科学的发展

在 18 世纪的江南学术界,自然科学和文献考证的关系不断加强,这是对耶稣会士译介的欧洲科学传统的回应。对传统天算学的实证研究显示出儒学在实证科学领域贡献的深度和复杂性。乌尔利希·里布赫特(Ulrich Libbrecht)指出:"在宋、元算学完全失传数百年之后,高水平的代数研究在中国重新出现了。梅文鼎及孙梅觳成为中国'数学复兴'的开创者。" *80*

人们已就耶稣会士对中国传统科学冲击的问题作过详细的讨论。梅本敬造论述过欧洲科学在明清之际历法改革中发挥的作用。这次改革因 1724 年《历象考成》的颁行而达到顶点。但席文指出,该书吸收的西方天文学内容已落伍一个世纪。但《历象考成续编》收集了欧洲较新的科学发现,完成了传统历法的改革。①

有清一代,酷嗜天文历算之学的考据学者试图划分中法、西法的差异。梅文鼎在 17 世纪撰写的著作中,细心辨析中、西两种不同学术传统的差异,指出西方天算值得借鉴和引进之处。然而,由于教廷严禁传教士全面介绍西方自然科学的最新成就(如哥白尼[1473~1543]、伽利略[1564~1642]的发现),西方科学在传入中国后,就出现了许多矛盾。在 18 世纪米歇尔·伯诺斯特(Michel Renoist)(1715~1774)的小册子问世之前,哥白尼学说始终没有全面准确地传入中国。精通汉译西方文献的中国学者立刻觉察到西方科学存在的矛盾之处,他们因这些矛盾开始怀疑西法是否具有严密的研究方法,而且,不再把西法看作完美无缺的体系。

戴震、阮元都指出,西学存在矛盾,但是,他们仍然弘扬梅文鼎颇有影响的研究欧洲天文历算的基本原则。他们声称,西方天算原本产生于中国,在汉代失传之前,传入欧洲。阮元同其前辈(包括康熙帝在内)一样,主张把异

---

① 席文《哥白尼学说在中国》页 63~75、89~92;桥本敬造《〈历象考成〉的成书》里布赫特页 44。

域学术和中国汉代文献结合起来,恢复固有传统原初的纯洁形式。[①]

81 　　戴震在吸收外来知识时也坚持固有传统。他认为,拼写音节的反切是中国古代圣贤的发明(并非如此,详参第五章),他还坚持认为,中国经典业已囊括了天文历算的基本内容。在他看来,只要经过适当研究,就足以证明经典本身即是汇集因疏忽或缺乏理解而失传许多年的科学知识的宝库。

　　戴宣称,他在《尚书》中发现的某些精深的思想表明,古人早已掌握太阳在天体中运行的复杂规律。太阳在一天一夜之内通过围绕天体南极的旋转而与其他天体一起运转。与此同时,它还沿着黄道在每年运转轨道上经过一度。他通过这一论证指出,一系列事例证明,西方科技方法渊源于他从《永乐大典》发现的《周髀算经》。[②]

　　戴震、钱大昕、阮元受复古主义观念的影响,简单地把西方天文历算的技术特征纳入儒学框架之中,同时也批评西方科学。席文指出:阮元并非像那些缺乏闲暇悉心研读其著述的论者所揣测的那样,试图贬低西方天文学。恰恰相反,他正提供一种使其研究合法化的神秘说法。他没有把西方天算知识视为外来奇巧,而是看作可与传统经典融为一体的知识体系,不论其表达方式如何陌生,也不管其中掺杂着许多外国传播者屡入的极难以接受的非科学观点。耶稣会在天文数学领域提出的挑战受到清代江南学者的认真对待,其影响波及考据学的其他领域。钱大昕认为它开拓了儒学研究的视域,是对几个世纪以来重视道德、哲学玄谈偏向的纠正:

　　　　夫东海之于西海,语言不通,文字各别,而布算既成,校之无垒
83 　　黍之失,无他,此心同,此理同,此数同也。欧罗巴之巧,非能胜乎中

---

① 桥本敬造《〈历象考成〉的成书》页 62～68;席文在其《哥白尼学说在中国》一文中论述耶稣会传播西方科学成就时在这方面的失误,详该文页 63～103;成勒德·帕特森《晚明出版的西方自然哲学著作》,《美国哲学学会年鉴》117.4:295～322(1973)。
② 戴震《东原集》,《四部备要》本 75:2a～3a,5:8b～10a,另详他在《四库全书总目》中,为《周髀算经》撰写的提要,详参该书 106:2a～5a,特别是 4a 的有关论述。《尚书通检》(台北,1966)
279 　　页 1。日本学者近藤光男在《清代经师的科学意识》一文中有详细论述,详见该文页 97～110。

土,特以父子师弟世世相授,故久而转精。而中土之善于数者,儒家
辄为小技。……自古未有不知数而儒者……中法之绌于欧罗巴者,
由于儒者之不知数也。

他认为,早期儒学反对玄谈。①

五、科学及其对考证的附属地位

胡适、薮内清呼吁重视他们发现的考据学者研究天算的经学出发
点。薮内清指出,18 世纪考证学话语获得的胜利限制了戴震、钱大昕等
学者,使之无法从科学本身的角度研究天文历算。相反,戴、钱都把天算
研究同他们视为更重要的复原古典的运动联系起来。他们如此理解科
学新发现和发明的意义,就无法认识到科学发展为一门独立研究领域所
蕴含的潜力。②

胡适同样认为,正是考证学界弥漫的实证学风把顾炎武、阎若璩等
学者限制于文献领域,尽管他们也零星应用某些考古发现,或偶尔进行
天文观测。研究古代天文学只因有益于经典考证才为人重视。自然科
学从未摆脱为经史考证服务的从属地位。据胡适分析,对自然现象的探
讨完全依赖于文献考证而非实验。③

尽管这些因素并未使考据学者减低对自然界的好奇心,但是薮内清
及胡适略嫌夸大的论述的共同点仍证明了训诂偏见对清代考据学的限
制。不是每一个考证学者都有科学兴趣。顾炎武是与梅文鼎同时代的
人,他确实对天文学感兴趣,但未积极地研究它,仍是一位经学家。阎若

---

① 钱大昕《潜研堂文集》3:335(卷 23);阮元《揅经室集》3:94～95;席文《哥白尼》页 99;韩德森前
引书页 213;杜维运《清乾嘉史学与史家》页 3～4。
② 薮内清《中国的科学与日本》(东京,1978)页 162～163。天文学基本上被运用实用活动,数学
在中国的发展也未超出实用范围。
③ 胡适《治学的方法与材料》,《胡适文存》卷 3 页 115～122。与其早期肯定考据学的观点相反,
他在这篇 1928 年发表的文章,对之更多采取了批评态度。其早期观点详见《清代学者的治
学方法》一文,《胡适文存》卷 1,页 348～412,该文写于 1921 年。

璩也是如此,尽管他以谨严的学风从事年代学研究。

有一种假设认为,中国没有发生科学革命,而且也不可能发生。我们不支持这种假定,在发现天算学在考据学中占有重要位置后,更不赞成这种观点。现代科学在中国的胜利,同欧洲一样,需要超出文献考证范围的学术转型,还需要对自然界逐步定量化研究所要求的基本研究与实验方法。尽管如此,一些重要的科学探索在中国业已出现,实证科学必需的机制已经形成(详参第五章)。

欧洲科学在 18 世纪的中国没有生根发芽,也未摆脱上述从属于经学的局限,其部分原因是因为耶稣会传播者的缺陷,如向经典本位主义的挑战没有成功,没有提供新的学术选择机会。经典研究及史学在考证中的优先地位仍未受到触动。对实证科学的兴趣仍然受到学术积累中存在偏见的束缚。①

85　　本章主要论述了 17、18 世纪考证学派发展成为主导学术话语的内在原因,它们的发展还需要有助于考证研究,著述的政治、社会环境和资助。我们将于下列章节探讨鼓励、推动江南考据学发展的外部社会和政治因素。

---

① 薮内清《中国科学与日本》页 110;韩德森前引书页 212～217;狄百瑞《中国传统的源泉》1:563～564。这里,谨向席文先生致谢,他在这个问题上向笔者提供了帮助;他在《王锡阐》(页 159～168)一文中讨论了 17 世纪中国出现的各种科学变革。

第三章　江南学者的职业化

早在宋朝,中国士大夫和商人的界线业已呈模糊之势。没有产生类似欧洲近代早期和日本德川幕府时代(1600～1867)的独立的商人文化,因为,中国没有阻止商人向士绅阶层转化的绝对障碍(如贵族),到清代,这种转化趋势更加明显,出现了一个跨越士商界线,包括书院、学派、藏书楼等机构的社会机制。学者们利用这一机制研究和传播考据学知识。

本章主要探讨 18 世纪集中于一个特殊学术群体的江南学者的职业化过程,其成员无论是学者、收藏家、编纂者,都要求具备以文献考证为基础的专业知识。朴学家把自己视为这个学术圈中的一员,这个圈子是由师承相同、研究目标一致、都重视培养后学的朴学家组成的。[1]

前一章论述了考证学派兴起在江南,并为清代学者广泛接受的学术背景。本章将运用社会学方法,从社会层面探讨考证学的发展。我们先讨论 18 世纪的考证学风是由哪个阶层的成员发起的,接着,讨论考据学赖以发展的组织机制,学者们进入江南学术圈的途径,以及考据学者研究著述的经费来源等问题。

---

① 施坚雅《城市》页 268～269;约翰斯《学术与政治思想》页 12～13;库恩《必要的张力》页 294～295。

第一节 考据学派的社会起源

学术史的重要进展往往和社会结构的变化、新的支持探求新知的阶层的出现联系在一起。罗伯特·莫顿(Robert Merton)就论述过各种社会具体利益、动机、行为的相互影响对欧洲科学和宗教的作用。他认为,清教虽然不是介入 17 世纪英国科学的唯一宗教信仰体系,但从社会和文化层面对科学发展产生了明显的推动作用。科学研究能以一种重要的学术活动的角色在近代早期的欧洲出现,与中产阶级的兴起也是分不开的。[1]

我们也将从这种视角探索清代考据学者们的社会背景,他们参与了倡导客观实证研究的清代朴学运动;要解答这一问题,就须弄清明清两朝的社会结构是否发生变化,分析《皇清经解》的作者群,将有助于解决这一问题。《皇清经解》是由广东学海堂在 19 世纪初期纂修刊行的一部规模宏大的学术丛书,专收考证著作。

《皇清经解》是对清代经学第一次内容广泛的总结,它在 1829 年由广东学者历时四年修成刊行后,受到中国和其他地区学者的高度评价。这部丛书规模庞大,共收录 75 位学者的 180 种著作,共 360 册,1400 卷,代表了清代汉学的主要成就。它收集了清代汉学家的众多代表作,后世汉学家借此能了解其前辈在 17、18 世纪建立的学术共同体的规模。1818 年,广东总督阮元在《皇清经解》编纂前,业已资助江藩《国朝汉学师承记》的出版,该书内容充实,观点颇有争议,是清代考据学者的学术性传记汇编。[2]

《皇清经解》是宋代成书,长期受人尊崇的丛书——《十三经注疏》的

---

[1] 莫顿前引书页 275～283、228～253。有关讨论,请参阅《新教、资本主义与科学革命》,《过去与现在》28;81～101(1964)。

[2]《学海堂志》(香港,1964)页 38b;藤塚邻《清代文化东传研究》页 395～398;太里曼·格里姆《广东书院与城市系统》,施坚雅《城市》页 489～490;拙著《学海堂与广东今文经学的兴起》页 51～82。

延续,后者涵盖了宋及宋以前的经学,也曾由学海堂重新刊刻过。它在一定意义上又是对清朝初叶徐乾学(1631～1694)主编的《通志堂经解》的回应,该书规模庞大,堪与《皇清经解》相媲美。阮元和《皇清经解》的其他编纂者认为,《通志堂经解》存在宋明理学的门户之见。但是,我们必须看到,徐乾学又是 17 世纪考证学的重要赞助者。①

《皇清经解》以清代考证学奠基人顾炎武、阎若璩的著述开始,收集了许多参与 18 世纪汉学运动的杰出学者的作品,其中多数人受江南学界崇尚以许慎、郑玄等人为代表的东汉古文经学的学术风气的影响。② 该丛书的编纂者也再版过一些受常州今文学派影响的学者的著作,常州今文学派崇尚何休和西汉今文经学。该丛书把是否应用文献考证方法作为收录的标准。在阮元和他的助手看来,常州今文经学也是考据学的组成部分(这是我们应当很好采纳的一种观点)。阮元为编纂《皇清经解》而对汉学著述的甄选原则,与四库馆臣早先推崇的学术评价标准是一致的(参看第二章)。③

1886～1888 年,王先谦(1842～1918)续修《皇清经解》,在江苏南京南菁书院编纂刊行《皇清经解续编》。该书汇集了清代汉学的百余种考证著作,④代表了中国 19 世纪的学术观点,已超出本书的讨论范围,这里不予论列。现在,我们首先讨论《皇清经解》著录作者的地理分布情况,图表二简要统计了该书 75 位著者小传的有关史料,栏目 1～6 的统计数字表明,近 90% 的作者是江南人,而其中多数学者(68%)来自江南城市化最高的四个府,这种地理分布的不均衡,显示出江南地区在全国的中

① 滨口富士雄《方东树〈汉学商兑〉研究》,《大东文化大学汉学会志》15:74～89;代超温前引书页 73～74;何佑森《阮元的经学及其治学方法》页 19～26。
② 详参《皇清经解》凡例;桥本成文《清代尚书学》,《汉文学讲座》4:10～27(1933)。
③ 庄存与(1719～1788)、孔广森(1752～1786)、刘逢禄(1776～1829)、凌曙(1775～1829),详参拙著《学海堂与广东今文经学的兴起》页 63～65;麓保孝前引书页 147。
④ 王先谦《皇清经解续编》,编辑体例取法于阮元的《皇清经解》,它收录了后者遗漏的许多著作。

心地位,以及当地学者的重要性。

表二 《皇清经解》作者地理分布统计表

著者籍贯	人数	占总数百分比	占江南学者总数的百分比
常州府	7	9	11
杭州府	13	17	20
苏州府	9	12	14
扬州府	15	20	23
上述四府合计	44	59	68
江南各地合计	65	87	100
江南以外地区	10	13	—
《皇清经解》所收学者总数	75	100	—

表三 《皇清经解》作者出生年代、家庭背景统计表

出生年代	人数	占总人数的百分比	士绅人数	占同时代作者总数百分比	商人人数	占同时代作者总数的百分比	家庭背景不明者
1600~1645	8	11%	6	75%	1①	13	1
1646~1665	3	4%	1	25%	—	—	2
1666~1685	4	5%	1	20%	—	—	3
1686~1705	5	7%	3	43%	—	—	2
1706~1725	7	9%	4	57%	1②	14%	2
1726~1745	16	21%	11	69%	—	—	2
1746~1765	19	25%	5	26%	3③	16%	11
1766~1785	12	16%	7	58%	1④	8%	4
1786~1805	1	1	1	100%	—	—	—
合计	75		39	52%	6	8%	30

注:① 这里包括阎若璩,他父亲虽于 1604 年中进士,但仍属盐商世家。
② 这里包括戴震,他父亲是布商。
③ 这里包括阮元,他祖父于 1715 年中武士,他母亲出身盐商家庭;凌廷堪(1757~1809),一个商人的儿子;他和焦循都曾在扬州专为盐商子弟开办的学校任教。
④ 这里包括臧庸(1767~1811),乃父是服装商,乃曾祖父则是著名学者。

　　值得注意的是,阮元在编纂《皇清经解》时,收集了 15 位扬州学者的著作(包括他本人在内),这中间包含着某些个人偏好,反映出他对江南学者著述的高度推崇。《皇清经解》也存在明显缺陷,例如,它遗漏了直隶著名学者翁方纲的考证学著作。尽管如此,该书作为清代朴学著作的集大成之作,仍不失其价值之所在。它不是在扬州或常州编辑的,是应广州学子所需而编纂的,所以,人们不称它"江南经解",而称为"学海堂经解"。

　　现在,我们讨论《皇清经解》收录的朴学家的社会背景和地位。① 表三说明多数学者出生于 18 世纪,在 75 位学者中,52%出身文学世家。《皇清经解》的作者小传,大部分只记叙与传主有关的材料,相当数量(30人,也即总数 40%)的传记没有提供传主准确的背景材料。因此,52%的统计结果不是十分准确的。在 45 位提及家庭背景的传主中,87%出身于文化世家。根据统计,确属商人出身的学者人数较少(只占总数 75 人的 8%,约占社会背景清楚学者的 13%),但其中包括三位最著名学者,他们对考据学派影响甚深。臧庸的有趣事例表明,儒士和商人是可以相互转化的,商人可以变成儒士,儒士也可以转为商人。从这些有价值的统计材料中发现,尽管有些人出身贫寒,但没有一人是农民出身。不过,传统传记常回避这类史实。

　　在上述学者中,绝大多数(92%)拥有科举功名,53%的学者拥有较

---

① "文士(literati)"是指中国绅士阶层中通过正式科举考试在传统精英阶层中取得身份地位的成员。有些学者前二代的亲属或取得科举功名,进入社会上层,我把这类学者也列入"文士"。本书讨论的学者,没有一个凭借遗产购买科举功名,谋取官职。这 39 位无疑出身文士家庭,但有关传记没有提到其先世是通过这两条(科举、捐纳)途径的那一条取得士绅地位。张仲礼认为,"文士"一词无法反映这个群体的社会、经济及政治地位,因而未使用这个词,而代之以"绅士"。但是,就本书讨论的重点而言,"文士"一词就包含的对学术建树的强调,似乎更适合概括这里讨论的学者。我不想过深地涉入有关中国传统社会精英阶层内涵及构成的争论,只强调一点,即所有的定义都应以科举制度录取标准为依据。有关论述详参张仲礼《中国的绅士》页 xix~xx;马克斯·韦伯《中国的宗教》(纽约,1954)页 107~141;何炳棣《成功的捷径》页 37~41;费孝通《中国的士绅:城乡关系论集》(芝加哥,1953)页 17~32。

93 高的科举功名(参考表四)。不过,还有相当数量的学者(27%)只有低等科举功名,这意味着近 1/3 的学者地位低下,或处于科举功名之外,只是凭经学研究赢得赞誉,改变低微的地位。17 世纪,这种现象尤为明显。部分原因可用下列事实来解释:满洲人主中原后,许多学者立即拒绝参加朝廷的科举考试。根据上述材料似乎只能推出下列结论,考据学者不是新的社会阶层的代表,他们完全是中国传统精英阶层的一部分。

表四 《皇清经解》著者科举功名状况统计表

出生年代	无科举功名者		下等科举功名		举人		进士		获科举功名者		情况不明者
1600~1645	1	13%	4	50%	—	—	3	38%	7	88%	—
1646~1665	1	33%	1	33%	—	—	1	33%	2	67%	—
1666~1685	—		1	25%	1	25%	2	50%	4	100%	—
1686~1705	—		2	40%	—		3	60%	5	100%	—
1706~1725	1	14%	—		2	29%	4	57%	6	86%	—
1726~1745	—		4	25%	2	13%	10	63%	16	100%	—
1746~1765	—		5	26%	3	16%	—	53%	18	95%	1
1766~1785	1	8%	3	25%	1	8	7	58%	11	92%	—
1786~1805	—		—		—		—		—		1
合 计	4	5%	20	27%	9	12%	40	53%	69	92%	2

不过,这种推论是由正统传记中包含的传统社会偏见造成的。例如,许多阎若璩传记的作者都回避他的盐商家世。正统传记作品只字不提阮元母亲是扬州盐商女儿的事实。当时,人们认为,把这类史实记入 94 传记是一种不合适的做法。因此,不能把《皇清经解》的作者小传看作研究清代考据学者社会背景的主要依据。由于这种原因,传统社会的偏见阻碍了对 17、18 世纪社会变迁的深入探讨。这里提供的材料也无法证明出身商人的汉学家数量是否呈上升趋势。

吴秀良(Silas Wu)指出,17、18 世纪扬州出现的新的经济阶层赋予该地区以重要的经济、文化地位。当时,朝廷把食盐专卖权让给江南富商,由他们负责盐税征收。按照吴的观点,有清一代,盐商不仅始终是帝国官僚体制的经济支柱,还左右着江南的文化、学术活动。因此,我们很难明确区分 18 世纪扬州学术圈内富商和学者的差异。何炳棣发现,明清两朝,许多富商家庭都成功地跻身于官僚和学者行列,这种成功揭示出江南学术发展和经济的内在联系。

盐商们向往官爵和随之而来的特权,因此,他们经常通过教育或捐纳官职的途径,为自己或子孙谋取官职。他们还热衷和士绅家庭联姻。这种社会行为的一个重要动机,就是把自己的家庭和财富置于官绅特权的庇护下,那些特权足以维护家庭乃至家族的利益。许多书院(如扬州安定、梅花书院)常为盐商子弟服务。18 世纪,学术因盐商的资助繁荣起来,书籍出版和收藏的数量远迈前代。①

阎若璩、戴震都是清代汉学的重要代表人物,这一事实表明,商人出身并不妨碍学者的研究和著述活动。恰恰相反,商人的财富时常促使学术成为一种可以维持生计的行业。小野和子即指出,明代扬州府的泰州学派就和控制当地文化生活中心的盐商关系密切。盐商世家(例如阎若璩家)向学术圈提供大量资助。处于另一种环境的布商之子戴震是如何得到北京学术圈承认的,这一问题还须进一步研究。

至此,我们可以看到一个由商人后代和文人组成的新的社会群体,它们形成了考证学派。我们也清楚地看到,士人的职业标准已发生重要变化,如山井涌所言,清代士绅渴望成为考据专家。宋明官绅则与之截然相反,他们对仕途的重视程度超过学术建树。山井涌认为,满族入主中原后,朝廷和国家精英组织大规模的学术活动。文人们受聘于书院,

---

① 吴秀良《走向权力》页 5;小野和子《儒教的异端者》页 8~11;何炳棣《成功的途径》页 71~86;莫里斯·弗雷德曼《中国的家族与社会:福建与广东》(纽约,1971)页 97~117。马克思主义学者把这些新思想归因于新社会阶级的出现,详参尚钺《中国资本主义关系发生演变的初步研究》(北京,1956)页 257。

从事学术研究,或按地方和国家的图书纂修计划整理文献,因而导致这种现象的出现。对清代许多士人来说,学术成为一种谋生手段。①

宇安七四郎论述过乾隆时期汉学运动的重要成员赵翼(1724～1814)、王鸣盛(1722～1798)、钱大昕(1728～1804)的学术活动,视之为18世纪中国知识阶层向职业化学者转变的代表。宇安指出,官位在所有场合下(他们都是进士出身)都是保持较高社会地位的主要途径。他们都入仕为官,但主要兴趣仍在学术研究上;一旦有可能从事专业研究,就立即辞官。他们把年富力强的中年时光奉献给经史专门之学,以历史考证学的开创者享誉于世。②

上述论述表明,考证学的兴起不仅是一个学术事件(就其在学术和职业选择而言),也是一个社会事件(因为支持和鼓励学者选择从事这项研究)。按照托马斯·库恩科学革命的理论,要圆满解释在传统社会精英中宋明理学何以为清代考据学所取代,就必须考虑内(思想动机)、外(社会)双重因素。事实上,社会因素并不仅限于外部影响,魏斐德(Frederic Wakeman)即指出,清代科举录取名额有显著增加,这种趋势意味着即使获取科举功名,也难以保证一定能进入仕途。而学术研究常常可以弥补因这种趋势扩大而带来的危及生计的职业匮乏。③

第二节　中华帝国晚期的职业化

我们要揭示清代学术向职业化研究方向转变的发展过程,就需要了解中国学者为完成自己课题而获取必要专业知识的途径。在严格字面意义上,职业化是学者承担己任,即为维持学术系统延续、传播、发展而

① 山井涌《〈孟子字义疏证〉性格》,《日本中国学会报》12:126(1960);帕特森《鲍瓜》页154。
② 宇安七四郎前引书页90～95;帕特森《鲍瓜》页166～167;杜维运《清乾嘉时代史学与史家》页1～7。
③ 托马斯·库恩《必要的张力》页110～120;约瑟夫·本-大卫《从社会学的观点看科学的发展》,米纳瓦3:455～476(1964);韦克曼《中华帝国的衰落》页20～24。

从事的行业,这是一个专业化累积性的学术系统,这个系统是为学术用途而整理记录的。在培养有志于考证的学者和传播考证研究知识上,哪些社会机构在发挥主导作用呢? 有些学者把严格的经验性文献考证看作认识过去的主要知识来源,因此受到奖励,他们形成超出临时需要的特殊群体,这些群体是如何形成的?①

确定职业的定义是现代社会学众说纷纭的难题。在职业社会学中,对"职业"、"职业性"、"职业化"之类的概念一般不能按字面意义去理解、使用。确切或规范的职业范围,进入并取得职业身份所需程序是职业化在字面意义上包含的两个主要内容。②

现在,对职业还没有明确的定义,定义的类别更是令人费解。霍沃德·霍尔默(Howard Vollmer)和达纳尔德·米尔斯(Donald Mills)用"职业化"描述一种理想型的行业,也即现实并不存在的一种抽象范式。他们把"职业化"解释为"许多行业转变为'职业性'领域的动态过程,当然,其中某些行业的转变并不明显。"按他们的观点,即使不是所有的行业,也有许多行业介乎理想型职业与各种行业部门或"非职业"两极之间。③

埃利奥特·弗雷德森(Eliot Freidson)在他的《医学职业》一书中,坚持把职业解释为一种特殊的行业。该行业的从业人员获得特定许可,借此掌握适当内容和有效方法,掌握这些内容和方法就可要求承担某些任务,并取得从业、评审和收入的资格。弗雷德森还认为自主性是职业不同于行业之处,行业在基本因素上受其他方面的限制。各种职业对职业资格的基本内容的要求是不一致的,这形成多种职业定义。按弗雷德森

---

① 斯道尔和帕森斯《学科的分化》,详见蒙格马里《知识入门的基石》(苏拉克斯,1968)页101~120;本-大卫《科学的成长》页459。
② 详参杰克逊主编的论集《职业与职业化》(剑桥,1970)的有关论文。有关文士的研究,详参特纳、诺杰《行业与职业》,见上述论集页23~33;柯根《职业的定义》,《哈佛教育评论》23:33~50(1953);伯克《职业的特点》(芝加哥,1962)页27~46。
③ 沃尔默、米尔斯主编《职业化》(恩格莱沃德·克里夫,1966)页Ⅶ~Ⅷ,1~2。

的观点,培训和许可证就可成为一个职业群体的成员被免除长期正规训练的凭证。例如,社会工作者就要使公众知道自己的任职资格,以免受外行人的限制。①

约翰·杰克逊(John Jackson)提出异议,他认为,问题关键不在于行业是否属职业的一部分,而是他们在多大程度上展示职业化的特征。他指出,代表一种职业的系列标准在不同时间和不同场合呈现出显著差别。他还主张,一种行业身份,通过什么样的方式才能具体展示出来并体现广泛的社会意义,才是更重要的问题。依杰克逊的观点,应把研究重点放在各种行业向职业化的转变上。②

本书将使用约翰·杰克逊为职业化下的定义,解释江南学术圈内出现的学术行业,考据学者共同的兴趣、活动和目标,各种复杂的非正规社会组织的发展状况,从事相近课题研究者的共同倾向都属我们讨论的范围。我们在找到某些有益于研究且更为妥当可信的职业区分标准定义前,将不会对18世纪中国的"职业"和行业的界线做明确的定义。我们认为,社会本身的变化将对众多职业及他们在儒家社会生存的标准产生影响。例如,书院和官学是确认教师职业资格的重要渠道,它的这一作用可以帮助我们确定是否可以把清代教育看作一种职业。③

清代不可能实现向更为规范的各种职业化学者和角色的转变。可以断言,清朝士大夫不会成为专业工程师、科学家、冶金专家以及诸如此类的角色,尽管如此,他们作为学者,仍扮演专业化角色,江南经学家可能介乎霍尔默和米尔斯所说的理想型职业和行业性二者之间。他们掌握了外行无用的特殊知识,属于自己研究领域的专家。他们作为研究者

① 艾略特·弗雷德森《医药职业:应用知识社会学研究》(纽约,1970)页 xii～Ⅷ,77～82。
② 杰克逊前引书页 1～15。
③ 特纳与诺杰前引书页 32。有关中国医学专业化的问题,详参席文《传统中国医疗的社会关系》,《日本医学杂志》23.4:1～7(1970,10)。

和教师,其专业活动具有社会影响,他们的职业也是社会组织和结构的具体组成部分。①

根据下列理由,可以用"职业化"定义描述考证学派。

1. 考证学者都属一种特殊专业的成员,这种专业是在广泛研究和知识训练的基础上建立的,这种研究和知识培养通过向他人提供专业性服务和咨询,获得经济支持和赞助。他们的学术角色和社会作用已实现职业化。

2. 行业的标准从对理学和经世学知识的系统研究改为掌握特定考证学领域的专门知识,这是它向职业转变的标志。

3. 掌握考证学方法专业知识的目的是保证这一特殊学科形成、发展和传播,这些专业知识服务于考据学积累性的知识系统。考据学者通过掌握这些知识把自己和官僚、绅士和外行区分开来。

4. 考证学研究的专业内容和方法没有政治色彩,因而能够避免局外人的评判。所以,尽管考据学派极其缺乏摆脱政治及在社会经济方面束缚的自治权,但这并不改变他们学术活动专业化的本质特征,这种"专业化"即属于我们称之为职业的范围。弗雷德利森解释说"一种职业需要的不是自由市场的企业家,而是自由"。不论在欧洲科学界,还是在考证学界,自治权都会受到为行使和维护自身权力的政治力量的限制。这种限制无所不在,超越了时代和地域界线。②

17 世纪,在考据学研究成为中国的一种专门职业之前(这一过程直到 18 世纪中叶才接近完成),考据学要求朝廷提供安定的环境和大笔的资助,许多时候还需要日趋发展的考据学者具备独立的经济实力。我们认为,考据学并未意识到他们是一个范围明确

---

① 沃尔默与米尔斯前引书页 2。
② 弗雷森前引书页 25、85、369;本-大卫《科学家社会角色:比较研究》,恩格莱沃德·克里夫前引书,1971,页 82。本-大卫发现,在 17 世纪的法国,国王的承认应用于实证科学,但这是在科学使用的实验方法不能染指政治、宗教及社会问题的前提下进行的。

的学术行业范围的成员,对学术的忠诚并不鼓励更为明确的自我认同。[1]

考据学者们熟悉他们在一个不断发展的学术共同体中所处的位置,在这一共同体中,行业专门化和实证学风正在调整考据学者的学术领域(参看第二、五章)。考据学者在儒家社会精英阶层广泛赞助保护下赢得并维持自身的地位,因为精英阶层已认可考证学存在的特殊意义。江南社会环境在相当大程度上保证了该地区颇负时誉的考据学学术共同体的生存。[2]

第三节 官方与半官方赞助

清政府严禁士大夫结党建社,17世纪末、18世纪初,这项禁令仍未解除,但是,由于朝廷和地方政府等多重社会组织的资助,儒家考证学派日趋兴旺。康熙帝(1661~1722)逐步缓和满汉存在的严重对立情绪。清朝初年,民族矛盾十分尖锐,许多汉族士大夫退隐林下,拒绝出仕。一种使许多士大夫弃仕从学的变化出现了。

1679年,清廷举办博学鸿词科,聘请录取者编修明史,这说明,当时大多数江南知识分子业已消除对清廷的敌视,按劳伦斯·凯思勒(Lawrence Kessler)的话,"他们业已恢复对朝廷的信任,认为它可以维护自己的地位和特权。"[3]不过,康熙招聘汉族士大夫入仕的尝试只取得部分成功,没有完全弥合官僚学者之间存在的分化趋势,这种趋势标志着传统社会知识阶层功能的重大变化。[4]

---

[1] 门德尔松《19世纪欧洲科学职业化的出现》,卡尔·黑尔主编《科学家的管理》(波士顿,1964)页3~48;拙著《清代学术流派》页1~44。
[2] 威廉姆·古德《共同体中的共同体:职业》,《美国社会学评论》22:194~200(1957);本-大卫《当代社会分层中的职业:最新研究趋势与文献目录》,《当代社会学》12,3:251(1963)。
[3] 凯思勒《中国学者与早期满洲国家》,《哈佛亚洲研究》31:200(1971)。
[4] 海尔姆特·韦尔海姆《1679年的博学鸿词科考试》,《美国远东协会研究杂志》71:61~65(1951)。

1675～1722年,学术界获得18、19世纪依然通行的赞助方式提供的资助。当时,康熙皇帝推行相对宽容的统治政策(相对于其父祖而言),大力修纂图书,以官方或半官方资助的形式招聘大批知名学者,这些资助对学术发展至关重要。

101

1692年,宋荦(1634～1713)到江苏任职,此后14年,他一直在当地为官,名声显赫,身边聚集了许多当地著名学者。他重开宋代苏州诗人夏季闲聚的遗风,招聚士子,奖掖后进。他还主持兴建藏书近10万卷的大型藏书楼,其部分藏书来自常熟著名的藏书楼"汲古阁"。1693年,曹寅(1658～1712)受康熙委派任江南织造。他是古代珍善本的鉴赏家,还享有学术赞助者的声望,他在职期间刊刻的许多书籍工艺精良,体现了其个人的学术品位和影响。他还在扬州开办官营书局,出版过一些堪称清初雕版印刷典范的书籍。①

一、徐乾学的学术赞助活动

徐氏兄弟,尤其是徐乾学、徐元文(1634～1691),以赞助学术享誉于世。当时,朝廷严禁士子结社,他却为士大夫的学术交流提供了政治保障。他们的资助,在一段时间内,取代了书院在学术研究和资料收藏中所发挥的社会交流作用。由于他们的帮助,那些受聘的学者就无须顾忌清廷的禁令,可以在北京或其他地方自由聚会。1644年,清廷入主中原后,曾严禁学者聚会结社。

徐氏兄弟,苏州府昆山县人,明遗民顾炎武的外甥。顾炎武拒绝参与清廷的图书编纂和科举考试,徐氏兄弟倒乐此不疲。徐元文曾于1679～1684年主持明史编修。徐乾学在1684～1690年间接任此职。明史主要由1679年博学鸿词科考试录取的江南士子负责编修,得到清廷的经济支持。许多参与明史修纂的学者都是17世纪转向汉代经学运动

---

① 关于宋荦,详参《清代名人传》页689～690。有关曹寅,详参史景迁《论道济》页16。

的参与者。个别学者虽属遗民,但出于履行整理胜朝旧史的个人责任感,也参与了明史的修纂。①

徐乾学对当时的学术发展影响甚巨,他极其反感王阳明(1472~1529)的学说,指责王学左翼否定"闻见之知"的价值。他崇尚朱子(1130~1200)理学,因为其中存在强烈的知识主义倾向。他组织大批学者编修规模浩大的《通志堂经解》,以促进理学发展。该书卷帙浩繁,汇集了宋代理学家的经学著述。②

不过,徐乾学更重视当时正在兴起的考证学派。1687 年,他负责《大清一统志》编修后,从学者中招聘编纂人员。他招聘学者的倾向即明显反映了这一点。1679 年,他在北京认识了博学鸿词科落第的学者阎若璩,聘为私人秘书,后来,又请他负责《大清一统志》这部地理总志政区部分的编修工作。在徐聘用编修《大清一统志》的学者中,还有胡渭(1633~1714)、顾祖禹(1631~1692)、刘献廷(1648~1695)。③

在编修《大清一统志》中,阎若璩结识了胡渭并结下终生友谊,他们彼此倾心相交,时常就促进考据学发展等问题交流意见。顾祖禹也参与一统志的编修工作,他大概是当时造诣最深的地理学专家,他发现,在《大清一统志》编修过程中,已出现了高度专业化趋势。1690 年,一统志迁往苏州编修。此后,刘献廷退出该书的纂修工作,但因承担过该书的资料收集,成为京师最著名的语言学和地学专家之一。④

1690 年,徐乾学因官场斗争失利,被迫离开北京。但是,他因向参与一统志编修的学者提供资助,已和他们建立了密切的关系,这使他能够经皇帝钦准后, 把修书工程移往位于太湖西南苏州的私人庄园中进行。徐大概仍需要朝廷的

---

① 邓之诚《清诗纪事初编》(上海,1965)1:364;司徒琳《史学在传统中国社会中的作用:清代南明史编纂学》(博士论文,芝加哥大学,1974)页 141~144。

② 详参《儋园文集》(清康熙版)14:26a~26b,36:37a;内藤虎次郎《支那史学史》页 317。

③ 《清代名人传》页 909。

④ 《德清县续志》1808:9:36;阎若璩《尚书古文疏证》8:13a;内藤虎次郎《支那史学史》引页 302、318~319;《清代名人传》页 522。

资助。司徒琳(Lynn Struve)指出,许多江南学者因一统志在北京编修,无法参与其事,现在能够为该书效力了。① 附带指出的是,一统志的编修为徐乾学替自己著名的藏书楼——传是楼——网罗图书创造了有利的条件。

徐乾学的财政资助和支持成为参与一统志编修学者的支柱。阎若璩在参与该书修订期间著成《四书释地》。据《太原府志》的阎氏传记记载,徐乾学曾嘱咐过,《大清一统志》在定稿前应经阎若璩审定,如此严格的学术标准必然需要收集和整理地理文献。学者们在编修该书时运用的方法成为清代考据学研究的标准。阎若璩、胡渭运用地理学专业知识推翻了以宋明理学本体论体系为依据阐发的地理学说。②

徐乾学为了树立个人的学术地位和声望,满足官方需求,招聘学人入幕,这是当时流行的学术赞助者与受惠人之间的交流方式(如欧洲一样)。18世纪,许多朝廷大员纷纷步其后尘,资助学术。③ 司徒琳指出,官僚在赞助学术时得到朝廷的许可,建立了不受政府干涉困扰的学术组织,这些都推动了17世纪末叶学术交流的开展,有助于创造一种促进学术成果出现、鼓励学术发展的气氛。全祖望(1705～1755)曾这样描述过万斯同(1638～1702)、刘献廷在北京参修明史时的密切往来。"万先生终朝危坐观书,或瞑目静坐,而继庄好游,每日必出,或兼旬不返,归而以所历告之万先生,万先生亦以所读书证之,语毕复出。"④

二、18世纪的学术赞助

早在18世纪,历史学家章学诚就认识到学术赞助在考证学派发展

104

---

① 谢国桢《明清之际党社运动考》(上海,1934)页137～144;又参司徒琳《双重性与行动:康熙朝一些受挫折的学者》,见斯庞斯、米尔斯合编《从明到清》(纽约文,1979)页353;《清代名人传》页310～311。徐乾学因与李光地(1642～1718)在朝廷的政治争斗,被贬回苏州。
②《太原县志》1826:10:33a～34a;内藤虎次郎《支那史学史》页319;拙著《明清时期地理学研究》Monumenta Serica 35(1981～1983)。
③ 徐乾学受阎若璩《尚书》辨伪的影响,详参《憺园文集》18:21a～26b;阎若璩《尚书古文疏证》2:1a～2a。
④ 全祖望《鲒埼亭集》(上海,1929)8:16a,英译见司徒琳《双重性与行动》页351～352。

中发挥的至关重要的作用。章学诚指出,由于朝廷大力编修书籍,"词臣多由编纂超迁,而寒士挟策依人,亦以精于校雠,辄得优馆,甚且资以进身。其真能者,固若力农之逢年矣"。①

清廷把考证方法引入官方文献编修之中,康熙、雍正尤其热衷于此。杜维运摒弃了把考证学派兴起归因于清廷文化统治政策的陈说,他比较分析了清代官方学术赞助和欧洲文艺复兴时代学术赞助在学术发展中发挥的重要作用。他在论述中列举了一份内容详实的目录,从这份目录可以看出,17、18世纪,内务府赞助或直接主持的书籍多达150余种。这些书籍囊括儒学的各个领域。②

这些书籍大部分由武英殿出版。当时许多学者负责校勘《明史》及《十三经注疏》的钦定版本。武英殿刻书处开办于1673年,采用活字和套色雕版两种印刷技术。其出版的最著名著作是《古今图书集成》,该书万余卷。它虽然在1728年出版时受到政治干扰,但仍然被运用活字技术刊刻行世,朝廷为此还专门铸造了十余万个铜活字。《全唐诗》、《佩文韵府》等书籍则是由曹寅在扬州运用朝廷经费开办的出版机构刊行的。

清代每一位皇帝登基后,都聘用大批学者编修已故帝王卷帙浩繁的实录。仅乾隆一朝实录的编修就聘用了900余名学者。明、清两朝实录是研究当时历史的最重要的材料来源之一。仅出版的原始记录精粹部分就达7000卷。明清实录的纂修使编修者有机会了解各种档案,这无疑有助于编修者个人的学术研究。③

《四库全书》的编纂是清代篇幅、范围最宏伟的修书工程。如前所述,它是清代江南考据学风向北京传播的主要媒介之一。许多编修者提

105

---

283 ① 章学诚《文史通义》页308。这里采用倪德卫的英译,详见氏著页5~6、7n。

② 林友春《清朝的书院教育》页179;杜维运《学与世变》页117~130。

③ 《清代名人传》页93~94、276;吴哲夫《中国书籍的发展》第二部分;《四声》5、7;58(1975);R. C. 鲁道夫《18世纪中国的活字印刷》(Silver Jubilee Volume of the Iinbun — Kagaku — Kenkguso 东京,1954)页317~318。这些类书只根据政治需要而非学术目的才进行修订。有关"实录",详参安第明·韦克森《中华帝国史研究指南》(剑桥,马萨诸塞,1973)页65~68。

倡汉学,崇尚考证,他们参与这项雄心勃勃的工程,对各种抄本书籍展开全国范围的研究,为每一部有价值的书籍作出评述;收集值得收入该丛书的书籍,根据不同善本精心校勘即将收入该书的各种图书的最终定本。①

　　不同领域的著名学者只负责审定,校勘与各自专业有关的书籍。经常受到朱筠(1724～1805)资助的戴震负责《四库全书》天文历法类文献的审校工作。与好友章学诚学术观点相距甚远的邵晋涵(1749～1796)主持史部文献的审校。他们为万余种书籍撰写提要,其中近1/3的著作收入这部官方组织编修的手抄的丛书。官方为此聘用了360多位学者,雇佣7000多名文书。②

　　1733年之后,书院数量骤增,学术界继续得到大量的资助。学政在地方事务的重要性提高,现在,他们除管理县府学校外,又担负起管理所辖地区学术团体及学校资助的责任,各省学政的地位仅次于总督、巡抚,他们在各省级教育活动中,是重要学术资助的来源。大批幕友、师爷利用和省级及其他地方官员建立起来的私人关系,在各级管理和教育部门 *106* 得到聘用的机会。③

　　1771～1773年,北京学界的赞助者朱筠(1728～1781)担任安徽学政,他身边聚集着许多当时最杰出的学者,他们成为清代的官僚型学者。由于学政没有官方正式批准设置的幕僚编制,他们要聘用幕僚,就只能以自己的薪俸支付报酬。朱筠起初热心善本书籍的收藏,后来,他聘用许多汉学家入幕,参与诸如《说文解字》校勘及再版之类的工作。在他聘用的学者中,有孙星衍(1753～1818)、洪亮吉(1746～1809)、汪中、黄景

① 郭伯恭《四库全书纂修考》(北京,商务印书馆,1937)页227;伦明《续书楼读书记》页461。
② 郭伯恭《四库全书纂修考》(北京,商务印书馆,1937)页60～69;纪昀前引书页69;盖前引论文。
③ 河田悌一《清代学术的一个侧面》,《东方学》57:103～104(1979)。

仁（1749～1783）等，他们均为 18 世纪后期学术界的代表人物。①

朱筠是戴震、王念孙（1744～1832）、邵晋涵等著名学者的挚友。他
在太平府任职时，戴震、王念孙等人是其府中常客。章学诚在那里结识
了邵晋涵，同他交换对历史学的共同认识。章学诚是朱氏的早期弟子，
经常接受朱氏的资助。王怀祖（1731～1807），一位著名的地方官员，也
属这个群体的一员。他和章学诚、邵晋涵一致认为，索引和目录学是推
动史学研究进步的工具。河田悌一透彻地论述过皖学的特征：现在看
来，当时学者们馈赠的著述价值不菲，他们行谊高洁，学术上互相竞赛，
互相影响，一同受到赞助者的支持，这是乾、嘉时代的文化奇观，在学术
史上引人注目，代表了人类友谊令人神往的典范。

1780 年，朱筠的兄弟朱珪（1731～1807）接替朱筠任福建学政。他在
任期间，为改善学术环境，赞助有前途的学者做了大量工作。洪亮吉早
先在不同官署担任幕僚，1792 年，他任福建学政后，也利用官职之便资助
当地的经学家。②

毕沅（1730～1797）是 18 世纪汉学及考据学最重要的赞助者之一，
汉学创始人惠栋（1697～1758）的弟子。他聘用著名考证学者担任幕僚、
推进自己任职地区的学术建设，因此享有学术护法的令誉。③ 1780 年，
他先后任职陕西、河南，招聘许多青年学者入幕，1787 年章学诚谒见还在
河南任职的毕沅，希望他对自己一项雄心勃勃的史籍目录编修计划，也
就是他仿效朱彝尊（1629～1709）于 1701 年成书的《经义考》体例所设想
的规模宏大的史部目录研究题目——《史籍考》提供支持。章学诚深知，
要完成这一计划须大批学者艰苦劳作。他在向毕沅提出这一计划的同

① 《清代名人传》页 198～199；仓石武四郎《清代小学史话（一）》，《汉学会杂志》10、3：4～8
（1942）；伦马凯前引书页 39。
② 倪德卫前引书页 31～32、39～40；河田悌一《清代学术的一个侧面》引页 84～105，页 85、104
的论述尤值得注意；《清代名人传》页 185、199、825～826；佐藤震二《洪亮吉的思想和性格》
Academy アカデミシ9：120（1955）。
③ 《清代名人传》页 624。

时,还呈送了早年写的一些历史编纂学论著。清代学者似乎把这种方式视作为自己著述寻求赞助的正当途径。①

毕沅接受了章学诚的建议,1788 年在河南的一家书院为他找了一个教职,还为编纂《史籍考》建立起一个班子,由章学诚负责主持,许多学者参加了这一研究计划,其中包括著名金石学者武亿(1745～1799)、礼学专家凌廷堪(1757～1809)以及洪亮吉。毕沅利用为官之便向这类研究课题提供官方资助。凌廷堪在担任毕沅幕僚之前,曾供职于金石学者、江西学政翁方纲。

这种赞助方式的主要缺陷是变化无定,难以长久维持。每当提供赞助的官员升迁时(多数官员任期 3 年),聚集门下的学者就不得不随之迁移,或寻求新的赞助者。1788 年末,毕沅升任湖广巡抚后不久,章学诚即失去在河南的教席,在得到毕沅的重新支持前,只得供职于安徽学政翁方纲。1790 年,他利用毕沅的帮助,重新开始《史籍考》的编著。但这项计划终未能完成,其手稿也毁于太平天国时期的战乱(详参第六章)。② 108

1790 年,章学诚重新到湖北武昌,担任毕沅的幕僚,当时,毕沅聘用许多学者入幕修订徐乾学主编的《续资治通鉴》。他遂与其他学者一道,参与了以编年体形式整理宋元史事的工程。1792 年,该书初稿送交当时的权威学者钱大昕、邵晋涵审订修改。

在毕沅门下作幕僚的还有其他学者。梁玉绳(1745～1819)在八次参加科举考试落第后,放弃入仕之念。1788 年,他和著名学者卢文弨(1717～1796)一道为毕氏校勘《吕氏春秋》。吴派学者,惠栋弟子江声(1721～1799)辅助毕沅校勘《释名》,钱大昕的亲戚钱坫(1744～1806)参与《资治通鉴》的续修工程。卢文弨、汪中、孙星衍协助毕沅校勘一直为人忽略的《墨子》。(详参第二章有关《墨子》研究引发争论的论述。)③

---

① 倪德卫前引书页 97～98、202。
②《清代名人传》页 515;倪德卫前引书页 100～101、205。
③ 内藤虎次郎《支那史学史》页 317;倪德卫前引书页 206、258;《清代名人传》页 140、156、505、624。

三、阮元的学术赞助

1793～1795 年,阮元在任山东学政期间(毕沅任巡抚),就开始了贯穿其整个仕途生涯的对学者的资助、荐扬及奖掖。当时,他的扬州同乡及著名学者焦循(1763～1820)到山东给他做幕僚,后随他前往浙江。阮元任职山东时,恰逢孙星衍担任山东兵备道,孙借此结识了阮元幕中的许多学者,其中有武亿、桂馥(1736～1805)。桂馥在担任阮元幕宾前,曾任山东目录学家周永年(1730～1791,详参第四章)的记室。

孙星衍任职山东时的经历别有情趣。他把赴鲁为官看作考古研究的机会,并考察孔子弟子及几个帝王的陵墓。阮元和孙氏如出一辙,他凭借学政的地位,在毕沅的主持下,编纂《山东金石志》。他还特意重修为纪念东汉学者郑玄而建的祠庙,郑玄是清代考据学者崇尚的学者。当时,常州今文经学家庄存与(1719～1788)的侄子庄述祖(1751～1816)也在山东任职。阮元和一些常州学者过从甚密,他在扬州时曾向庄存与的门生李道南(1712～1787)问学。

1795 年,阮元改任浙江学政,他在杭州聘用 40 多位学者主持编纂《经籍纂诂》,该书仿效《尔雅》体例,收集唐以前的儒家经典注释,是对古代音韵、训诂资料最全面的总结。阮元聘请臧庸协助编修。臧庸的曾祖父也是汉学开创者之一。到 1798 年,臧庸主持全书编修,杭州崇文书院的许多学生参加了编著工作。[1]

此外,阮元还邀请著名考据学者焦循、钱大昕、凌廷堪等人前往杭州协助编著《畴人传》(详参第二章),他十分关心保护那些收藏大量善本的藏书楼。1797 年,他巡视宁波著名的藏书楼天一阁,命令其主人编写该阁藏书目录(详参第四章)。

1799 年,阮元从北京返回杭州,在他辞去学政之职的浙江,担任巡抚

---

① 《清代名人传》页 144、175、676、736;伦马凯前引书页 41～43;阮元《揅经室集》2:681～682。

（1800 年升任闽浙总督），他利用编修《经籍纂诂》的官舍，兴建诂经精舍。在这期间，他选择灵隐、净慈二寺存放全省的善本书籍。1800 年，阮元再次聘请臧庸协助校勘《十三经注疏校勘记》，该书于 1805 年竣工，最终确立了阮元学术赞助人的声誉。① ₁₁₀

此后，阮元先后在江西（1814～1816）、湖北（1816～1817）任职，继续支持学术发展。1817～1826 年，阮元任两广总督，后任云贵总督，直到 1835 年卸职。他在任两广总督期间，开办学海堂，主编《皇清经解》。1819 年，他从江南聘请著名学者主持《皇清经解》的修纂。他聘用扬州吴派学者江藩主持这一重要工程，桐城理学家方东树协助修订。一些受阮元赞助在两广任教的江南学者彼此开始发生冲突，这种冲突早在学海堂兴办前业已出现。②

当时，学术赞助者要避免各种对立学术观点的冲突是异常困难的，他们一般不过分偏袒某一方，常把不同观点、学派的学者招致到手下。阮元就要经常协调幕宾之间存在的尖锐矛盾。1812 年，惠栋再传弟子江藩著成《汉学师承记》，这是整理清代学术发展历史的初步尝试之一，该书站在当时流行的考证学立场上为汉学辩护，于 1818 年出版。不过，该书在出版前就受到某些学者的批评，他们批评江藩的著作存在门户之见。

龚自珍（1792～1841）是当时超然于门户之外的学者，1817 年 9 月 23 日，他给江藩写信，对其《汉学师承记》提出十点质疑。他认为江对汉、宋学特征的概述不甚准确，建议把书名改为《国朝经学师承记》，以此消除门户之见。江藩未接受龚自珍的建议，但显然作了一些让步，因为他

---

① 《清代名人传》页 399～402、736、869～870；阮元《揅经室集》2：681～682；孙星衍《诂经精舍题名碑记》，见《诂经精舍文集》（台北，1966）页 2；阿芬·罗斯托恩《〈尔雅〉与同义词》，《中国语言教学协会杂志》10：3，140（1975.10）；代超温前引书页 74～75。

② 《清代名人传》页 137～138、144、238、400～401、7360；《学海堂集》I，16：18a～19a；伦马凯前 ₂₈₄ 引书页 258～259。

又编写了《国朝宋学渊源记》。

江藩这两部传记汇编著作引发的争议直到出版后仍未消歇。当时，

111 协助江藩编著《皇清经解》的方东树，即因江氏轻视宋学而与之发生争论。他为与自己推崇的桐城学派辩护，开始撰写与汉学论辩的主要著作《汉学商兑》，纠评汉学琐碎浅薄之风。该书于他在广东期间（1822～1826）完成，1824 年上呈阮元。当时，他在阮元的官署担任教职。①

阮元为江藩的传记性著作撰序，他在序中高度评价汉学，因为它依据的是佛道学说被理学家混入儒学之前的比较接近古代圣人原意的文献材料。他还指出，清代经学的目标是恢复经典阐发的"微言大义"原旨，清除儒教中佛、道异说。阮元对考证和宋儒崇尚的"义理"一视同仁，对两派兼容并包。他在江藩——方东树争论中所持的态度颇具策略性，他力图把汉学的考证方法纳入宋学道德思辨框架之中（详参第六章）。②

18 世纪，考据学者接受了官方赞助，担任官员的幕宾，不论这些官员是在何时何地聘用他们。他们严肃认真地承担起编著经注、史书、方志的任务，除此之外，就在书院任教。这种学术发展模式持续到 19 世纪，直到太平天国起义突然中断学术事业发展时，才告结束。清代考据学者刊印的专著，只有学术价值，没有商业效益，因此，学者如果没有赞助者提供完成著述所必需的雇请抄手及刊印的费用，就只能自己支付出版开

112 支。倪德卫指出，每个学者都有一位财力雄厚，忠实可靠的赞助者。

反之，学者到全国各地漫游寻找赞助时，必须具备完成其学术研究必需的专业知识，也必须随时准备校勘经籍，收集地方史志材料，校勘经史典籍中的错讹之处。而这种学术体制也为考据学者创造了相互交流、查阅善本文献、参与重要课题的机会。还需要指出的是，赞助者同学者

---

① 余英时《清代知识主义思潮初论》页 113；《龚自珍全集》页 346～347；滨口富士雄《方东树的汉学批评》页 73～89。

② 阮元《国朝汉学师承记》序，页 1a～1b。

一样,为谋求、赢得社会声望而展开竞争。各级官员都在竞争只有有才华的学者型幕僚才能提供的学术声望。甚至皇帝也在同故去的帝王一较高下(如乾隆之与康熙就是一个例证),炫耀自己在位期间作出的新的学术建树。①

第四节　江南学界与书院

17、18 世纪,在相对独立、致力于考据训诂的学术共同体的发展过程中,书院对清代学者超越传统学术发挥了重要作用。在这之前,士大夫通常只扮演政治角色,他们的官僚身份妨碍他们借助单一的学术研究途径维持生活。②

从宋代起,书院提倡心性之学和道德践履,国立学校主要讲授"官学",也即为渴望通过科举考试的士子提供必要的训练,双方存在着对立。宋、明时期,私立书院日趋兴盛,成为当时儒学的中心,除个别例外,其主要目标是把学生培养成为有影响的政治和道德领袖。要实现这一目标,先决条件是进行以强调道德培养、研读四书、经史为主的教育。③ ¹¹³

明末,书院取得引人注目的发展,它们一方面是理学话语的中心,另一方面也是抒发政治不满和从事政治抗议的中心,东林书院及复社的出现是 17 世纪初期各种松散的党社团体发展的顶点,它的出现使书院教育隐晦的政治倾向公开化。复社是一个致力于鼓动其成员参与席卷晚明政坛的政争的令人敬畏的团体。艾维四(William Atwell)称之为"它

① 倪德卫前引书页 38、106。
② 魏斐德《自主的代价:明清学术与政治》《Daedalus》101.2;35~70(1972,春季号);本-大卫《科学家的社会角色》页 46~54;《科学的发展》页 460。有关宋代书院在新儒学出现中发挥的作用,详参林达·沃尔顿瓦戈《宋元时期中国的教育、社会改革与宋元新儒学:明州地方乡绅与书院》(博士论文,宾夕法尼亚大学,1978)页 58~128、186~237。
③ 林友春《唐宋书院的出现及其教育》,《学习院大学文学部研究年报》2;133~156(1953);《元明时代的书院教育》,《近世中国教育研究》东京,1958,页 3~23;何炳棣《成功的捷径》页197~203;梅斯卡尔《明代书院》。

大概是传统中国历史上组织规模庞大、政治色彩最浓厚的社团。"①

一、17 世纪的学术界

政治性社团在明末最后几年蓬勃发展,它不仅批评时政,还重视博学求知。清军入关后,这种学风被劫难幸存的知识分子延续下来。党社不仅发挥政治作用,也是复兴古学的论坛。它们的复古主张同样会把自身引向实证经验学风。大久保英子指出:顾炎武、黄宗羲都与复社有联系,这表明考据学派的兴起与复社有关。艾维四也指出,顾、黄的经世思想代表了 1630~1640 年复社极为重视的经世学风的最高成就。

顾炎武、黄宗羲、万斯同等人被视为明清之际儒学话语转变期的过渡性人物。许多社团成员认识到需要改革学风和教育,因而转向严谨的实证研究,以重新恢复经典原貌。他们研讨汉代文献,朦胧意识到在即将兴起的汉学思潮阐发的认识论变化,开始掀起对空疏武断学风及泰州 "王学左翼" 倡导的反礼教思想的批判(详参第二章)。

明末复古运动掀起了重新审视时尚学风的高潮,它鼓励学者回归儒学话语的两大柱石——经学与史学。17 世纪,"杭州读书社"之类的社团把"博学"视为自己的追求目标,他们重新把教育重心放到儒家文献研习之上。黄宗羲是读书社活动的积极参加者,他称赞该社领导人张歧然(1600~1664)运用训诂、地理知识解决经学问题。②

在清朝入关后的艰难岁月里,某些社及其他类似的团体幸存下来,多数社团解散了。这些劫余幸存社团的成员由于顾忌禁令,回避表达公

---

① 约翰·梅斯克《明代政治与书院》,见查尔斯·胡克编《明代中国政治的七方面研究》(纽约,1969)页 149~174;阿特威尔《复社》页 333~367;胡克《晚明的东林运动》页 132~162;顾颉刚《明代文字狱研究》页 254~311;韦克曼《自主的代价》页 41~55。

② 有关"社"的详细讨论,参看小野和子《明末清初知识分子的政治活动》,《世界历史 11:中华帝国的衰亡》(东京,1961)页 87~88、105~106;大久保英子《明末知识分子的结社与教育活动》,《近世中国教育研究》页 206;艾维四《复社》页 349;山井涌《黄宗羲学术》页 31~50;《顾炎武学术》页 30~31;余英时《从宋明儒学的发展论清代思想史》页 19~41;朱倓《明季杭州读书社考》,《国学季刊》2,2:264~265、282(1929)。

开的政治不满,喜欢在私下场合进行非正规的讨论。一些学者希望逃避名声,以及因名声远扬而对学术研究产生的无法避免的干扰。与此同时,清政府对汉族士大夫的政策日趋强硬,以防止明末党争的复活。社团逐渐成为纯粹的学术组织和诗文集会。清朝禁令包括 1652 年禁止士人组建社团、举行政治性集会、游行示威的规定。1660～1661 年,清朝又借奏销案镇压士大夫,并颁布更严酷的禁令。①

　　尽管如此,多数社团成员和江南明遗民仍以吟诗作文为掩护,继续在明清之际出现的文社中聚会。顾炎武与其挚友归庄(1613～1673)即参加了惊隐诗社,它是清入关初期最大的社团之一。惊隐诗社建于 1650 年,经常举办各种活动,后来因个别成员参与编著清廷严禁的亡明史受到迫害才告解散。顾炎武和其他学者侥幸摆脱了这一事件的牵连。顺治时期,汉族士大夫异常关注那些既与自身有关,又涉及故明复杂历史的社团。②

　　阎若璩与望社就存在密切联系。该社由他父亲阎修龄在江苏淮安协助创办。望社尽管以阎若璩不太擅长的诗文为主,但毕竟为他提供了一定的学术训练。阎还通过这一渠道结识了其他学者。当时,"怪"画家 ¹¹⁵ 明遗民傅山是他家的常客。傅山因峻拒 1679 年的博学鸿词科而留名青史。他与年轻的阎若璩讨论各种学术问题,它们内容广泛,从利用金石铭文纠正经史典籍的讹误到学术本身的性质。③

　　在清初士大夫建立的学术社团中,黄宗羲、万斯大(1633～1683)、万斯同领导的社团所从事的学术活动可能最具代表性。他们称自己的社

---

① 谢国桢前引书页 220;小野和子《明末党社考察》页 57;《明末清初知识分子考察》页102～106。有关这一政策的详细讨论,详参小野和子《清初思想统治研究》,《东洋史研究》18、3;99～123(1959)。

② 小野和子《清初思想统治研究》页 347;吴宏一《清代诗学初探》(台北,1977)页 19～22;谢国桢前引书页 208～213;古德里希《清代文字狱》页 75～76。

③ 李元庚《望社姓氏考》,《国粹学报》71;5b～6a,9b～10a(1910);详参杜濬在李元度《国朝先正事略》(四部备要本)中传记,48;3b。当时,杜客居在颜修龄家中。阎若璩《潜邱札记》(台北,1973)1;38a～39b,1;48a～48b。

团为讲经会。讲经会建于 1658 年，反映了江南学界的重要思想转变。20 多位学者聚集一堂，潜心经史考证，主张以实证研究方法重建儒学传统。他们的活动一直坚持到 1679 年。

讲经会与黄宗羲于 1667 年在浙江绍兴重建的证人书院关系密切，证人书院由刘宗周（1578～1645）创办。刘宗周是黄宗羲极尊崇的老师。他的学术观点因而成为讲经会日常学术讨论的依据。刘宗周、黄宗羲两人虽然公开崇尚王学，但反对王学左翼（即泰州学派）在阐发宣传 16 世纪阳明心学时所作的过分引申和发挥。[①]

讲经会规定，可以讨论五经问题，黄宗羲是主讲人。讲经会的学者对王学左翼轻视的儒家礼学怀有特殊兴趣。万斯同、万斯大二人的礼学造诣正是在这种讨论中形成的。参加讲经会的学者为理解《礼记》、《仪礼》、《周礼》的深奥内容，尽可能准确地确定其正确的句读和贴切的注释，就逐章逐节地研究经典，根据早期注疏对它们进行比较分析。重视礼学是他们和有清一代汉学家的共同点。他们倡导礼仪及典章制度，这是对他们视为谬误百出的宋明理学抽象思辨的"理"的直接否定。

万斯大无意仕途，毕生从事儒家礼学研究。黄宗羲曾这样描述万斯大的学术研究：

> （斯大）湛思诸经，以为非通诸经，不能通一经，非悟传注之失，则不能通经；非以经释经，则亦无有悟传注之失。何谓通诸以以通一经，经文错互，有此略而彼详者，有此同而彼异者，因异以求其同，学者所当致思者也。[②]

万斯大在《周礼辨伪》一书中怀疑《周礼》的真实性。他根据南宋以来对《周礼》提出的种种质疑，细心比勘《周礼》与其他经典，最后确定《周礼》

① 小野和子《清初的讲经会》，《东方学报》36：633～661（1964）；何佑森《黄梨洲与浙东学术》，《书目季刊》7.4：15（1974，5）。
② 黄宗羲《黄梨州文集》（北京，1959）页 199；《清代名人传》页 801；小野和子《清初的讲经会》，《东方学报》36：639～643（1964）；伦马凯前引书页 91～92。

非周公所著,属后人伪造。但是,他同时驳斥了《周礼》曾被王莽篡权所利用的说法,对后世儒士失去辨别真伪的能力深感痛心。

万斯大的弟弟万斯同努力不懈,终于促成《明史》成书,并因此享誉学界。深切的故国之思激励他投身于明代历史文献的研究,他拒绝接受官方因修明史给予的俸禄和职位。他也重视经学研究,《群书辨伪》是他经学研究的代表作。万斯同回避理学的经说,特别强调经传本身的重要性。①

斯大、斯同的侄子万言(1637～1705)花费十余年的精力助修《明史》。在万言的著述中,有一封"与同行讨论《尚书》辨伪意义"的书札,据他信中透露,极为棘手的《尚书》古文经真伪问题是讲经会讨论的课题之一。有清一代,《尚书》古文经辨伪成为学界关注的焦点之一(详参第五章)。当时,万斯同之子万经(1659～1741)正在阎若璩门下研究地理学,阎是这场争论的中心人物。万斯同见过阎若璩,曾和他讨论过《尚书》真伪问题。尽管他拒绝接受阎氏《尚书古文疏证》提出的学术观点,其侄子万言却受阎氏的影响,提出《尚书》古文经真伪值得讨论的四个疑点,这些见解都为阎若璩采入《尚书古文疏证》。②

讲经会的许多成员把理学主观性话语等同于空洞无益的思辨。黄宗羲曾著《易学象数论》,批评理学宇宙论体系,这是他向宋明理学建立的本体论体系提出的挑战,为胡渭《易图明辨》的出现铺平了道路。此外,黄还认为,只有通过实证分析和研究,才能复兴古代儒学传统的精义。然而,围绕《尚书大禹谟》中"人心道心"的争论,向他提出了一系列难题。起初,黄主张:

> 圣人之言,不在言词而在义理。义理无疵,则文辞不害其为异,

---

① 宇野精一《周礼刘歆伪作论》页 237～249;小野和子《清初的讲经会》,《东方学报》36:650～656(1964)。有关《明史》,详参司徒琳《史学在中国传统社会中的作用》页 139～192。
② 万斯同《古文尚书辨(二)》,《群书疑辨》1:16a～17a;小野和子《清初的讲经会》,《东方学报》36:656～658(1964)。

如《大禹谟》"人心道心"之言,此岂三代以下可伪者哉?

后来,黄宗羲改变了看法。他在为阎氏《尚书古文疏证》所作序中提及好友及同行朱朝瑛(1605～1670)对攻击《尚书》古文经流露出的忧虑。"从来讲学者未有不渊源于危微精一之旨,若无《大禹谟》,则理学绝矣,而可伪之乎?"黄宗羲择要论述了阎氏如何使自己心悦诚服地接受如下观点:人心道心学说是后人根据《荀子》、《论语》拼凑伪造的。他断言:

> (人心道心)十六字其为理学之甚矣,康流不以为然。呜呼,得吾说而存之,其于百诗之证未必无当矣。

阎若璩有关《大禹谟》"人心道心"说渊于《荀子》的发现是清代反理学思潮的重要起因。[①]

讲经会是一个规模不大的研究团体,许多学者聚集于此,反映出从明代心学向清代考据学的重要转变。

¹¹⁹ 二、官学的发展

清朝入关初期,严格限制私立书院的发展,严密监视现存的私立书院。1652 年以后,清朝禁止建立新的独立的私立书院,另一方面,早在1645 年,即准许在地方学政及主持科举考试官员的监督下,创办为科举制度服务的官方学校。但这种花招并不新颖,早在 16 世纪末期,官方就开始限制私立书院的发展,控制私立书院在当时即是政府的重要目标。

1713、1715 年,康熙两次下令准许地方人士在官方严格控制的前提下创办义学,补充各省的府学、县学,并避免明代私立书院中流行的党社之争。18 世纪,义学数量增长显著,这是清廷在教育制度中以官方控制

---

① 韩德森前引书页 115～116;黄宗羲《尚书古文疏证》序,页 26;莱格英译《书经》(台北,1972)页61;小野和子《清初的讲经会》,《东方学报》36:659～660(1964)。有关人心道心之辨,详参阎若璩《尚书古文疏证》8:28b;黄宗羲《尚书古文疏证序》页 2b～3a。我在 1981 年底提交哥伦₂₈₆比亚大学新理学讨论会的论文中,曾以大量篇幅讨论这一问题,该文后经修改后,以《从理学到小学:人心道心之辨》为题发表于《通报》69.4&5:175～222(1983)。

的义学取代私立书院的结果。地方商绅积极响应康熙的号召,资助义学发展,因为教育设施已不能满足迅速增加的学生的教育需求。

康熙末期,政府开始认识到书院也是一种必不可少的向学生提供教育的渠道。要缓和教育设施的不足,就需要得到地方的支持,它是教育事业潜在的资金来源。雍正为防止私立书院恢复在学术上的中心地位,在拖延近 9 年之后,于 1733 年制定新政策,准许各省以行之有效的官办义学体制为榜样,兴建官办书院。①

清廷希望利用地方支持和官方控制的双重力量,防止晚明时期困扰朝廷的书院激进分子复活,省级官员负责处理所辖地区的一切事务,朝廷期望通过他们能迅速制止当地及地方学校、书院可能发生的各种骚乱情况,准许地方提留部分公共资金创办新的学校,向在校师生提供薪俸津贴。全国 18 省最初虽然只开办了 21 所官办书院,但是,这一政策的 *120* 实施还是推动了 18 世纪书院数量的增长。

1733 年以后,国内出现了办学形式不同的三种学校,但对它们难以用私立、公立、官办的定义进行界定。首先,明朝灭亡后,一些私立书院以及一些致力于理学研究的学校幸存下来,后者仅在不受官方资助的意义上属私立学校。这些传统形式的学校在数量上很快为政府在省会、府、县开办的官学超过。第二类学校比私立学校具有更强的官办色彩,他们从创办之初就是为应付科举考试的举子开办的。这些官办学校从社学、义学、县、府两级学校选拔学生。他们接近宋、明时期专为培养官僚的学校。学生在这里要学习通行的八股文写作技巧。因为只有精通八股文,才能通过科举考试,跻身仕途。地方行政机构掌管当

---

① 小野和子《清初的思想统治》页 340。关于它对江南学界的冲击,详参劳伦斯·凯思勒《1661～1684,康熙与清朝统治的巩固》(芝加哥,1976)页 37～38;格里姆《明代禁对书院的控制初探》页 8～16。小川嘉子详细讨论过清代出现的义学,详参其《清代义学确立的基础》,《近代中国教育研究》页 275～308;林友春《清代书院教育》页 179～180;盛郎西《中国书院制度》(台北,华世出版社)页 132～133。

地书院的学生录取。江南地区的省区书院特别注重学术上的杰出才华。清代的官学同明代专重科举考试的学校一样,只鼓励学生诵习、抄录书商翻印的八股文选本。有些人担心"文抄公"之类的剽窃之风泛滥,许多人发现,学生们为取得朝思暮想的科举功名,只钻研八股文,很少研习经史。①

1755 年以后,人们为解决教育界潜伏的这类危机,开始建立一种综合性书院,它不单为科举考试服务,更重视经史的研习考释,这就把考据学风带入现有的教育制度。这些半官方书院是由那些视野超出科举制度的省府官员创办的。这是一些接受官方资助的半私立学校。考据学风在向书院传播的过程中,向程朱理学提出公开挑战,因为程朱理学支配着那些为科举考试服务的书院、学校。汉学于 18 世纪中叶在苏州兴起后,迅即传入当地的书院,江南其他地区的书院也纷纷以汉学取代宋学。②

三、官学和考证学派

吴兴的龙城书院,江阴的紫阳书院是 18 世纪常州府最著名的书院,与考据学派关系密切。龙城书院建于晚明,在邵齐焘(1719~1768)主持时该院学生开始研习汉学。该院培养出黄景仁、洪亮吉等出类拔萃之才,两人运用各自的学术造诣从事早期学术资助者提出的特定研究课题,卢文弨是 18 世纪在龙城书院任教的著名学者之一,他从 1788 年在此任教,1790 年任书院山长,直到 1796 年去世。

暨阳书院早在清初就已存在,1756 年,卢文弨任该院山长后,开始以

---

① 林友春《清代书院教育》页 181~191;萧公权《农耕中国》页 235~240;格里姆《广东的书院与城市系统》页 489~490;施坚雅《城市》页 257。有关反对书院为科举制度服务的呼声,详参沃尔夫冈·弗兰克《中国传统科举制度的变革与废除》(剑桥、马萨诸塞,1960)页 19~27;陈登原《清代之科举与教育》,《学衡》3.4:45~52(1933)。

② 陈登原在《清代之科举与教育》所引文中认为 19 世纪的诂经学舍与学海堂属第三种类型的学校,盛朗西也有相似的观点,见氏著页 157。

考证学闻名于世。1823 年,李兆洛任该院山长,直到 1840 年。李兆洛,阳湖人,1789 年受卢文弨荐拔,就读于龙城书院,在那里潜心于天文历算、地理,以及小学音韵学研究。他以多方面的学术建树享誉于世,尤其精于地理和方志。今文经学家魏源(1794～1856)赞扬他会通汉宋的学术贡献。魏源把它归功于常州今文经学的影响。[①]

　　暨阳书院在 1884 年左宗棠资助的南菁书院开办之前,一直是江阴首屈一指的学校。饶有趣味的是,南菁书院完成的主要任务之一即是修成具有权威性的《皇清经解续编》,该书于 1886～1888 年刊行。这一工程使考据学传统延续到 19 世纪晚期。

　　紫阳书院是苏州最著名的书院,由朝廷尊崇的程朱理学信徒张伯行(1652～1725)创办。1751 年,沈德潜主持校务,此后,学校宗旨发生变化。沈不精通文献考证,以诗文享誉于世,但在主持紫阳书院时,竟同时聚集了三位 18 世纪最有影响的汉学家:钱大昕、王鸣盛、王昶(1725～1807)。

　　他们三人都受到惠栋及其弟子在扬州倡导的汉学的影响。需要指出的是,紫阳书院的教师王峻在学术研究中,强调史学研究的重要性,这对他们产生深刻影响。王峻此前任教于杭州安定书院,他在安定、紫阳两书院任教时,倡导"古学"。钱大昕屡次提及他重视史学研究是王峻影响的结果。1789 年,钱大昕返回母校主持校务,在那里度过生命的最后 16 个春秋。他主管紫阳书院期间,大约两千学生在此就读。他们恪守"实事求是"的准则,精习古学。当时,该院结业的许多学生均以专精数算、地理、古文字、实用技术及史学享誉于世。[②]

_122_

---

① 柳诒徵《江苏书院志初稿》,《国学图书馆年刊》4:61～63(1931);《常州府志》1886,15:13a～13b;《武进阳湖县合志》1886,12:43a～46b;《清代名人传》页 550。有关李兆洛,详参魏源《古微堂的外集》(台北,1966)页 541～548(4:27a～30b)。

② 柳诒徵前引书页 56～58、63～70;《江阴县志》1878,5:19a,23b;《吴县志》1933,27:1a;《清代名人传》页 152～153、593、805、828。有关汪中,详参《清史列传》71:42b;钱大昕《潜研堂文集》3:353(卷 24),6:671～672。有关钱大昕任紫阳书院山长时的作为,详参《竹汀居士年谱 _287_续编》页 1a～1b,此录附于《十驾斋养新录》卷首。

安定、梅花两书院是扬州最著名的学校。何炳棣认为这两所学校是清初专为盐商子弟开办的,这说明盐商家庭似乎享受国内的最佳教育。许多汉学家、考据学者在此任教,其中有戴震、段玉裁(1735～1815)、王念孙、孙星衍、洪亮吉。

王懋竑(1668～1753)以考证方法研治朱子生平,经过他的努力,扬州学界开始重视考据学。陈祖范(1675～1753)是扬州学界的另一位重要学者。他在离开苏州紫阳书院后,又接任安定书院的山长。当然,惠栋、戴震在扬州更具影响力。江藩(1761～1831)曾在苏州惠氏弟子门下研习过一段时间,他后来编著过争议颇大的汉学家传记汇编。戴震是安徽人,但1756～1762年间,一直住在扬州教学,最初在王念初之父王安国(1694～1757)家中作家庭教师,王念孙曾从戴震研究音韵、训诂,并转授于其子王引之(1766～1834)。

汪中是著名的汉学倡导者,在1770年前后,受到杭世骏(1696～1773)的注意。当时,杭世骏正主持安定书院,是著名历史学者,他立即把汪中收为弟子。后来,汪中在经学研究上进步迅速。汪中曾这样描述过扬州的学术环境:"是时,古学大兴,元和惠氏、休宁戴氏咸为学者所宗,自江而北,则王念孙为之唱,而君和之。中及刘台拱继之,才力所诣,各成所学。"此外,1779年,阮元同乡焦循到安定书院读书。1784～1786年,历史考据学者赵翼主持安定书院。直到19世纪,安定、梅花两书院仍是学术中心。

南京钟山书院建于雍正初年,它吸引了18世纪的众多一流学者。1772～1778年以及1785～1788年,卢文弨两次在此任教。孙星衍注定会成为一位著名考据学者,他于1774年进入该院就读,起初在卢文弨门下研习汉学,1778年,钱大昕主持书院院务后,又就学于钱大昕门下。1811年,孙星衍被尊为该院的名誉主持人。18世纪末、19世纪初,桐城派领袖、宋学信徒姚鼐也到南京钟山书院任教,在这期间培养出大批弟子。他虽然思想保守,但也承认考据研究的重要性。在姚鼐和程恩泽

(1785～1837)的引导下,直到 19 世纪,钟山书院仍有相当高的声望。①

齐召南(1706～1768)一直在北京负责大型修书计划,1720～1721 年曾就读于杭州敷文书院,1750 年,任该书院主持,任职达 10 年之久。写过许多文献考证名著的王昶,在隐退苏州前的最后几年负责主持敷文书院。崇文书院是杭州另一所重视考据研究的学校,1779 年,卢文弨曾在该校任教。后于 1789 年转往杭州紫阳书院。1795～1798 年,阮元选拔该院学生编修汉学巨著《经籍纂诂》。直到 19 世纪,考据学在敷文、紫阳两书院仍居主导地位。②

如前所述,阮元于 1801 年任浙江巡抚,在当地盐商的帮助下,创办了杭州诂经精舍。他认为他修建书院是为了纪念东汉经学大师郑玄、许慎。阮元试图把经学教育和实学结合起来。他还是科学的热心赞助者,主张诂经精舍除进行文史教育外,还应考核学生的天文、历算、地学知识。早在鸦片战争前的几十年中,士大夫中有识之士业已认识到,单一应付科举考试的教育体制对朝廷官僚处理实际问题无所裨益。阮元、陶澍、贺长龄等省级大员从他们面临的清代行政制度的难题中,开始认识到改革教育和官僚体制的必要性(详参第六章)。③ 阮元邀请孙星衍、王昶两位著名考据学家共同主持诂经精舍,孙氏主管经学研究,王氏负责诗文写作。《诂经精舍文集》不仅集中了该校师生撰写的汉学及宋学论著,还收录了一些天文算学论文。

125

① 柳诒徵前引书页 51～53;何炳棣《成功的捷径》页 202;《扬州盐商》页 165;《清代名人传》页 75、144、153、528、675～676、783、868、900;陈登原《清代之科举与教育》,《学衡》3.4:51(1933);张舜徽《清代扬州学记》(上海,1962)页 210;汪中《述学补遗》1:9b。有关陈祖范,详参钱大昕《潜研堂文集》5:595～598(卷 38)。
② 《清代名人传》页 129、141、550、677、807;陈登原《清代之科举与教育》,《学衡》3.4:51(1933);伦马凯前引书页 54～55。有关卢文弨在杭州紫阳、崇文两书院的情况。详参《抱经堂文集》4:342～344(卷 35)。卢指出,朱子学仍是紫阳书院的重要课程。
③ 阮元《揅经室集》2:505;代超温前引书页 89;孙星衍《诂经精舍题名碑记》,见《诂经精舍文集》(台北,1966)页 2;张崟《诂经精社初稿》,《文澜学报》2.1:39～41(1936)。有关讨论,详参席文《哥白尼学说在中国》页 99。另参珍与库恩《王朝的衰落与起义的根源》,见费正清主编《剑桥中国史》(剑桥,1978,卷 10)页 107～144。

孙星衍潜心探讨与《尚书》今、古文问题有关的小学难题。他经常主持校勘典籍,非常器重苏州考据学者顾广圻(1776～1835)。顾广圻于1798年前后重新刊行,校刻梅鷟的《古文尚书考异》,该书是明代的考据学名著,在《尚书》古文辨伪史上具有重要地位。①

孙星衍著有素为学界推重的考据学名著《尚书今古文注疏》,它至今仍有极高的学术价值。据阎若璩考证,《尚书》古文部分大概是公元3、4世纪之际伪造的,18世纪,这一问题得到更广泛的讨论。孙星衍等学者继续探讨阎氏未解决的课题。孙把自己对这些问题的研究心得传授于诂经精舍的学生。②

1820年,阮元任两广总督后,效仿诂经精舍及其他江南书院的学制,创办学海堂。他力图消除宋明理学在两广的巨大影响,鼓励以实学研究补充学海堂的经史教育。19世纪,各地开始仿效诂经精舍、学海堂的先例,重视经典和实用教育。阮元为打破陈旧的书院管理体制,在学海堂设立八位学长,取代通行的单一山长制。至于学校未来的空缺,所有的职务都由总督任命。这项政策是由阮元制订的,因为他认为:

> 此堂专勉讲学,必须八学长各用其长,协力启导,庶望人才日出。③

学海堂从广东各地精心选拔学生,并把广州的书院当作优先选拔对象,学生在进入学海堂就读前,至少要考取贡生,只有这样,才能成为该校"专课生"和"复课生",该校不接受童生。这种录取标准意味着学海堂只接收那些已掌握八股考试,或捐钱购取贡生资格的学生。尽管学海堂并不提供专供科举考试的训练,但是,它仍希望学生能应付入仕必需的

---

① 宋学论著(如"格物"、"性"、"性"等)见于《诂经精舍文集》页357～367。汉学论著见于该书页321～333。技术与天文论著见于该书页29～56;《清代名人传》页418、676～677。有关梅鷟论著的评论,详参朱彝尊前引书88:6b～7a;《四库全书总目》12:14b～15b。
② 《诂经精舍文集》页313～333。汉代家法的重新发现为人视为研究汉代经注的关键。
③ 有关学海堂及其在广东学界的影响,详参拙著《学海堂与今文经学的兴起》页51～82。阮元的论述引自《学海堂志》页76。

科举考试,以维持将来的生计。

在官府财政结余(多数属阮元个人收入)、商人资助和学田租金三管齐下的支持下,学海堂按月向学生提供补助,以补充他们因考绩优异所获得的奖金。学校把那些出类拔萃的答卷与八位学长的诗文一道收入《学海堂集》。学生必须按日作读书札记,教师每个月举行一次聚会,考评各人成绩。[1] 每一学年分为四个学期,每学期由两位学长主管,八位学长轮流负责四学期工作。这两位学长每月应举行两次讲演,拟定考试和文章题目。他们还负责评审考核学生,在期末举行考试。1834 年以后,该校又要求学生从经、史、诗文及朱熹著作中挑选一本专著进行深入研究。阮元、广东省府的高级官员、学海堂教师还向该校图书馆捐书。此外,学海堂还有自己的出版机构,并向其他出版机构出租书版。

一份交由学海堂学生解答的试卷向我们提供了儒家书院重视考证的有趣细节。要回答考卷上的经、史题目,必须准确无误地运用考证方法。1868 年举行的考试包括八个题目,现摘要如下:

1. 郑氏注《礼记》,间有改字,然皆有所承受……最为精核,试详考而疏证之。[2]

2. 《公羊传》注引《汉律》考,何邵公解《公羊传》,多引《汉律》,以证其说,试证以今律,详考而发明之。

3. 孙宣公在北宋为大儒,而《宋元学案》不载,宜读其书而论之。

4. 拟重修越秀山文澜阁碑记(骈体)。

5. 梅田赋。

6. 岭外游仙诗七首,拟郭景纯游仙,即次原韵。

7. 火轮船行七古一首。

---

[1] 刘伯骥《广东书院制度》(香港,1958)页 310～311、329;丁文江《梁启超先生年谱长编初稿》(台北,1972)1:13。

[2] 陈乔枞(1809～1869)、俞樾(1821～1907)都以此为名写了一部专著,并被收入《皇清经解续编》。

8. 行庵杂咏七律八首。

限十一月二十日在学海堂收卷,卷面有涂改、割补者不取。

128 近年课卷自选刻三集后,所有历课上取卷祈并交回堂中,以备选刻四集。①

杭州的诂经精舍和学海堂尽管试图推进 18、19 世纪之际儒学教育的发展,但仍然是乾隆时期江南各地书院接受的汉学教育的代表和发展产物。

清代书院为学术界提供服务。其中不少学者长期从事平凡的学术研究,而不刻意准备科举考试。在学院系统内,经常开展本书第五章讨论的学术争论。而各种学术争辩、讨论向学生提供了考据学的基本方法。书院运用这一方法改善了学术环境,促进了 18 世纪中国文献考证之学的发展。

根据中国社会传统的师生关系准则,学生只能死板地接受教师传授的知识,对之无权创新、变革。这种现象在汉代学术界特别普遍。当时,各种专门技术和理论只能通过私人传授的渠道一代一代地一成不变地传播下去。考据学派崇尚谦逊好学,但更重视独立思考,因而反对这种被动的学术风气。

18 世纪,尽管苏州的吴派学者试图恢复较为传统的学术师承传授关系。但是,江南多数学者意识到创新在学术发展中的价值,提倡、鼓励学 129 生为推进学术进步作出贡献。许多书院的师生关系由于在校任教的考据学者的努力而发生变化。一些和戴震交往的学者突破传统的师承关系。他们除恢复、保存、讲授知识之外,更重视新的学术发明。②

---

① 容肇祖《学海堂考》,《岭南学报》3.4:20(1934)。这次考试内容收录《学海堂考》页 1。有关学海堂图书馆的研究,详参伦马凯前引书页 277～280。这份试题由莫瑞·达马斯学院的李华元(音译)协助翻译,谨此致谢。

② R. R. 道尔《德川时代的教育遗产》,见莫里斯·詹森主编《走向现代化的日本》(普林斯顿,1965)页 109、131;小系夏次郎前引书页 42～43;西顺藏《戴震方法论试论》,《东京支那学报》1:131(1955)。

官学学术声誉的不断低落,对于主宰科举制度的道学的批评日趋高涨,甚至出现公开否定的趋势,这一切使"学术自主"成为可能。官方控制的书院逐步成为考证学的中心,成为研习、传授考证方法的官方渠道。例如,卢文弨在南京钟山书院和常州龙城书院授课时做了大量的札记,记述其学术发明。钱大昕从官场退隐后,到书院讲课,进行研究,在此期间作了大量读书札记。他在苏州紫阳书院任教时的日记证明,他始终留意能够收集到的各种珍稀善本和金石拓片。

教育和经典考证将如我们进一步讨论所言,已成为比仕途更富吸引力的选择。考据学要走向学院化,只有具备下列条件才能成为可能,即学术活动首先得到普遍认可,并成为具有相当自主性学校开设的专业。江南地区的学院成为考证学发展的学术交流中心。随着江南考证学派共同体的不断扩大,考据学不论从学术上和社会环境上都已具备成为居于支配地位的儒学话语形式的可能性。

在江南地区的书院担任教职是崇高学术地位和声望的象征。钱大昕、孙星衍等学者在他们曾经就读过的书院受到尊崇。经费资助、奖金、学术认可都有助于提高官学的教育声望,奖励学术研究及其成就。①

第五节　士大夫社会角色的转变

130

清朝前期,江南士子谋取科举功名要比明代困难得多。因为朝廷严格限制各地科举考试中举人数的名额,这扼制了江南士大夫在科举功名上的发展。没有科举功名,在仕途的发展一般会受到限制。何炳棣发现,明朝末年,朝廷还未限制生员的录取名额。到了清初,朝廷确定并严格控制科举考试的录取名额,制定了科举考试录取的最高标准。1575 年是明代科举录取数最少的一年,但这一年的录取数额到 1661 年,已成为

---

① 林友春《清代的书院教育》页 189;本-大卫《科学的发展》页 459～462。钱大昕《竹汀日记抄》
（台北,1971),钱砧为此书所作的后记尤其值得注意,页 113。

清代科举录取名额的最高峰。随着人口的急骤增长,官僚人数不可能原地踏步。据何炳棣、张仲礼估计,17、18世纪,生员总数约达50万人。太平天国运动爆发后,清廷才开始为增加国库财政收入增加科举考试录取名额,科举考试录取人数才有了实质性增长。

此外,清开国后形成了满、汉八旗贵族子弟,他们垄断了相当数量的官职。后来这种垄断因18、19世纪科举中举人数的长期迅速增长而得到强化。一名官员只有取得科举功名才不致被挤出官场。士绅队伍在扩大,但官僚机构并未向取得科举功名的士绅提供新的更多的职位。许多举人及其他低级科举功名的获得者只好另谋职业。1800年之后,只有进士才有望谋取一官半职,甚至连他们也得等几年时间才能取得任命。①

许多学者开始寻找官府幕宾、富户的家庭教师、书院教师等可以维持生计的职业。魏斐德指出,19世纪初叶,地方绅士开始转向其他职业,如担任处理地方纠纷的调解人、水利监工、负责招募训练团练、为衙门征募地方税收等。这种论点能够解释迫使士大夫及有才之士转向新职业的压力之所在,但无法解释17世纪知识阶层首先转向考证学研究的内在原因。只凭外在的社会因素固然不能准确解释清代出现的学术话语转变。但分析社会因素却可以解释众多士子转向学术研究的原因。学术风气可以反映社会状况的变化,而社会环境为了与正在出现的学术话语相适应,自然也会发生某些变化。下面,我们将集中论述18世纪考据学研究规范化以后所带来的社会后果。②

一、走向讲台的汉学家

18世纪,大批学者抛弃显赫的科举功名、到书院及教学级别较低的学堂任教,在那里度过人生最宝贵的时光,他们就是江南专业化学术团

———————————

① 魏斐德《中华帝国的衰落》页22～23;何炳棣《成功的捷径》页168～221;张仲礼《中国绅士》页99～100;劳伦斯·凯斯勒《1661～1684康熙与清朝统治的巩固》页117～124。
② 魏斐德《中华帝国的衰落》引页30～31;倪德卫前引书页8,史华慈"序言"页 xiii。

体形成的例证。当时最著名的学者钱大昕在许多方面堪称那个时代学者的缩影。他担任过朝廷官员(他于1776年辞职还乡),但是,他的大半生是在江南著名的书院中度过的。书院教学对他精湛的金石、历史、音韵、历法、地理研究裨益甚多。著名考据学者卢文弨同钱大昕一样,把毕生大部分精力投身于教育事业,任教于江南众多著名书院。

1777年,章学诚到直隶的一个书院任教,开始其教育生涯。1787年,也即其49岁时,担任为时5年的教职,因为中进士,又开始等待朝廷的任用。他在这几年中把研究、著述和教学相结合。他十分重视教育理论和实践,为学生准备了一套内容详实、风格独特的教材。1787年,他获得入仕的机会,但因发现自己长于治学,短于为官,就放弃了做官机会。 *132*

1752年,杭世骏、全祖望(1705～1755)同时接受广东书院的任职。杭世骏一直在当地任教,1755年返回家乡杭州。后来,他又到扬州安定书院任教,全祖望赴粤前,曾在绍兴的一所书院任教,绍兴是浙东学派的中心,这所书院由黄宗羲创办。盛百二曾在此院任教十年之久。他写的有关《尚书》天文研究的论著曾被阮元收入《皇清经解》。他的天文学和三角学造诣对门下许多学生影响至巨。李富孙(1764～1843)是卢文弨、钱大昕、王昶、孙星衍的密友,他毕生大部分时间在该院任教,从事经史著述。①

1799年,今文经学家陈寿祺(1771～1834)中进士后,开始到杭州的书院(包括诂经精舍)任教,为世瞩目,后返回家乡福建。1810年,他辞职后,在福建的一家书院任教,时间长达20余年。姚鼐是我们这里列举的最后一个例证。他在江南各个书院任教40余年,桃李满天下。他虽是宋学的倡导者,却引导学生吸收文献考证的长处。

18世纪,教职不仅是收入来源,还是获得学术声望的来源,著述研究的依托。考据学派与宋明理学家相反,他们把学术严格视为个人事务,

---

① 倪德卫前引书页52、82～89、96;格雷前引书页196～197;《清代名人传》页152～154。

不刻意创立门户进行宣传。他们利用书院从事进一步的研究,向同行及学生介绍自己的研究方法和学术观点。张仲礼注意到,各类公、私学校的教职都由士绅垄断。根据他的分析,在 19 世纪的大多数年代,任教收入仍然是相当一部分士绅的经济来源之一。他所描述的现象自然是在这之前社会现象的延续。据他估计,约 2/3 的士绅都担任教职。他的史料依据虽然稍嫌不足,不过,有关统计数字对考察士绅阶层社会活动变化仍有参考价值。

江南城市书院的教师通过教师职业,获取较高的收入、声望和影响。1733 年后,书院教师的聘用权掌握在各省总督、巡抚、学政手中。在清代教育制度的等级序列中书院的地位最高,这一等级序列强有力地表明,在 18 世纪江南教育环境中,声望和竞争是谋取教职的关键因素。①

二、私人研究与幕僚生活

学者职业化的出现与 1733 年之后创办的书院关系密切,这些学者极少担任官职。早在 17 世纪,这种现象业已出现。如前所述,胡渭、阎若璩即是最早担任幕僚的考据学者。数学家梅文鼎(1633～1721)、文献学者姚际恒(1647～1715)也是 17 世纪专门从事学术著述的范例。梅文鼎认为,要解决历学难题,就须精通算学,他把毕生大部分精力投身于对科学方法及耶稣会士引进成果的研究。1662 年,他父亲去世后,他便全力投入科学研究著述之中。他虽受到李光地(1642～1718)的大力支持,起草《明史·天文志》,但从未担任官职。姚际恒辞官归里,把人生精力最旺盛的时期献给考证和图书收藏。

我们发现,18 世纪,许多汉学家都把毕生的主要精力献给研究、著述活动。汉学宗旨的创立者惠栋毕生从事学术研究,其书斋因藏书丰富而

---

① 魏斐德《中华帝国的衰落》页 31;《清代名人传》页 97～98、152～154、203～204、276、457、900;《清史列传》68:47a～47b;张仲礼《中国绅士》页 217,及氏著《中国士绅的收入》(西特尔,1962)页 92～93。

闻名于世。汉学家江声(1721～1799)、江藩二人,不慕入仕,为从事学术 *134*
研究,更喜欢求助于官员及有声望学者的资助。梁玉绳等学者在多次科
举考试失败后,放弃举业,专门从事经典及正史考证。汪中、焦循等学
者,在参加科举考试初次失败后,即抛弃举业,在不同官员麾下充任幕宾
维持生计。①

如前所述,赵翼、王鸣盛、钱大昕为从事研究著述,很早即辞官归里,
类似的事例甚多。名门富族出身的孙星衍,入仕不久,就辞职返乡,隐居
杭州。1780 年,戴震的弟子段玉裁以身体欠佳为借口,辞官还乡,后来,
他完成了众多学术著作。《说文解字注》、《古文尚书撰异》是他小学、经
学的代表作,它们每一部都是多年研究的结晶。1775 年,杭州著名目录
学者孙志祖(1737～1801)辞职归里,从事学术研究和图书收藏。②

清代许多经济无法自立的学者,除担任幕宾外,还受聘编修方志(如
县、府、省志)。章学诚、戴震都是 18 世纪最忙碌的方志编修者。戴震在
参与《四库全书》修纂前,曾参与过多种方志的纂修。章学诚为提高方志
的学术水平,在多方面作出重要贡献。毕沅重视方志的史料价值。他任
陕西巡抚时,下令编修 33 种方志。1787 年,章学诚到陕西寻求资助,毕 *135*
沅立即重用章学诚,发挥其精通方志学的特长。1781～1785 年,孙星衍
在西安充任毕沅的幕僚时,也参与过几种方志的编修。地方官员编修所
辖地区方志的热情持续到 19 世纪。③

三、汉学家的非官方收入

除家境优遇、经济足以自立的学者外,担任教师和幕僚是清代士大

① 桥本敬造《梅文鼎的历算学》页 497～514;王萍《清初历算家梅文鼎》,《近代史研究所集刊》
(台北,1971)页 314。有关姚际恒,详参村山吉广《姚际恒的学问》页 37～38;梁启超《古书真 *289*
伪及其年代》页 36～37;《清代名人传》页 137～138、140、144、357、505、814。
②《清代名人传》页 324、783、811。
③《清代名人传》页 243～244、676、696;倪德卫前引书页 30、79、216;余英时《论戴震与章学诚》
页 31～32。

夫的重要收入来源。据张仲礼估计,19世纪,一个教师年平均收入约为350两白银。一品文官在职时的俸禄为180两银,外加90石白米。七品县官的年俸是45两白银,外加22.5石白米。他们还有养廉银补充俸禄,县令每年养廉银600两,云南、甘肃等不发达省份总督每年的养廉银,到19世纪上升到2万两。各省学政的收入虽然低于其他省级官员,但据张仲礼估计,其年收入约为1500两白银,这还包括平日的礼金和馈赠。某些省份学政每年的养廉银达4000两白银。

一些巨族、富商也支持书院、学校,帮助支付教师的薪水、学生补贴及奖金。书院的财政来源主要有下列四种形式:学田收入、投资红利、城市不动产收入、官府日常补贴。老牌洋商伍秉鉴(1769～1843)向学海堂提供了一笔总额超过1607两白银的资金供学海堂办学,这笔钱每年可为学海堂提供固定的利息收入。此外,阮元十分重视向学海堂捐赠的资金、田产。①

如前所述,只有巡抚、学政之类的地方要员才能向其幕宾、助手提供资助。与此同时,江南地区关系密切的学者们垄断了各种幕宾的职位,这在朱筠、毕沅幕职的任用上表现得尤为突出。幕宾只发挥学术专长,不负责他们所效力官员的行政业务。每一个官员手下必须有一批文士学者充当幕宾,这是他获得学术声望异常重要的因素。他通过这种方式可以赞助学术研究,赢得广泛的社会声誉。

19世纪,一个学者充任幕宾后即得到安顿、食宿,还可在附近的书院担任教职,他们年收入约为560两白银。省级官员幕宾的收入可能更高。总督巡抚直接向自己的幕僚提供官方资助。但是,各省学政必须自筹薪俸,或迫使地方绅商提供财政支持。

---

① 张仲礼《中国士绅的收入》页7～42、94、111、113～114;瞿同祖《清代中国地方政府》(斯坦佛,1972)页49;艾维四《论白银,对外贸易与晚明经济研究》,《清史问题》3.8:1～33(1977)。有关宗族、商人对学校的支持,详参罗斯基《教育与人口识字率》页54～80;大久保英子《明清时代书院教育》页221～361;何炳棣《扬州盐商》页165;《成功的捷径》页194～203。

　　我们如果把清廷向修书和学校提供的支持视为清代学术共同体形成的一个因素,就会发现,当时业已形成一个有助于学术发展的社会体制。1733 年,清廷为鼓励官学学生,设立一笔面向各地县学的基金。这笔基金由各省学政根据学校办学成绩发放。学校师生都有争取这笔基金的资格。有些书院还向那些文章出众的学者提供奖金,这种资助不同于向参加科举考试者提供的路费补贴。此外,1751 年,乾隆帝效仿乃祖康熙皇帝于 1685 年开创的先例,向钟山、紫阳、敷文书院颁赐多部经、史书籍,其最终结果是助进了超然于官僚阶层和科举功名之外的职业化学者的发展。①

四、江南的研究结构

　　清代书院、修书工程、学者型幕僚共同推进的学术研究之所以保留相对的自治权,原因之一是学术的非政治化。清廷严酷的文化政策加速了汉族士大夫阶层,特别是江南士子的非政治化倾向,这一政策是借助进行公开的教育压力和限制士大夫议政的手段实现的,它为考据学发展成为独立的研究领域和学术话语创造了必要的社会环境。18 世纪,考据学者在经济上取得得力赞助者提供的某种程度上的保障,政治上受到一定的限制,因而尽力争取伴随实证研究成果而来的声誉和地位。

　　清代士大夫阶层职业化的学术功能还不太清楚,这限制了我们准确分析考据学派与中华帝国晚期研究机制之间的关系。例如,约瑟夫·本-大卫(Joseph Ben-David)在探讨 16 世纪之前欧洲科学发展停滞原因时指出,社会和有组织的支持对近代科学中"科学家"角色的产生发挥了关键作用。他认为,由于儒家传统过于强调他所谓的"社会道德化",因

---

① 何炳棣在《成功的捷径》一书中论述了汪辉祖担任法律文书的经历,详参该书页 292～294;张仲礼《中国士绅的收入》页 75、81～87;代超温前引书页 87。

而没有为科学家阶层的出现提供必要的支持。如前所述,在中华帝国晚期,学术机构是作为研究场所而存在并发挥作用的,它具备了实证科学的许多特征。它们经过适当调整(20世纪成为现实)即可满足现代科学的需要,进行这样的调整,要比我们设想的容易。① 我们的讨论仍然没有回答,科学何以未在中国扮演近乎现代欧洲早期出现的中心角色。但是,在18世纪的中国,自然科学知识既然成为个人应有的基本文化修养,那么,为促进科学的发展,就应建立相应的组织交流机制。下面,我们将于第四章进一步探讨清代考据学派的这种组织交流机制。②

_____

① 本-大卫《科学家的社会角色》页21~74。人们应注意传统儒家书院制度对19世纪后期学校制度改革的贡献。学海堂和诂经精舍直到1903年科举制度废除时,仍是重要学校。大久保英子《明清时代书院教育》页191~196;张崟前引书页19~20。
② 哈考特·布郎《17世纪(1620~1680)法国的科学组织》(巴尔的摩,1934);R.福克斯《科学研究与1800~1870年法国对学术的赞助》,米纳瓦,11:442~470(1973);约翰森《格莱哈姆学院:皇家学会的前身》,见菲利普·韦纳、阿伦·诺兰德主编《从文化角度看科学思想的起源》(纽约,1958)页328~353;马泽·奥斯泰因《17世纪科学社团的作用》芝加哥,1928。

第四章　学术、图书馆、出版业

　　一个学术共同体要形成公认的话语就要求相关学科具有用途广泛的文献积累。知识系统必须积累有关文献，才能加快新的学术著作发表、出版的 *140* 速度。除第三章论述的书院制度和各种形式的赞助外，考据学者还需要一个由藏书家、出版家、书商组成的交流网络，以促进学术研究的发展。藏书楼、出版业对江南学术共同体中考据学派的兴起发挥了重要作用。[1]

　　在欧洲历史上出版业曾对学术文化的进步发展产生过人所共知的巨大影响。人们把出版业视为文艺复兴时期科学和人文主义思潮最重要的交流渠道。伊莉莎白·爱森斯泰因（Elizabeth Eisnstein）指出，印刷术的诞生，是欧洲具有划时代意义的事件，它标志着手写文化的终结，印刷体文化的开始。他还指出，历史学家在理论上固然承认活字印刷术发 *141* 明的革命性意义，但在具体研究中却缺乏真正的重视。只有理清手写体文化与印刷体文化的不同特点，才能更准确地理解"中世纪"和"近代"这两个概念的内涵。印刷术发挥的效应加快了对古典的发掘，改进了对过去历史的研究方法。对古典文化和史学的研究因此成为"学术水平不断

---

① 斯道尔与帕森斯《学科的分化》页119～120。　　　　　　　*290*

进步"的学科。①

尽管丹尼斯·海(Denys Hay)对夸大印刷术文化作用的观点提出异议,认为它对欧洲人的觉醒并未发挥过通常认为的作用。但是,他也承认,印刷术提高了文献的准确性,有助于16世纪私人图书馆的发展,加快了学术变革的步伐。使传统的权威论断受到新发明的挑战。学者和教师们发现,现在要摆脱那种大规模图书所有机构的限制而独立地扩展自己的研究视野,已不是什么困难的事情。②

在西方文明史上,印刷术出现的意义远远超出纯技术发明的范围,它是著名思想家传播自己著作的得力手段。对学术研究而言,它使学者可以迅速和对同一题目感兴趣的同行交流研究成果。不论在中国,还是西方,印刷术都取代了职业化媒体成为最便捷的交流工具,二者的不同之处在于后者需费大量人力才能运转。印刷品则是一种大批量生产、形式统一、可反复使用的商品。③

中国的研究者过分重视了印刷术的技术价值,还很少注意其产生的文化影响。印刷术出现于唐代,宋、明时期有了长足进步,成为门类复杂的行业,到明朝后期又发展出套色、木版画、铜活字及旧版本翻刻等工艺。据吴广兴分析,与此同时,学术研究、藏书楼和书商形成了三位一体的文化网络。④

---

① 爱森斯泰因《文艺复兴的难题与印刷术的进步》,《过去与现代》45:19~89(1959)。另参其名著《作为变革标志的印刷业,现代欧洲早期的文化变迁与交流》(卷1,纽约,1979)页3~159。

② 如丹尼斯·海尔《文化:书籍出版》,见G. R. 艾尔顿主编《新剑桥现代史》(剑桥,1958,卷2)页359~396。

③ 露西·法勃勒与亨·费保莱、马丁合著《书籍的出现:1450~1800年印刷术的冲击》页10~12;梅克鲁昂《古登堡的奇迹:活字印刷术的发明者》(多伦多,1962)页124;A. R. 海尔"科学"见G. R. 艾尔顿主编《新剑桥现代史》引卷2(剑桥,1958)页389;丹尼斯·海《要有光》,见卡特、P. 穆尔合编《出版与人的观念》(纽约,1967)页xxii~xxiv。

④ 托马斯·卡特《中国出版术的发明与西传》,纽约,1955;吴广兴(音译)《中国出版业的发展》,《天下月刊》3:137~160(1936)。有关唐宋印刷业的发展,详参吴广兴《中国的学术、图书出版》页1,62~83,97~115。关于明代印刷业,详参其《明代出版与出版家》,《哈佛亚洲研究杂志》7:203~260(1943)。

宋代经学的复兴部分应归功于印刷术普及所带来的图书流通量的扩大，以及图书印刷时产生的错讹。唐、宋书院的一项重要任务，就是收集供师生使用的图书。这种收集工作在只有广泛使用雕版印刷术刊行 142 经典的条件下，才有可能进行。出版行业也对学术、教育表现出日益浓厚的兴趣。若印数稀少，书价昂贵，多数学者自然不可能大量收藏图书。①

明代中叶，随着职业出版家的出现，雕版印刷技术水平达到顶峰。这些出版家分布于江南的苏州、南京、徽州、扬州等地，福建建阳聚集着大批以牟利为目的的出版商。据明代著名学者兼藏书家胡应麟观察，明代后期，苏州印书质量位居全国前列，一些著名木刻师云集当地书铺。福建是商业性书籍出版中心，大量刊行小说、戏本、民间手册，其规模超过其他地区。②

酒井忠夫在论述明代后期图书印刷繁荣的论著中指出，16、17世纪，中国社会各阶层的知识进步与当时大批类书的出版关系密切。根据他的分析，类书除了满足士大夫应付科举的需要，在明代后期还有整理、普集大众知识的功能。他从当时工具书、实用手册、大众读本广泛流行的趋势中，业已找到考据学和实学发展的源泉。③

第一节　江南的藏书楼

藏书家是学术研究的首要条件之一。他们收藏、出版史料，向有关学术研究提供必要的参考文献。在17、18世纪兴起的图书收藏热中，藏 143

---

① 林友春《唐宋书院的出现与发展》页141～144；方志彤《叶德辉的〈藏书十约〉》，《哈佛亚洲研究杂志》13：147(1951)；尤特前引书页67～96。据沃尔顿·瓦戈统计，宋代书院平均藏书约10000卷，详氏著页246～247。
② 吴广兴《明代出版》页232～233、251～256；胡应麟《少室山房笔丛》(上海，1958)页55～57。
③ 酒井忠夫《清代考据学的源流》，《历史教育》5，11；30～34(1957)；《儒学与通俗教育作品》，见狄百瑞《明代思想中的自我与社会》页331～341。

书家和实证研究关系十分密切。没有这些藏书,文献考证家就无法获得研究必需的材料。江南图书楼的长足发展、雕刻及善本翻刻业的进步,使学术交流更为便利,还为之提供了新的资料来源。①

例如,胡应麟利用父亲为官之便满足自己对图书的偏好。他的藏书主要来自北京、苏州、杭州的书商。他善于从一般或伪造的版本中识别善本,因而在晚明图书市场上如鱼得水。他还利用自己的藏书从事文献考证。他通过研读自己的藏书,写下大量读书笔记,成为文献考证专家。② 在士大夫阶层出现图书收藏热之后,明代文化遗产从多方面为清代考据学的兴起铺平道路。代超温指出:有清一代是图书业取得重大发展的时期。在 260 多年间,图书业突飞猛进,令人惊叹,把历代藏书收藏业成就加起来,都无法与之匹敌。当时,人们不仅精心保护历代图书遗产,还发扬光大。图书收藏业成为学术发展的无形动力,为知识阶层提供了难以估量的支持。尽管出版业发达,抄本仍然是学者收集历代未出版资料及失传刻本的重要途径。许多藏书楼把抄本视为珍宝。古抄本同稿本、金石拓本一样,是清代藏书家青睐的收藏目标。许多鉴赏家热衷于翻刻刊行金石碑刻的较早拓本,允许学者观赏那些别处罕见的特殊藏书及抄本,这种抄本是考订史料的重要依据。在清代江南印刷业发展的同时,手抄文化的一些有趣特征也保存下来。③

一、江、浙的图书楼

范钦(1506~1585)兴建的天一阁是明代最有名的私人藏书楼。它以收藏宋、元善本、抄本、北宋金石拓片闻名于世。天一阁的藏书规模到

---

① 扎克莱与莫顿前引书页 479;莫顿《科学社会学》页 464。

②《明代名人辞典》页 645;吴广兴《学术、出版、……》页 20。

③ 代超温前引书页 4~5。斯坦尔在《东汉张迁碑》一文中讨论了铭刻在中国古代美学传统中所处的地位。该文见大卫·罗艾、T. H. 森主编《古代中国早期文明研究》(香港,1978)页 283~304。海《要有光》页 xxii~xxiii 探讨过文艺复兴时期欧洲出现的类似现象。

18 世纪末达到高峰。1774 年,范懋柱(1721～1780)从天一阁挑选 638 种珍本献予朝廷,助修《四库全书》,其中 473 种因有一定价值而为《四库总目提要》所著录,96 种珍本则被直接收入《四库全书》。当时,范氏进献图书的数量仅次于扬州盐商马氏。乾隆皇帝得知范氏对学术的贡献后,颁赐给《古今图书集成》一部。除范氏而外,只有三位藏书家得到这样的殊荣。[①](详参表五)

表五　向四库馆大宗献书者统计表

姓　氏	籍　贯	捐书种数
马氏兄弟	扬州	约 700 种
天一阁	宁波	638 种
汪启椒	杭州	542 种
吴焯父子	杭州	305 种

附注:这里只统计献书种数在 300 种以上的藏书家。

天一阁藏书目录是由一些著名考据学者编写的。清代浙东学派的奠基人黄宗羲(1610～1695)曾于 1673 年参观过天一阁,写过一篇散记,记述其所见所闻,还准备为其藏书编一部目录。1738 年,黄氏弟子全祖望(1705～1755)登阁参观,为其编了一部金石拓本目录。汉学家钱大昕继续全祖望的工作。1787 年,他访书天一阁,汇集其他拓本,编成一部内容更为丰富的天一阁金石拓本目录。阮元任浙江学政时,主持完成了天一阁藏书目录,全书著录 4000 余种、5.3 万余卷藏书,但不包括钦赐《古今图书集成》1 万卷,在出版时还收录了钱大昕 1808 年编的金石目录,它

---

① 《国会图书馆收藏的中国丛书》2:473～474。有关明代藏书研究,详参陈登原《古今典籍聚散考》(上海,1936)页 310～318;吴广兴《学术、图书馆》页 198～199。有关《四库全书》图书征集工作,详参盖,第三章。

收录了764通金石拓片。①

明清时期,苏州附近的常熟是图书收藏的中心。毛晋(1599～1659)是当地建树出众的收藏家和出版家。他的汲古阁素以刻印水平精湛、藏有大量宋代善本闻名于世。18、19世纪以前,它大量出版非商业性书籍。毛晋不惜巨资购买善本书,藏书量达8.4万卷。② 从1628年起,他开始重刊其收藏的珍本书籍。其子毛扆继续乃父的事业。汲古阁出版过600种图书,其中包括全套的十三经、十七史及《津逮秘书》。《津逮秘书》收集了140种书籍,分15辑刊行。③

汲古阁的刻书虽因某些书匠的漏忽而产生了许多错讹,受到人们的指责,但其刊刻的十三经、十七史还是为世称道的版本。毛氏还收藏了大量"影抄本",他从其他藏书家手中借来宋代善本,把他们惟妙惟肖地摹写下来。他以"影抄本"的方式保存了许多刻本今已失传的宋元珍本及其特点,它们以宋代原刻本为依据,具有很高的价值。汲古阁版本被广泛运用于文献考证和校勘。段玉裁校勘过毛氏重刊的宋本《说文解字》,以此为底本写成了《说文解字注》,后者是清代说文研究的最重要成果(详参第五章)。史学家王鸣盛对汲古阁本《十七史》予以高度评价,以之为底本撰写《十七史商榷》。④

17世纪,常熟最著名的藏书家还有钱曾(1629～1699?)、季振宜(1630～?)。钱曾是著名诗人、学者钱谦益的族亲。钱谦益收藏着许多珍本图书,但均毁于1650年的火灾。钱曾接受了钱谦益图书的劫余部分,他编过图书目录。撰写过一部内容详实的目录学研究著作《读书敏

146

---

① 《国会图书馆收藏的中文文献》2:413;《清代名人传》页230～231、400;陈登原《古今典籍聚散考》(上海,1936)页534～535;钱大昕《潜研堂文集》4:366～367(卷25)。有关阮元任浙江学政的情况,详参本书第三章。

② 吴广兴"学术"页178;《清代名人传》页565;代超温前引书页10～11。

③ 吴广兴"学术"页179～180;吉川幸次郎前引书页22～23、28。

④ 方志彤《孙宗濂的藏书指南》页224;王鸣盛《十七史商榷》序页1a;《清代名人传》页783;代超温前引书页12。

求记》,该书著录了他收藏的 601 种宋、元刻本,对各种版本作了较准确的比较分析。这类研究是版本学的重要内容。版本学为校勘学提供了版本依据。季振宜也是江南大藏书家之一,他的许多藏书都是从钱曾藏书楼购置的副本。毛晋、毛扆也和季振宜交换善本的影抄本。季振宜后来收购了汲古阁的大部分藏书。①

朱彝尊(1629～1709)、黄宗羲是清初江南学者型藏书家的楷模。1658 年朱彝尊在浙江嘉兴收集到相当数量的私人藏书。后来,他的家人怕他会受 1660 年因刊印官方禁止的明史著作而导致的文字狱的牵连,焚毁了这批藏书。1679 年,朱应招参加明史修撰,并任职翰林院,此后,他得到机会,接近北京的官方藏书,开始雇请书手抄写重要史书。到 1699 年,他的藏书达到 8 万卷,成为后来编著《经义考》的主要资料来源。《经义考》是一部规模庞大的经学著述目录,著录了已佚和仍流传的经学著作。他还收集大批金石拓本,准备编辑一部金石目录。②

黄宗羲寻访各地藏书家,抄录自己没有的珍本书籍,他的藏书量后来达 3 万余卷。他于 1630～1641 年访问过蓄书 6 万卷的南京藏书家黄虞稷,1671 年到宁波天一阁访书。1666 年前后,他可能利用吴之振(1640～1717)提供的资金购买了杭州赵昱(1689～1747)家藏的书籍。此外,他还看过徐乾学在苏州的藏书,称赞徐乾学为学者研读、抄录图书提供了方便。徐乾学是当时学术界的主要赞助者。张士俊也查阅过徐氏收藏的宋本《广韵》,他以此与在汲古阁发现的另一种宋版《广韵》进行对勘。张士俊的《广韵》校本成为 18 世纪《广韵》的通行版本(详参第

---

① 《清代名人传》页 118、157,另参陈登原前引书页 322～329。
② 代超温前引书页 48～49;《清代名人传》页 183～184。

五章)。①

　　卢文弨(1757～1796)发现,从明代开始,大批目录学者云集苏州。他认为,苏州之所以成为文化中心,与藏书楼发挥的巨大作用是分不开的。孙宗濂在苏州的藏书楼上善堂是当地文人聚会的中心,他还为藏书家预备了一本藏书指要,在书中对访书、抄书、校书、装帧、著录、保存作了详细论述。②

　　姚际恒(1647～1715?)是17世纪杭州的藏书家,他利用自己的稀世藏书从事多方面的文献考证。他的藏书范围广泛,包括书画及古代丛书。他刻意收集珍善本,这使他能够颇为自信地确定包括《尚书》部分内容在内的许多书籍的真伪。18世纪,杭州著名的藏书家还有校勘学家及教师卢文弨、文献鉴赏家孙志祖(1737～1801)、历史学者杭世骏(1696～1773)。他们穷年累日,孜孜访书,蓄集了丰富藏书。③

二、18世纪的杭州藏书家

　　18世纪,杭州是藏书家、出版家特别向往的地方。当地藏书家们堪称各种文人群体及有助于资料交流的学术友谊的楷模。斯万(Nancy Lee Swann)详细探讨了他所谓的"互相交流的藏书家群体",也即杭州七家藏书楼兴起的经过。这个群体为其主人及朋友服务,有六个位于杭州城内的东南角,这便于它们的主人相互往来,满足彼此交流的需要。他们没有明确正规的组织,互相借抄藏书,充实自己的藏书楼。④

_148_

---

① 杜维运《黄宗羲与清代浙东史学派之兴起》页7;陈登原《古今典籍聚散考》(上海,1936)页319～320;斯万前引书页372;《清代名人传》页356;黄宗羲《传是楼藏书记》,《罗雪堂先生全集》(台北,1970)页5863～5865;伊渥斯·赫文特《一种宋代目录学》(香港,1978)页56。

② 《清代名人传》页76～77;卢文弨,4:339(卷25)。孙的著作由方志彤译为英文。代超温前引书页54～59。

_292_

③ 村山吉广《姚际恒的学问》页77～78;《清代名人传》页811;代超温前引书页69～70;黄家平《卢文弨经典释文毛诗音义考证订补》,《远东研究杂志》(香港,1970)8.2:289～301。

④ 斯万前引书页363～390。当时多数藏书楼不外借藏书。有关讨论,详参陈登原前引书页406～418。有关广东学海堂藏书楼的规章内容,详参伦马凯前引书页277～278。

杭州地区的藏书事业到 1740～1790 年间达到高潮。斯万指出,在九位向《四库全书》献书超百种的私人捐赠者中,五人来自杭州,其中三人捐书超过 300 种。汪宪(1721～1770)似乎是当地藏书家的中心人物,孙宗濂的藏书楼也是重要聚书中心。今文经学家杭州人龚自珍在一篇对汪氏藏书的杂忆中,描述了那些经常相聚的藏书家们的亲密友谊。他们相互访问,提供购书资金,借阅抄本,共赏图书校勘本,交流对图书赏鉴的看法,允许抄录收藏的善本。① ¹⁴⁹

吴焯(1676～1733)、赵昱广泛利用彼此的材料进行学术研究,除互换书籍外,还为彼此收藏的图书版本写序跋、题记。吴氏瓶花斋的藏书最后被卖给扬州盐商马曰琯(1688～1775)。其子吴城耗时数年恢复乃父的藏书。他考证收集到的书籍,纠正讹误,考校不同版本。② 赵昱也历时 30 年重新恢复了家藏图书。他家大部分书籍早先为黄宗羲、吕留良(1629～1683)、吴之振瓜分。赵昱之子赵一清(1710? ～1764?)也是著名藏书家,他利用自己藏书校注《水经注》《三国志》,并因此陷入极为有名的学术纠纷之中。我们将于第五章讨论这些纠纷。

19 世纪之前,江南多数大藏书家都是凭借经营盐业赚取的利润起家的(如扬州马氏兄弟)。鲍廷博(1728～1814),安徽人,他家因在浙江经营盐业,已在杭州落户。汪启淑(1728～1799?)通过鲍廷博的介绍,于1745 年加入杭州文人聚会的社团——西湖吟社。汪氏出身于安徽一个盐商巨富之家。鲍廷博、杭世骏都是西湖吟社资深成员,该社和上述的藏书家群体的活动十分近似。

鲍廷博、汪启淑都是大藏书家,他们各向四库馆捐书 400 余种(详参表五)。当时全国为助修《四库全书》捐赠图书超过 400 种的仅四人。汪启淑也是安徽人,他经常受到杭州其他藏书家的指责。鲍廷博曾介绍学

① 斯万前引书页 365、383～385;《清代名人传》页 276、549、810。
② 斯万前引书页 366～377。

者郁礼查阅汪氏收藏的一些孤本,遭到汪氏的拒绝,鲍廷博为此与他疏远了。当时,郁礼正在从事一项课题研究,鲍廷博才把他推荐给汪启淑。

150 允许朋友参观自己的藏书,或朋友之间互相交流是起码的礼貌,也是学术交流的先决条件。

19世纪初以来,许多广东行商从鸦片交易中大获其利,有了一定的实力(如伍秉鉴[1769~1843]、潘仕成[? ~1832],开始大规模地收藏图书,当时,广东的文化发展与他们的藏书关系密切。好几部重要丛书都是利用他们的藏书编辑出版发行的。①

第二节 江南出版业

江南藏书家除大力收藏图书外,还从事大型的出版活动。从晚明毛
151 晋刊刻图书以来,出版就成为著名私人藏书家的重要活动。鲍廷博利用他在杭州的藏书,编辑《知不足斋丛书》,刊印过许多善本和抄本,这部丛书的第一集于1776年刊行,后规模不断扩大,他在世时共刊印了28集,全书总计30集。汪宪、黄丕烈(1763~1825)、汪启淑、卢文弨等杭州藏书家也都把出版视为一项重要事业。出版家成为江南学界极重要的成员。

中国尽管发明了活字印刷,但在出版各种书籍时,出于降低成本的考虑,仍采用雕刻印刷。雕版便于保存,如精心管理,可供反复使用,此外,一块刻版可供不同的丛书使用。活字印刷则易造成错印、误字。而一块雕版,经校刻后,就再也不会发生错讹。采用活字印刷,印完一部书后,再印一书即需拆版,成本高昂。反过来,采用雕版印书,二次翻印成本却非常低廉。因此,只有印刷那些印数相对较少的书籍(如《古今图书

---

① 《清代名人传》页605~606、612、810、867~868、877;陈登原页331~333;斯万前引书页380~382;拙著《学海堂与广东今文经学的兴起》页51~82。

集成》)时,才有可能使用活字印刷。①

一、丛书的作用

丛书为中国藏书家提供了出版或翻刻孤本、学术珍本、古籍新校本的途径。别的藏书家、学者也因此可以接触这类图书。一般而言,丛书即是把不同时期出版的、零星书籍收集起来,用统一的版式出版,这样可以减少因战争或社会动乱造成的文献佚散,特别宜于保存那些篇幅过小,无法独立成书传世的著作。鲍廷博编的《知不足斋丛书》,收录了 148 种书籍,阮元编的《文选楼丛书》,收录了 53 种善本图书。这些丛书声名远播,为保存古籍树立了典范。②

丛书起源于宋代,明代后期尤为盛行,毛晋开创以私人藏书编印丛书的先例,编著了前面提到的《津逮秘书》。到 18 世纪,一部丛书的规模已近乎一座小型图书馆。据阿泽·胡默尔(Arthur Hummel)研究,丛书通常分为五类:1. 个人著述汇编,如《颜李丛书》。2. 某一学科著作的汇编,如史学、地理、理学、音韵、佛、道,如《道藏》。3. 某一特定地域著述汇编,如《畿辅丛书》。4. 某一特定时代著作汇编,如《唐宋丛书》。5. 某一学派或团体专著汇编,如学海堂编辑的《皇清经解》。

胡默尔指出,这五种类型丛书是中国传统的用于保存某些近乎现代期刊文献上论著的主要途径。著者可以利用丛书的形式出版短文、论文、杂著,在现代社会中,这些著作先在杂志或期刊上发表,然后再以书籍形式出版。专门汇集一门学科著述的丛书当时非常盛行。由于缺乏系统的藏书工具,丛书目录也是一种可以补充现存图书目录的专题性

─────────────

① 斯万前引书页 387;陈登原前引书页 348~349;杜维运《学术与世变》页 134;《清代名人传》页 613;伦马凯前引书页 261~264;索恩·包·肯《朝鲜早期的印刷术》,《美国远东协会杂志》79:96~103(1959)。
② 胡默尔"丛书",《美国远东协会杂志》61:40~46(1941);吴广兴《明代出版》页 217。

目录。①

二、江南及北京的图书交易

如前所述,私人藏书楼受乾隆朝适宜的社会和学术环境的推动而日渐兴旺。由于藏书家的竞相追逐,早在康熙朝(1662~1722),善本书的价格业已相当昂贵,到乾隆朝,书价又上涨了 10 倍。清朝初年,各种书摊主要集中在城外的法源寺,分别出售新、旧书籍以及善本和抄本。1668 年,考据学开山祖师顾炎武曾在这里住过,常到这里的书摊访求善本书籍。一些文士如著名画家及古代字画鉴赏家王翚(1632~1717),常为人解答购买金石等方面的疑难。

琉璃厂位于北京南城,早先是一片作坊,到 18 世纪,成为主要的书市及全国访求古书的中心。据陆陇其(1630~1693)1675 年写的一篇札记记载,琉璃厂早在清初已成为书市。藏书家及考据家朱彝尊在 1684 年解职后,就住在琉璃厂一座有名的邸宅。1686 年,他在编纂北京史名著《日下旧闻》之余,刊行了一部诗文集。其《日下旧闻》的多数材料可能是从琉璃厂收集的。

乾隆年间,琉璃厂的书市进入全盛时期,当时,李文藻(1730~1778)写了脍炙人口的《琉璃厂书肆记》,并在 1769 年刊刻出版。琉璃厂书市因靠近翰林院,成为文人学者及进京赶考举子的聚会场所。这里逐步形成了重视善本古董价值、鼓励图书交流、促进 18 世纪学术发展的文化氛围。各种图书、抄本在北京及江南的主要书市自由频繁地流通传播。一些家道中衰的藏书家(如杭州汪宪)只能靠出售他们珍藏的善本偿还债务, 汲古阁的许多藏书也曾在此抛售。②

---

① 胡默尔"丛书",《美国远东协会杂志》61:40~45(1941);韦利《中国文学论集》(上海,1867)页255~271,该书汇集了明清时期刊行的许多重要丛书。

② 杜维运《学术与世变》页 133;鲁道夫《中国活字印刷》页 217;藤塚邻前引书页 14;王冶秋《琉璃厂史话》(香港,1979)页 14~29;《清代名人传》页 183。

李文藻同多数汉学家一样,经常在空闲时间漫步琉璃厂,访求善本书。当时,他的好友、著名山东藏书家周永年担任《四库全书》编修。周永年在京时,聚书 10 余万卷,把自己的藏书楼命名为籍书楼,以此倡导使各种藏书物尽其用。① 他为自己的藏书目录撰写了一篇题为《儒藏说》的序文。他主张学术界应编纂一部规模宏大,可与《佛藏》、《道藏》媲美的儒学著作丛书,即能维护儒学的完整性,又能向学者提供丰富的材料。据伦马凯研究,阮元编《皇清经解》可能受到周永年设想的某些启发。此外,周永年还倡导建立公共图书馆,主张学者应互相交流各自的藏书目录。②

1751 年,钱大昕到翰林院任职,同其他汉学家一样,经常光顾琉璃厂书摊。他在此搜集到 300 多种唐宋金石拓本。钱大昕深知金石材料对史学研究的重要性,在购买、借阅乃至亲自拓印金石铭文活动上花了 30 多年。他历时 15 年完成的巨著《廿二史考异》收录了自己的金石学研究心得。这再一次证明新发现的金石材料对 18 世纪中国历史学者产生的巨大影响。钱大昕把自己的金石学研究心得编为《潜研堂金石跋尾》四编,全书著录金石碑刻 1800 至 2000 余通。③

苏州著名藏书家黄丕烈毕生从事图书刊刻和买卖,他住在图书业中心苏州,自然有机会通过购买、交换乃至以借抄朋友藏书的方式大量收集珍善图书。他仕途失意,早年到北京游历,常去琉璃厂搜访珍善书籍。在 1774 年前后,他聘请考据学者顾广圻(1776～1835)帮助鉴定、校勘善本书籍。他还和考据学者及藏书家段玉裁、钱大昕、鲍廷博过从甚密,而他们也常光顾黄丕烈的书店。黄丕烈收藏大量宋版书,还为自己收藏的

① 史景迁《崩溃还是复兴:从万历到康熙》,克里斯蒂·莫克主编《艺术与传统:传统在中国文化中的作用》(普林斯顿,1976)页 147。有关琉璃厂,详参藤塚邻前引书页 20～21;杜维运《学术与世变》页 132;《清代名人传》页 175;陈登原前引书页 338。
② 《清代名人传》页 175;伦马凯前引书页 51～52。
③ 伦马凯前引书页 49;钱大昕《廿二史考异序》页 1a,1780。

300 余种善本撰写了内容详实的题跋,并因此闻名于世。①

中国的图书交易也吸引了朝鲜学者,他们陪同本国进贡使臣来到北京。朝鲜学者洪大容(1731～1783)发现,琉璃厂多数商人来自南方,黄丕烈等江南书商在图书出版交流中扮演着重要角色。黄丕烈还结交了朝鲜学者朴齐家(1750～1805),和他探讨善本及中、朝两国有价值的图书版本。朴齐家是 18 世纪朝鲜儒学界北学派的倡导者,北学又称实学,提倡研究清朝典制、技术、官制和考据。朴氏从 1776 年起四次游历北京,和当时中国的儒学知名人士有书信往来。②

朝鲜学者最晚在康熙年间就曾到过琉璃厂,购求本国需要的书籍。17 世纪,由于清政府禁止朝鲜使臣离开馆驿,朝鲜学者只能从北京被准许与外国使臣做生意的商人那里购买书籍。莱特亚德(Gari Ledyard)探讨了北京商人郑世泰垄断对朝鲜图书贸易的方式。朝中两国的文化交流把 18 世纪朝鲜北学思潮和清代考据学紧密联系在一起。纪昀(1724～1805)、翁方纲(1733～1818)和当时许多陪同进贡使臣来华的朝鲜学者关系尤为密切。1776 年,他们在中国友人的协助下,收集了大批丛书及类书。③

1781 年,朴齐家游历琉璃厂,无意结识了孙星衍(1753～1818),孙星衍当时住在琉璃厂附近,和朝鲜学者来往密切,他向朴齐家赠送新拓的唐石经拓本。阮元的学识受到朝鲜学者的景仰,他先后结识朴齐家、金正喜(1786～1856)两位朝鲜学者。由于中朝学者的往来,一些中国已经失传,但保存在朝鲜、日本的珍贵文献重新传入中国。

金正喜送给阮元一部朝鲜保存的元代数学著作,阮元在 1829 年《皇

---

① 《清代名人传》页 340;陈登原前引书页 341～342;杜维运《学术与世变》页 132。

② 《清代名人传》页 331;藤塚邻前引书页 27～44。哥伦比亚大学的格里·莱德亚特对拙著初稿提供一些修改意见,谨此致谢。

③ 藤塚邻前引书页 6～48;格里·莱特亚德《1488～1887 朝鲜来华旅行者》,《朝鲜季刊》2:1～42(1964,Mar)。

清经解》刊行后,立刻送他一部,以示回报。金还向阮元赠送山井鼎的名著《七经孟子考异》原刻本的抄本。该书于 1731～1736 年间由德川幕府将军吉宗赠予中国,它是日本学者根据本国保存的中国文献编著的。后来,藏书家汪启椒把山井鼎的著作献给四库馆,四库馆臣热情接受了赠书,但显然不知道著者是日本人。金正喜纠正了四库馆臣的这一错误。

朝鲜发现的汉籍文献难以与日本匹敌,清朝学者仍从朝鲜学者那里得到大量金石材料。金正喜特别注意搜集本国金石拓本,并把它们转赠给中国金石学者,使他们能够利用、刊刻这些材料。这些拓片提供了一些中国早已为人遗忘的历史人物的传记材料,因而受到中国学术界的高度重视。

上面我们分析了清代中、朝、日三国间学术界的图书及学术的交流,这种交流在某种意义上表明,在西方势力东侵之前,东亚国际性的朴学共同体已经出现。从 18 世纪末到 19 世纪初,他们正在研究、改善由中国江南学术界首倡的考证方法。[①]

三、清廷对藏书、出版业的支持

康熙、乾隆除主持各种文化学术工程外,还积极扩充武英殿官方藏书的数量。武英殿是清代官方出版机构(详参第三章)。明朝皇家的大部分藏书已毁于李自成进京以及清军入关,只有一小部分幸免于难。在这些佚散的图书中,包括了《永乐大典》的一部分,《永乐大典》是一部大型类书,它汇集了上古至 15 世纪的各类文献。

1686 年,康熙令翰林院草拟一个收集、保管图书的方案,此后,清朝官方藏书开始呈增长势头。由于康熙帝的支持,仅康熙一朝,官方就刊

---

① 藤塚邻前引书页 36～44、104～108;金大俊(音译)《清代中韩贡使关系》,见费正清《中国的世界秩序》(剑桥,马萨诸塞,1968)页 90～111;米勒《日本对清代经学的影响》,《美国远东协会杂志》72:56～57(1952);《四库全书总目》33:30b～34a。目前我正在收集有关日、中、朝鲜文化交流的文献。

刻了 1.5 万卷图书,其中包括《朱子全书》、《性理精义》,这表明皇帝对程朱学派的支持。当时,朝廷还编纂了一些著名的类书、辞典,1710 年刊刻《渊鉴类函》,1711 年刊行《佩文韵府》,1716 年刊行《康熙字典》,1725 年刊行《古今图书集成》。《古今图书集成》采用铜活字印刷,使用了约 50 万枚铜活字。R. C. 鲁道夫(R. C. Rudolph)认为,耶稣会士主持了铜活字的铸造,这未必属实。因为有材料证明,朝鲜早在 18 世纪以前已掌握了铜活字印刷技术。①

从 1770 年到 1780 年,清廷编修《四库全书》,按预定计划,先收集现存典籍,然后检查其中的违禁书籍。这在朝野学者中掀起了藏书热,致使当时善本书价格猛涨。1782 年,《四库全书》竣工,全书总计 3.6 万卷,该书的第一份抄本成书后(该书没有刊行,只分抄七部),被送往北京故宫文渊阁存放。清廷为存放《四库全书》,就模仿宁波天一阁,修建了文渊阁等藏书楼。第三份抄件存放在热河的避暑山庄。《四库全书》的编修本意是笼络士大夫阶层,炫耀朝廷的文治。乾隆帝及其编修者认为他们为后人阅读古今主要文献提供了准确精美的标准本,是对中国文化的重大贡献。

早在 1733 年,乾隆就让朝鲜裔刻书家金简主持新发现的善本书籍的刊刻。1774～1794 年,四库馆臣整理出许多善本书,由武英殿采用木活字技术,以丛书的形式出版,共收书 138 种。② 乾隆帝还为嘉奖助修《四库全书》的江南藏书家,下令把《四库全书》另抄三份,1787 年,抄写工作完成后,被分别存放于扬州、镇江、杭州,还为此专门修建了三座藏书楼,这三座藏书楼向学者士子开放,允许抄录其中的珍贵文献。学者们

① 代超温前引书页 21～22;陈荣捷《性理精义与 17 世纪的程朱学派》;狄百瑞《新儒学的解体》页 543～547;邓嗣禹、克奈特·比格斯泰夫《中国参考文献目录提要》(剑桥,马萨诸塞,1971)页 94～96;M. R. 古格纳德《中国的发明》,费保莱与马丁《图书的出现》页 75;鲁道夫前引书页 317～326。
② 藤塚邻前引书页 22;《清代名人传》页 121;陈登原前引书页 134～139;郭伯恭前引书页 164～165;《清代名人传》页 159～160;盖博士论文的结论部分。

可以利用这里的藏书供自己研究使用。

孙星衍曾从杭州文澜阁本《四库全书》中抄录了许多文献。汪中（1744～1794）于 1790 年被聘请校阅存放于镇江的《四库全书》抄本。这项工程历时两年。他似乎还为贮存扬州的《四库全书》抄本作过类似的工作。1794 年,他在接受校阅杭州文澜阁《四库全书》的邀请后不久去世。阮元承认他的《畴人传》所需的许多史料（包括西方科技译著）是从杭州文澜阁本《四库全书》收集的。1795～1798 年,他的幕宾（当时他任浙江学政）钱大昕、凌廷堪等人经常查阅文澜阁的藏书。①

第三节 资料收集与考证研究

18 世纪,中国出版业迅速发展,大规模的图书收藏及刊行成为现实,这就大大改善了学术研究及教学的条件。明清时期,随着江南商业的发展,商人们积累了巨大的财富,这使当地出版家能以前所未有的规模出版图书。出版业的发展改善了江南及其他地区发表、流通及查阅资料的条件,使上述的图书收藏及交流形式成为现实,并推动对各种史料系统、广泛的收集（详参第五章）。出版家们向江南学术界及其学校、书院、藏书楼提供了前所未有的接触珍本古籍的机会,推进了考据学的发展。

18 世纪,附有详细说明及解题的图书目录已成为江南考据学发展的重要内容,它们与那些著录金石碑刻的目录关系密切,考据学者因此对文献和金石材料进行比较研究。王鸣盛在《十七史商榷》自序中指出：

> 目录之学,学中第一紧要事,必从此问,方能得其门而入。然此事非苦学精究,质之良师,未易明也。自宋之晁公武而下,迄明之焦弱侯一辈人皆学识未高,未足剖断古书之真伪是非,辨其本之佳恶,

---

① 代超温前引书页 36～37;《清代名人传》页 121～122;陈登原前引书页 136～137;杜维运《学术与世变》页 136;伦马凯前引书页 68～69。

校其伪谬也。①

章学诚发现周永年上述编辑儒藏的设想和自己保存古代文献的主张如出一辙。1775 年,他在北京拜访周永年,后来为周氏对士子开放的图书馆藏书目录写序。他在 1779 年完成的《校雠通义》一书中,强调目录提
要对编修方志的重要性,并探讨了为保证材料的准确性、权威性和完整性,应如何分析、著录、比勘文献。他把目录学视为文献及史学研究的基础,按倪德卫的观点,他阐述了目录学的基本原理。

章学诚在追溯不同学派的古代源流时,通过系统研究,首次论述了图书著录方法及"目录学"。因此,不管章学诚如何批评考据学,仅凭这一点,就可以把他视为 18 世纪居于学术主流的考据学派的成员。章学诚认为,没有严谨的文献著录,书籍就易于失传,学术的专业化也不可实现。只要国家有系统地搜集书籍及抄本,这一问题才会得到解决。他还主张,教师和地方史学家应把收集、保存各种文献当作自己的日常性工作。这些收集到的文献要交中央权威机构保管、审查(也包括对异端邪说的检查)。②

许多收藏家都在校勘藏书后都要写一篇简要的后记,或撮录全书大意,或介绍抄本或刻本的流传源流。他们撰写的题记,常讨论著者观点的优劣,其作用相当于现代的书评。1782 年,四库馆臣完成了《四库全书总目》,它汇集了儒家学者撰写的书籍题要,内容极其丰富,力图提纲挈领地介绍每部书的大意,使读者毋庸阅读,即能了解其大致内容。同年还完成了《四库全录简明目录》,该书简要介绍《四库全书》所收诸书的大意,基本上是《四库总目提要》的摘录,但个别地方有异于后者。它向读

---

① 爱森斯泰因《印刷术的进步》页 24、84~85;王鸣盛《十七史商榷序》1:16;杜维运《学术与世变》页 140~141。有关其所使用的目录本身的讨论,详参韦利前引书页 74~80。这种目录的范例,详参罗振玉《玉简斋丛书》,见氏著《罗雪堂先生全集》,台北,1970。
② 罗炳绵《章实斋的校雠论及其演变》,《新亚书院学术年刊》8:77~95(1966);倪德卫前引书页 29、56~59、65、77~81、285。

者简洁系统地介绍了《四库全书》所收书籍的内容和价值。[①]

　　朱彝尊的名著《经义考》、谢启昆广受赞誉的《小学考》等目录学专著则是查阅专门性文献的依据。《经义考》著录了从汉代到 1700 年的经说及其他经学著作，还包括石经研究、正史艺文志的有关论述，及有关的重要私人藏书目录。不过，朱彝尊没有收录《尔雅》以外属经学领域的"小学类"著作。后来，浙江富有的鉴赏家谢启昆聘请章学诚的挚友胡虔在杭州编著了《小学考》，弥补了这一缺憾。该书分"训诂"、"文字"、"声韵"、"音义"四类，著录了 1099 种有关著述。章学诚想编著《史籍考》，弥补史学研究中的类似空白，但始终未能成书，后来，已成书稿也佚散了（详参第三章）。[②]

第四节　乾嘉时代的目录分类

　　乾嘉时代的图书分类法即是一种"辨章学术"的方法，又是了解构成儒学的众多新学科的线索，因而是观察当时学术分类及其特点、框架的窗口。我们从当时的图书主题分类中即可以看出清代学术特有的文化观。此外，18 世纪清代的知识分类原则构成了考据话语，对如何理解新的研究方法有一定影响。

　　刘向编著了中国第一部著名的图书目录，该书由其子刘歆完成。刘歆的目录包括七类三十八子目，它为汉代学界采用，班固按这一分类法编写了《汉书·艺文志》。但是，西晋在重建皇家图书馆时，采用了新的四部分类法。[③]

① 方志彤《叶德辉及其〈藏书十约〉》页 151～153；邓嗣禹等《中国参考文献目录提要》（剑桥，马萨诸塞，1971）页 22；爱德华前引书页772～773。

② 邓嗣禹等页 41～43；《四库全书总目》85：20a～21a；倪德卫前引书页 258～259。

③ 田学奎《竹简与帛书》页 14～15；杰·舍拉《文字学的语源基础》，见爱德华·蒙格马里《知识入门的基石》（西拉克斯，1968）页 14～21；罗伯特·斯考尔《分类法，目的、原则、发展、前景》，见劳德等编《思想：认知科学的理解》（剑桥，1977）页 194～195。

四部分类法把图书分为经、史、子、集四类,早在《隋书》于656年问世之时,即为官方编著目录所采用,唐宋时期,四部分类法有了进一步改进,得到广泛应用。但是,郑樵提出了十二部分类法,并将其细分为二百

164 五十七个子目。郑樵恢复了刘歆制定的某些目录类目,并增添一些新的类目,如艺术类、类书类、医方类。1441年成书的明代官方目录则分三十八类,分类方式近乎四部分类法。这些新目录分类法的许多内容代表当时出现的新的图书门类。如"性理"类即为概括有关理学的某些著作而设置的。①

165 18世纪,考据学者放弃了取代四部分类法的种种尝试。钱大昕认为,明代官修目录近乎一堆缺乏系统的笔记和手稿。章学诚承认,刘向的目录分类已不能适应当代的分类需要。钱大昕、章学诚都推崇四部分类法。四库馆臣也把四部分类法作为他们编修《四库全书》的分类的标准。其总目提要分为四部四十四类(详参表六)。②

表六 《四库全书》分类表

经部:易、书、诗、礼、春秋、孝经、五经、总义、四书、乐、小学

史部:正史、编年(附起居注)、纪事本末、别史、杂史、诏令奏议、传记、史钞、载记、时令、地理、职官、政书、目录、史评

子部:儒家、法家、兵家、农家、医家、天文历算、术数、艺术、谱录、杂家、类书、小说、释家、道家

集部:楚辞、别集、总集、诗文评、词曲

四库馆臣在每一部及子目之前冠以小序,撮述其纲领要义,介绍各子目的学术源流。四库馆臣在《四库总目》的小学著作提要中,特别清晰地展示了自己的学术立场。表六表明,小学已成为经部一部分,四库馆臣指出,隋唐时代,金石学著作在当时目录中属小学类。四库馆臣为反

---

① 梅恩前引书页40~43。

② 吴广兴《学术、图书出版》页257;钱大昕《潜研堂文集》4:461~462,卷29。有关讨论详参田学奎(音译)《中国图书分类的演变》,《图书季刊》22.4:312~314(1952.10)。

映金石学因金石拓片题跋大量出现而取得的发展,效法 14 世纪编纂《宋史》先例,把金石学著作归入史部谱录类。此外,他们放弃了 17 世纪末《明史》编纂者把数学列入小学类的做法,把它划入天文、算术类,他们认为数学和天文学在逻辑上有更密切的联系。①

四库馆臣在论及文献考证领域时,认为小学包括三门不同的学科,即研治《尔雅》古注的训诂学,以《说文解字》为基础的文字学,以《广韵》为探讨经典门径的音韵学。他们否定了唐代把“训诂”、“小学”一分为二的分法,认为训诂首要功用即在解释、注疏名物,本身不能成为独立学科。他们根据西汉班固的先例,把训诂重新归入小学类。他们认为,界定汉学,即要考虑学术内容,又要考虑学科结构。四库馆臣认为小学应由二门交叉学科组成,所以,才对小学类进行了重新划分。考据学者在进行研究时,应同时掌握、精通这些学科。②

小学的范围是由上述谢启昆《小学考》确定的。18 世纪的考证学者认为,谢启昆划定的学科(四库馆臣亦如是说)代表独立的学术分支,它对经典研究具有独到的价值。钱大昕在《小学考》序中指出:

> 六经皆载于文字者也,非声音则经之文不正,非训诂则经之义不明。……古人之意不传,而文则古今不异,因文字而得古音,因古音而得古训。③

把小学分为训诂、音韵、文字三门学科,这是对它们在经学考证中重要地位的认可,也纠正了过去流行的错误观点。

四库馆臣还对子部的分类作了重大调整,把汉及其以前部分诸子学著作归入“杂家类”。黄虞稷(1629～1691)是第一个采用这种分类法的清代学者,四库馆臣则是步其后尘。子部文献《墨子》、《淮南子》、《鬼谷

---

① 《四库全书总目》41:28b,86:46b,106:2a。研究古代文字字形的训诂学文献被收入小学类。书目、图表被收入谱录类。
② 《四库全书总目》40:1a～b,40:25b。
③ 钱大昕《潜研堂文集》3:350～351(卷 24)。

子》、《吕氏春秋》及其他子部著作,从 1770 年起成为学术界日趋重视的研究对象。如我们在第二章所言,学术界对这些为人忽略已久的异端著作的重新重视,代表着 18 世纪学者对周至汉代历史及正统儒学传统发展的新认识。①

1800 年,孙星衍提出十二部分类法,它反映了新出现的可自成体系的专门学科。孙星衍为修订补充四部分类法,把先前的子目升为大类,从经部分出小学类,从史部分出地理、金石类(参表七)。他认为,金石学从宋代兴起后,已有长足进步,发展为一家之学,应成为独立的学科。田学奎指出:孙星衍的中肯见解在于他对学术不同门类有通达的识见,只有具备这种识见,才可能提出十二部分类设想,改革传统的分类法。

167

表七　孙星衍图书分类法

1. 经学	7. 史学
2. 小学	8. 金石
3. 诸子	9. 类书
4. 天文	10. 词赋
5. 地理	11. 书画
6. 医律	12. 小说

孙星衍在评论有参考价值的经学著述时,毫不犹豫地斥责宋明经说是"臆见"、"枝叶"、"不合训诂"。他在中国进入 19 世纪之际,已清楚阐明了儒学研究的各个领域的界限。②

考据学者对知识结构的认识促使他们调整乃至重新界定目录分类法,以复原他们视为正确的学术范围及类别。朱子把"小学"依附于理学所谓"大学"的做法不可避免地受到纠正。"小学"不再专指入门的教育

---

① 《四库全书总目》117:1a～32b;盖前引书第六章。
② 孙星衍《孙氏祠堂书目》序(上海,1935)页 1～3;田学奎《中国图书分类的演变》,《图书季刊》22.4:316(1952.10)。

或没有研究价值的学科,相反,在考证学派手中,它成为还原古典原义的深邃精致的方法系统,因而取代了日渐凋落的"大学","小学"跻身于理学之上。

18 世纪的学术分类和考据学关系密切,它为从事考据研究的学者提供了一种进入专门性研究的指南,而文字、音韵、训诂成为他们把自己学术发明纳入累进性学科的方法。在考证学受到重视的书院里,学生学习使用 *168* 考证方法解决各种学术难题。目录学成为发掘考证研究所需材料的指南,但如何应用及评价这些材料,则取决于学术得以研究建立的方法。

戴震在当时公认的考据学研究范围内驰骋时,被视为当时最杰出的学者之一。但是,当他大胆地跨出实证学科的范围,步入哲学领域,就立刻遭到否定。尽管他是朱熹的批评者,但是,汉学赞助者朱筠对他涉足宋明理学极为不满,指责他醉心于抽象玄谈(详参第一章)。[①] 这样,考证学话语严格划定了考据学的疆域,这种界限为多数理学家拒绝。清代图书分类法鼓励使用严格的小学方法促成累积性学科的发展。

乾隆时代的图书业在重建中国传统中发挥了重要作用。考据学者辑录了佚失的文献,纠正了过去千百年来文献累积的错讹、附会之处,以显示自己的复古愿望。现代中国历史学者徒知嘲讽清代考据学者,但显然不了解文艺复兴时代的藏书家在为西方文明复兴古希腊、罗马文献和思想的运动中发挥过何等重要的作用。

保守儒生叶德辉(1864~1927)在儒学正在式微的 1911 年写道,清代学者有比前代更便利的条件,在家中或书院大批接触文献资料。在北宋之前,六经、正史的刻本都极少。直到明清时期,一般学者才能为研究学术购买书籍。而清代刻书家不懈努力,刊印了四部古籍中的大量文 *169* 献,送到学者手中,供其研究使用。我们将在第五章探讨 17、18 世纪中

---

① 江藩《国朝汉学师承记》6:6a。

国印刷业发展起来的交流网络。我们还将探讨学者们是如何接受通行方法,探求实现固有目标的新途径。这种经验将产生各种富有冲击性的学说,推动人们重新审视那些陈陈相因的观点。①

_____

① 方志彤《叶德辉及其〈藏书十约〉》页 147~148;爱森斯泰因《作为变革标志的印刷业》2:684。

第五章 江南地区的学术交流网络

一些历史学家贬低清代考据学,结果无法理解儒家考据学已在相当
程度上表现为累积性学科。考据学者不仅从事严格的考证研究,而且还
熟悉他们在江南学界同行发表的论文、著作。清代学者在追求独创性的
同时,认为自己的追求将有助于考据学的进步。他们坚信,实证研究是
求知的正当途径。理学家的空疏,以及他们提出的无法验证的形而上学
课题受到考据学者的嘲笑。

阿诺尔德·扎克莱(Arnold Thacknay)和罗伯特·莫顿指出:一个
学术研究领域在从分散的、零星的研究向具有独立的方法论、学术工具、
理论方向及研究课题系统的专业化学科转变时,会经历许多变化,知识
系统的变化只是其中的一部分。在学术研究的系统化过程中,"知识性
认同"与"职业性认同"同时出现。①

考据学的专门化、职业化通过对文献考证方法与范围的界定,使有
关研究者在研究目标上取得了共识,这种共识又转变为通行的研究方
式,形成了一个具有交流、评判考据学研究成果的复杂的交流网络,结果

_____

① 扎克莱、莫顿合著前引书页433。

使江南学术共同体的成员自觉承担起推动考据学进步的重任。考据学者因研究目标与方向的一致性,就能在处理面临的中心课题以及分析方法和研究去向上协调一致。学术方法与目标的一致性是使江南学术共同体不可分割的组成部分——考据学发展的重要动力。①

要想正确运用考证方法,就须精心地选择一些课题进行专题性研究。文献考证取代道德反省。结果,考据学的认识性认同把考据学界的许多成员和许多重要的社会、理论问题隔绝开来,使他们忽视这些问题。由于考据学知识取向使用的学术话语的理论和分析框架无意研究、解决这些难题,考据学者对之也会淡然处之。另一方面,理学话语具有考据学本身缺乏的理论价值。

第一节 通行的研究方式:札记体著作

江南学界考证方法的传播方式,以及 18 世纪考证学应用知识的进步发展特性表明,江南学者已在相当程度上把自己视为一个学术共同体的成员。江南学者通过研究考据学领域公认的成功范例,掌握了考证方法,学会了应用它们解决各种难题。某些重要的著作方式有助于强化对考证话语的自我认同,其本身也成为学生效仿的楷模。②

梁启超在《清代学术概论》一书中,回忆他 1890 年在广东学海堂的学生生活时,曾这样写道:"每一位有心治学的学子都备有一本札记册子,记录读书心得。"他认为顾炎武的《日知录》是学术著作的典范,它引导学者准确详实地把自己的研究成果记录下来。"札记册子"与资料收集密不可分的关系,鲜明地体现出清代学术截然不同于宋明理学风行的"语录体"著述体裁的学术特色。③

---

① 库恩《科学革命的结构》(芝加哥,1970)页 33;萨伊德《语言学与思想考古学》页 108。
② 库恩《必要的张力》页 318~319。
③ 梁启超《清代学术概论》(剑桥,马萨诸塞,1959)页 69;小系夏次郎《清代考据学的背景》页 42。

宋代王应麟的《困学纪闻》、明代罗钦顺的《困知记》是札记体著述的雏形,札记是清代考据学者基本的研究著述方式。札记体顾名思义就是收集各种零星的史料。四库馆臣认为,王应麟的《困学纪闻》是一部运用考证方法研究儒学各个领域的札记体著作。因此,考据学者阎若璩(1636~1704)、何焯(1661~1722)早在清初即受聘校注这部著作,推出该书的新版本。欧文·布鲁姆(Irene Bloom)在《困知记》一书中发现,有迹象显示罗钦顺相信只有通过勤奋刻苦的耕耘,才能获得学术和精神的升华。《困知记》多数篇幅是读书札记,这说明罗钦顺是一位学识渊博,精于考证的学者。[1]

宋明理学家的多数作品是抽象思辨的记录,它们大多采用问答、格言、辩论、诗歌等著述形式。理学信徒逐字逐句地把朱子、王阳明(1472~1529)的谈话内容记录下来,尊为其学说思想加以传播。与之相反,从17世纪的顾炎武到19世纪的学海堂学生,清代学者都十分推崇札记体,用以记录偶尔碰到、读到乃至听到的有价值的史料。清代考据学者运用札记册子,收集与有关选题相关的史料。事实上,札记体本身即是清代学者重要的著述形式,又可被视为供其他学者引用的资料性著作。[2]

清代学者穷年累月地精心考察、记录、搜辑、研究各种史料,写成札记体著作。[3] 顾炎武在旅途中收集研究历史地理学、金石学的有关史料。他的历史地理学著作包括了到各地游历的亲身见闻。他多数著作虽然以文献史料为依据,但是,也运用了许多一手的原始材料。他尤其重视发掘金石材料的历史价值,一旦发现前人未著录的石刻,就

---

[1]《四库全书总目》118:43a~44b;布鲁姆《明代思想中的"义理"》页72~73;杜维运《学术与世变》页140。有关顾炎武对王应麟的推崇,详参何佑森《顾炎武的经学》页204~205。

[2] 例如《朱子语类》、王阳明《传习录》。方志彤《孙宗濂的藏书指南》一文指出孙宗濂如何利用这一网络收集藏书,页219。杜维明《内在体验:新儒家思想的创造力基础》,见莫克主编《艺术家与传统》页11;小野和子《儒学的异端者》页22~25。

[3] 杜维运《学术与世变》页140。

会激动不已,难以入眠。他还运用古代金石材料纠正补充经典记载。①

顾炎武不断扩充藏书,一有机会就购买、借阅、抄录各种善本及未出版的著作手稿,他的藏书包括八十通汉唐金石拓本以及大量抄本。他还游历各地,尽量结交有助于自己研究的学者,在南北各地结识了许多知名儒士。1672 年冬,他到达山西太原,遇到阎若璩。这次晤面对两个人都很重要。他向阎若璩出示自己的《日知录》,阎提出了某些补充、纠正,被他愉快地采纳。阎若璩把自己对顾炎武《日知录》的 50 多条补正以"补正日知录"的标题收入自己的读书札记之中。②

阎若璩为研究《尚书》收集大量史料,其中一部分收入《潜邱札记》。后来,他担心这些尚未出版的著述在后世失传,就把其中许多无关紧要的材料收入《疏证》之中,使之在许多方面接近札记体著作。《日知录》等书内容渊博,考证谨严,因而受到 18 世纪学者的一致推崇,成为他们的典范。

钱大昕的《十驾斋养新录》是 18 世纪考证学的代表作,类似的作品还有卢文弨的《钟山札记》、《龙城札记》,这两部著作使卢文弨有机会到江南最著名的书院任教。

许多汉学家利用札记有计划地收录史料,再经过加工,写成可供发表的论著。王鸣盛(1722～1798)的《蛾术编》、汪中的《知新记》、王念孙的《读书杂志》、臧庸的《拜经日录》都是具有代表性的札记体著作。王鸣盛是一位严谨的经史学者,他用"蚂蚁爬行"比喻自己的学术研究,形容自己读书札记的写作过程,因为它们是 30 年不懈研读的结晶。③

① 威廉·帕特森《顾炎武的一生(2)》,《哈佛亚洲研究杂志》29:201～212(1969)。方以智也以这种方式收集材料,详参坂出样神《方以智的思想》页 108。
② 帕特森《顾炎武的一生(2)》,《哈佛亚洲研究杂志》29:212～213(1969);阎若璩《潜邱札记》5:1a～40b;《四库全书总目》119:17a。
③ 阎若璩《尚书古文疏证》(以下简称《疏证》)6A:22b;《四库全书总目》119:20b;梁启超《清代学术概论》页 71;王鸣盛《蛾术编》(台北,1976),书序需特别留意。

第二节　考据话语中资料运用 ¹⁷⁷

　　清代考据学者严格审核史料,有时甚至进行量化分析。他们凭借这些系统收集的史料,把考证方法和资料的收集、整理融为一体。据梁启超估计,钱大昕为重新解释古代典籍中的轻唇音语言现象,竟收集了上百条证据。他以这些材料系统分析了古代音韵的变化。清代《尚书》古文经的研究也同样显示出详证博考的学术特色。[1]

一、阎若璩的古文《尚书》研究

　　17 世纪的文献考证学者尽管对历法及有关的数学知识仍知之不多,但严谨、系统地运用史料已蔚然成风。例如,阎若璩在探讨《古文尚书》真伪的众多问题时,曾运用有关的年代学和统计材料论证自己的观点。他首次对伪《古文尚书》25 篇篇名和郑玄等汉代经学家提到的《古文尚书》16 篇篇名做了精心比较,这 16 篇业已散失。他逐次排列《古文尚书》诸本 25 篇和 16 篇篇名目录,发现了孔颖达(547~648)《正义》的许多错误、矛盾之处。[2]

　　他还采用严密的年代学方法,推断孔安国(公元前 156~74?)的生卒年及其向朝廷进献古文尚书的日期。据《史记》记载,孔安国于武帝(公元前 140~87)末年校勘古文《尚书》。[3] 阎若璩首次发现鲁恭王(公元前 154~127)继位后,决定扩建王宫,因此发现了藏在孔子旧宅中的古文《尚书》。所以,据阎本人推算,从古文《尚书》在鲁壁重新发现到孔安国 ¹⁷⁸ 献给朝廷历时 60 多年,而这时孔安国年近古稀,但据《孔子世家》记载,

① 梁启超《清代学术概论》(剑桥,马萨诸塞,1959)页 70;小夏系次郎前引书页 42。

② 阎若璩《疏证》1;5a~62;小夏系次郎前引书页 45;桥本敬造《清朝尚书学》页 11。

③ 阎若璩《疏证》1;5a~6a;罗维《汉代中国的冲突与危机:前 104~公元 9 年》(伦敦,1974)页 37~90。

孔安国早年去世。他认为这一记载尤为奇怪,并认为古文《尚书》进献朝廷时,一定存在许多错讹之处,这就难怪吴域、朱子、吴澄因后出的古文《尚书》25 篇文从字顺、明白晓畅的文风而对之产生怀疑。①

后来,阎若璩在《尚书古文疏证》一书中进一步探讨了孔安国的生卒年问题。他接受了西汉司马迁提出的孔安国早逝的说法。司马迁认识孔安国,孔安国于公元前 126 年任博士。《汉书》根据《尚书》孔安国序推断他在公元前 97 年之后向朝廷进献古文《尚书》。这次献书受到公元前 92~91 年间巫蛊之乱的干扰。据阎若璩推算,孔安国任博士到巫蛊之难共计三十五、六年。他估计孔安国任博士时,至少已 20 岁,这就意味孔安国在 55 岁向朝廷进献古文《尚书》。既如此,《史记》岂能说孔安国早卒,因为四、五十岁亡故不能称为早卒。假如《史记》记载可靠,就不应怀疑司马迁的观点,孔安国不可能活到后人记载的亲自向朝廷进献古文《尚书》之时。②

阎若璩认为,要解释这一矛盾,只能推断向朝廷进献尚书古文的是孔安国家属,而非其本人。根据这一推断,就可以确定那些令人怀疑的所谓孔安国所著的《尚书序》肯定是赝品,因为,《古文尚书》若非他本人进献,他也不会为《尚书》做序。孔安国生前不大可能看到进献《尚书》之事。这样,就解决了《尚书》古文经的一大疑案。③

在《尚书》阐发的许多观点、思想中,《大禹谟》提出的"道心"、"人心"之别受到宋明理学家的高度重视。朱子、王阳明二人都利用这一材料,为他们对"理"的不同阐释以及正统理学寻找经典根据。理学力图寻求经典依据论证他们的哲学观点。因此,儒家学者必须重新讨论他们利用

---

① 阎若璩《疏证》1:2b。
② 阎若璩《疏证》2:3a~3b。钱穆认为,阎若璩解决了毛奇龄对阎的早年作品提出关键性质疑所产生的问题,见氏著《中国近三百年学术史》,台北,页 251。
③ 阎若璩《疏证》2:47b~48a。详参《荀子引得》(台北,1966)81:21:54。有关争论,详参拙著《从哲学到语言学》页 175~222。

经典的真实性。许多人认为,《大禹谟》是古文《尚书》中的一篇,可能是后出的赝品,它所阐发的观点自然也是靠不住的。阎若璩重新研究前代留下的课题,运用近乎计量分析的方法,解决了这一悬而未决的课题。

阎若璩首先发现,"大禹谟"中著名的"人心道心"章是根据《荀子》引用的道经材料拼凑起来的,而后他进一步论证"道心"一章不属《尚书》的根据(详参第三章及下列章节)。阎氏列举出《荀子》引自《尚书》的每一条材料,他发现,在《荀子》引证的 16 条材料中,12 条注明引自《尚书》,3 条注明引自《尚书》的某一章节,1 条引自《尚书传》。阎氏断言:

> 《荀子》岂独引《大禹谟》而辄改目为道经邪? 予是以知人心之危道心之危必真出古道经,而伪古文盖袭用,初非其能造语精密至此极也。①

梅赜向西晋朝廷进献的《古文尚书》,收录了《左传》引用的全部《尚书》片断,这一现象使人疑惑不解,阎若璩动用年代学方法对此进行了分析。郑玄把《左传》收录的《尚书》片断称之为佚书。阎若璩以《左传》为标准,统计了《左传》引用的《诗经》有关诗句及佚诗的次数,又用它们和《左传》引用的《今文尚书》及郑玄所谓的"佚书"相互比较。② _180_

阎若璩发现,《左传》引用诗经 178 次,引佚诗仅 11 次;引用《尚书》25 次,"佚书"43 次。它引用"佚书"的次数几乎是现存《尚书》的两倍,是佚诗的 4 倍。东汉郑玄早已指出,这些材料早已散佚,既然郑玄都未看到,那么,梅赜怎么会找到一部收录这些材料的《尚书》呢? 他根据史料断言,作伪者曾从《左传》收集作伪素材,所以才出现这种奇怪的现象。③

阎若璩的研究及其得出的结论仍有许多漏洞。学者们认识到,考证方法既然可以解决诸如《尚书》古文真伪之类的复杂课题,就说明它同样

---

① 方东树《汉学商兑》1:21a~21b,2A:1a,2A:16b。
② 阎若璩《疏证》页 1:36b。
③ 阎对《礼记》进行了类似的统计,得出近似的结果,阎若璩《疏证》1:37a~37b。

可以解决其他悬而未决的文献考证课题。18世纪中期,汉学开创者惠栋进一步研究了古文《尚书》的真伪问题,他及其门弟子逐步完善了阎若璩的《尚书》研究成果。

二、数学、天文学和考古学

约翰·韩德森研究了对史料的系统整理与另一门显学的关系,他指出,梅文鼎在17世纪重新协调自然哲学与数学研究时,已把"理"归纳为借助数学推演即可把握的实体,并因此改变了"理"的内涵,不再把它看作是宋明理学神秘性的"教条"。在清代从象数学向数学科学转变中,数学在儒学话语中的运用出现根本性变化。梅文鼎认为数学是对收集数字材料的演绎过程,它可被用来研究"理"的内涵。[①]

王锡阐(1628～1682)等著名精通天文学的儒学家同样强调可信资料的收集整理对"理"的实证性分析的重要性。席文令人信服地指出,到1700年,中国天文学的主要难题及其解决方法已基本形成。中国学者开始运用几何模式解决天算问题,这种方法相对于前代对代数运算的重视而言,更重视几何、三角。[②] 清代数学家逐步放弃纯数理逻辑的探索。18世纪,焦循在易学研究中卓然自立。其主要贡献是运用数学法则解释经典义理。他比较过数学和小学,接受了梅文鼎"理"可经定量分析的观点。他从对历算研究中相信,文献考证将不断发展,日趋精密。[③]

焦循精通中西天文运算,他完全赞同自己的赞助者阮元的见解,也认为数学是研究实学的关键性学科之一。他准备深入研究中国早期数学,还协助钱大昕弟子李锐发掘宋元代数学遗产。他发现运算逻辑是《周易》数理逻辑的核心内容,它包括严密的可以发现学习的数学规则,

① 韩德森前引书页27。不是所有宋代理学家认为理是神秘的。
② 席文《王锡阐》页159～168;桥本敬造《梅文鼎的历算学》页500;韩德森前引书页174～175。
③ 韩德森前引书页171;侯外庐前引书1:499～507。

因此,他试图剥去《周易》研究的神秘色彩。他指出:

> 非明九数之齐同比例,不足以知卦画之行;非明六书之假借转
> 注,不足以知象辞、爻辞、十翼之义……不足以知伏羲、文王、周公、
> 孔子之道。

阮元沿着同样的思路区分了邵雍(1011～1077)的象数学和数学的差异。据阮元记载,焦循已能按数学法则排列《易经》的 64 卦、384 爻。[①]　182

　　戴震把其精湛的小学考证和对数学天文的研究融为一体,他认识到,没有精湛的数学造诣,就不可能理解六经中与天文、工艺、历法有关的章节。他在考证《周礼·考工记》的著述中指出,没有受过数学训练的学者将难以理解经典记录的古代实用工程技术。他的这一主张受到钱大昕等 18 世纪研究历法算学的考据学者的支持。[②]

　　戴震运用数学方法计算测定复原《考工记》提到的古代礼器铜钟的形状尺寸。他在有关著述中根据计算,设计出钟原形示意图。他的设想以文献实物为依据,相当准确。乾隆年间,江西出土的一件青铜器与之基本吻合,就证实了这一点。臧庸也试图复原古钟原貌,但因只参考郑玄过于陈旧的描写,准确度大为降低。臧庸的图表同戴震一样,只是重建古代名物的解释性说明。程瑶田(1725～1814)细心研读戴震、臧庸的图表,试图根据自己的研究,复原戴震、臧庸研究过的钟原形。他还打算根据考古和技术材料复原各种古代音乐器具。近藤光男指出,程瑶田的设想是运用文献及数学知识复古的尝试。

　　1788 年,阮元在自己第一部出版的著作——《考工记车制图解》中,重构了古代车制。他更正了戴震对古代车制研究的某些不足,并声言,任何人只要根据他的引导,就能复制出古代车辆。考古研究已被纳入儒　183

---

① 焦循:4:202(卷 13);阮元《揅经室集》1:105～107;梅肯那《易经卦爻的再研究》,《东西方哲学》29.4:424(1979.10);韩德森前引书页 171。阮元高度评价焦循的易学成就,详参侯外庐前引书 1:507。
② 近藤光男《戴震〈考工记图〉的科学思想史考察》,《东方学》11:6～7(1955)。

家实证研究,成为其组成部分。①

戴震、钱大昕运用数学方法和古代遗物释读古典文献,从而为累积性学科的发展铺平了道路,该学科到 19、20 世纪,因使用金石学、考古学方法释读甲骨而取得突破,发展至顶点。戴震、臧庸、程瑶田复原古代铜钟的尝试证明,考证学开始把注意力从小学转向古代文物,认识到它们的历史价值。此后,不是西方训练出来的学者,而是精通文字、金石考证的儒家学者首先认识到甲骨文的重要性(详参第六章)。②

席文如前所引的精湛论述证明,耶稣会士对中国天文历算研究的影响,以及与清代从理学向考据学转变关系之密切,业已超出迄今认识的范围。我们看到,文献考证方法与对传统及西方天算研究成果的应用显然是相互影响的。诚如席文所言:天文学如理学家所言,与小学携手前进,扩大了小学的声势,对它的发展起了明显的促进作用。③

三、考据研究中资料利用与引证

考据学者力求经、史及其他著作的最佳版本,这促使他们广引各种材料证明自己的文献依据。顾炎武首先把方志运用于历史地理学研究之中,引起人们对它的注意。他在为自己的一部历史地理学著作所作的序言中指出:

> (余)先取《一统志》,后取各省、府、州、县志,后取二十一史参互书之,凡一千余部。④

此外,18 世纪的钱大昕效仿顾炎武,把诗歌作为传记资料的来源之一。根据近藤光男的分析,清代儒学对诗歌的认识开始出现意义深远的

---

① 近藤光男《戴震〈考工记图〉的科学思想史考察》,《东方学》11;9～21;伦马凯前引书页 15。
② 近藤光男《戴震〈考工记图〉的科学思想史考察》,《东方学》11;20。
③ 席文《王锡阐》页 163～165;近藤光男《清代经师的科学意识》页 97～110。
④ 顾炎武《顾亭林诗文集》页 137;英译见《清代名人传》页 424;帕特森《顾亭林的一生(二)》页 210。

变化,后来,他们只重视学术研究,轻视诗文写作。例如,钱大昕相对诗名而言,更珍视汉学家的声名。章学诚在他的著作中只把文字吟咏视为传记材料的主要来源,这反映了 18 世纪尊崇学术轻视文学的走向。倪 185
德卫指出,章学诚认为文集是研究个人历史的史料依据。①

　　史料的引证、考辨也是考据学的有机组成部分。江南学者的各种著述都贯穿着这样一种明确认识,即高度重视对引证文献的严格核校。村山吉在分析姚际恒《古今伪书考》时指出,姚际恒引证了 50 余种不同材料,其中多数可追溯到前代著名的文献考证学者,他对许多文献真伪的考证除依据宋代目录学成果外(引证 38 次),还引证了宋濂(1310～1381)(引证 6 次)、胡应麟(引证 10 次)的著作。姚际恒引用来源不同的材料,明确指出资料引证是学术话语的关键因素。②

　　阎若璩有关《尚书》的考证同样也显示出知识主义学风对他研究产生的全面深入的影响,展示了他对前代学术遗产的继承。阎若璩不仅凭引用的材料驳斥他反对的观点,还以此着意说明自己的立论依据。他吸收并详细讨论了前代学者关于古文尚书的研究成果。他在《尚书》最后一卷博引前代研究成果,分析了它们与《疏证》近似之处,指出了历代考证《尚书》真伪著述的优劣之处。③

　　18 世纪末期,四库馆臣根据前代学者对阎若璩《尚书》辨伪的学术影响确信,他的《尚书古文疏证》是长期不断的《尚书》研究的最后终结。

　　　　古文《尚书》较今文多十六篇。晋魏以来,绝无师说。故左氏所
　　引,杜预皆注曰"逸书"。东晋之初,其书始出,乃增多为二十五篇。
　　初,犹与今文并立,自陆德明据以作《释文》,孔颖达据以作《正义》, 186
　　与伏生二十九篇混合为一。唐以来虽疑经惑古如刘知幾之流,亦以

① 近藤光男《钱大昕的文学》页 25、31;《惠栋与钱大昕》,《吉川博士退休纪念中国文学论集》(东京,1968)页 715～716;倪德卫前引书页 227～228。
② 村山吉广《姚际恒的学问》页 83～85。
③ 阎若璩《疏证》8:1a～46b。

《尚书》一家列之《史通》，未言古文之伪。自吴域始有异议，朱子亦稍稍疑之。吴澄诸人本朱子之说，相继扶摘，其伪益彰。然亦未能条分缕析，以抉其罅漏。明梅鷟始参考诸书，证其剽剟，而见闻较狭，蒐采未周。至若璩乃引经据古，一一陈其矛盾之故，古文之伪乃大明。……毛奇龄作《古文尚书冤词》，百计相轧，终不能以强辞夺正理，则有据之言，先立于不败也。①

不过，旁征博引并不值得过分注意，引人注目的倒是，他公开承认大量引证这一事实。

清代考证学者对史料的引证取舍标准同样显示出反理学倾向。他们考证经典，主要运用后汉出现的研究资料。18 世纪末期，越来越多的学者转向西汉文献。汉学家孙星衍（1753～1818）在《尚书今古文注疏》
187 一书中首先引证《史记》、《汉书》以及郑玄等东汉经学家的著述，拒用宋人经说。钱大昕在其史料考证著作中论及前四史时，拒绝引用唐及唐以后的材料。②

18 世纪的多数学者极为重视注明其引用材料的出处。章学诚指出，他在引用前代学者的观点补充自己的见解时，总是引用古人原话，以避剽窃之嫌。注明出处是考证学的标志之一。③ 18 世纪，不引用史料，尤其是汉以前的史料，会为人视为学识浅疏。四库馆臣指责明代类书极少注明他们收录材料的出处。明代类书的这一缺漏与宋代《太平御览》等类书注明所有材料出处的做法，形成鲜明的对照。四库馆臣尤其批评本书第二章讨论过的明人薛应旂《四书人物考》在材料引证上的失误。

明代儒生，以时文为重；时文以四书为重，遂有此类诸书，襞积刘裂，以饰试官之耳目，斯亦经术之积弊，非惟程朱编定四书之时，

---

① 《四库全书总目》12:25a～26a。
② 张灏《梁启超与近代思想的过渡期》(1890～1907)。
③ 倪德卫前引书页 155；章学诚《章氏遗书》页 102～103。

> 不料其至此,即元延祐用四书义,明洪武定三场法,亦不料其至此者矣。

此外,四库馆臣还批评焦竑《国史经籍志》只抄撮旧目录,没有进行考证,注明所著录书籍的存佚情况。[①]

18 世纪的学者尤其爱好利用精心制作的表、图补充对史料的分析、解释。运用人物表、辅助表格补充正史,使之成为更便于学术研究的工具,这是清代历史考证(详参第二章)最主要的特色之一。1748 年出版的 [188] 顾栋高《春秋大事表》是整理春秋战国及汉代有关编年、家族谱系、地理、经济史料的楷模。他分 50 个专题编排表格,在每个专题表格的末尾,根据其他学者的研究成果,对存在的争议作了补充说明,该书还收录了一些地图,并简要注明图中的古今地名。

18 世纪,惠栋、钱大昕、孙星衍、洪亮吉(1746～1809)、杭世骏(1696～1773)、全祖望(1705～1755)——汉学界代表人物——在这一研究领域留下许多重要著作,他们特别重视整理《汉书》、《后汉书》,补制了许多图表,使之便于查阅,更加准确。章学诚也有近似的看法,他认为,历史著作应收录记录地方政府政绩、组织形式及档案的图表,使之像人物表一样,便于查阅。[②]

四、考古学和金石学

清代,金石考古材料除如前所述,被用于补充史料外,还成为清代考据学的主要内容。在 19 世纪末发现甲骨文、陶文、竹木简之前,青铜器和石碑刻是中国考古学的两个主要研究对象。金石研究早在 11 世纪就成为专门学科。欧阳修于 1061 年刊行的《集古录》推动了北宋一系列金

---

① 《四库全书总目》37：14a～14b,87：4b,136：21b,26a。
② 《清代名人传》页 421；杜维运《清乾嘉时代之史学与史家》页 11～12；倪德卫前引书页 195、216。

石名著的出现,它们以收集金石拓本为主。

R.U.鲁道夫指出,宋代学者对金石研究并不只是出于简单的好奇心,还包括对发现的金石拓片的鉴定,以及有关语源、年代的考释。赵明诚和他天资聪颖的妻子李清照编著了《金石录》,该书于1132年问世。书中著录两千余通金石拓本,还包括为702通碑铭所作的题记。①

明代对古董的热情更为高涨,但同其他领域一样,没有继承北宋时代严谨朴实的学风。明代金石家只关心藏品的形制、色泽等艺术鉴赏价值,并没有进行广泛田野考古发掘的打算,也不考释语源。明代金石学重鉴赏,轻考古的偏向,是对北宋通行的余英时称之为"知识主义"思潮的反动。

曹昭(1387~1399)的《考古要论》摆脱了这种风气的影响,是较早系统详细地论述中国艺术、考古的著作之一。该书除论述传统的书画、石、玉、铜外,还著录了陶器、漆器及外国文物。王佐以郑和(1371~1433)的远洋发现补充了曹昭著作的不足。他还开辟新领域,收录了官印、铁符、官服、宫廷建筑等新内容。②

清代学者摒弃了多数明代金石学者看重的艺术性鉴赏,只记录其流传及发现经过。清代的金石题跋同宋代一样,对重要庙宇、陵墓、碑石及其他研究材料都作了十分全面的记录,并注明发掘地点、常附有金石铭文的拓本。当时,金石收藏规模迅速扩大,清代著录的青铜器超过3000多种,宋代仅643种。宋代已知的金石著述仅20余种,清代类似的著作超过500种。③

---

① 田学奎《竹简与帛书》页64;鲁道夫《宋代考古学初探》,《亚洲研究杂志》22:169~177(1963);王国维《宋代考古学》,见C. H. Liu主编《中国科学与艺术研究》6:222~231(1927);吴广兴《学术、出版》页105。

② 希尔·伯希尔、大卫《中国的古董鉴赏,格古要论:古董鉴定方法》页Liv~Lix;《明代名人传》页1296~1297;庄申《明代古董收藏风气:艺术鉴赏式的考古学》,《东亚研究》8:63~82(1970)。

③ 鲁道夫《宋代考古学初探》,《亚洲研究杂志》22:171~172;吴广兴《学术、出版》页106。

顾炎武是开创应用金石遗物进行研究的学者之一。他在《求古录序》中写道："(余)读欧阳公《集古录》,乃知其事多与史书相证明,可以阐幽表微,补阙正误,不但词翰之工而已。"他在陕西时,曾从 551 年镌刻的 190 藏在山间洞穴的 126 方《华严经》刻石中,拓印了 124 份拓片。阎若璩也利用老家太原的大批古文物纠正了在经史中发现的讹误。17 世纪,朱彝尊、姚际恒等学者大量收集古物、拓本充实自己的收藏。1687 年,朱彝尊完成记载北京及周边地区历史的名著《日下旧闻》,他于书中列举了当时有名的古城及古遗迹。①

18 世纪末,19 世纪初,学术界对金石学的兴趣达到高潮。毕沅分别于 1781、1787 年主持整理陕西、河南的金石藏品,当时他在这两省任职。有两部著作收集了中国中部及西北部的金石碑刻。他是首次研究在陕西发现的砖铭的学者之一。冯登府继承他的工作,他写的《浙江砖录》收录的砖刻制作的年代有些早达公元前 140 年。

翁方纲也是金石学权威,1789 年,他刊行名著《两汉金石志》。1764～1771 年,他任两广学政,在此期间著成《粤金石略》,该书著录两广许多古今金石铭刻。钱大昕把金石运用于史学研究。他指出:

> 文籍传写,久而踳讹,唯吉金乐石,流转人间,虽千百年之后,犹能辨其点画而审其异同,金石之寿,实大有助于经史焉。

191

阮元对群经的校勘,在相当程度上也仰赖于汉、唐、宋三朝残留的石经。王昶在 50 多年的漫游治学生涯中,像钱大昕一样,收录了上古至宋末金石铭刻 1500 余通。后来,他收录的汉以前的金石铭文为人重新逐条按原样翻刻制成复本,部分铭文是由不同领域的专家收集到的。段玉裁和其他学者对许慎的《说文解字》作了补充、注释。他们在许慎著作的每一

---

① 顾炎武《求古录》序,详见《亭林先生遗著汇辑》(上海,1888)页 1a,英译见狄百瑞《中国传统的源泉》1:555;田学奎《竹简与帛书》页 80;《太原县志》1826:10:33b;村山吉广《姚际恒的学问》 298 页 39。

条目下按编年顺序收录了从古代金石碑刻或古墓出土旧籍中抄录的古文字。①

东汉以来,就有把儒家六经刻于碑石的传统。乾隆继承这一传统,根据朱筠的建议,于1791年下令将十三经全部刊刻于石碑之上,而后矗立于京城国子监,这项工程于1794年竣工,它为经典的保存、传播提供了一个标准版本。②

五、金石学对清代书法的冲击

17、18世纪的金石热,重新唤起了对古代书体的重视。因此,江南艺术界弥漫着崇尚古代篆刻的气氛。书法家们受金石学研究的影响,重新摹写古代金石碑刻上的篆书、隶书书体。一些被称为"碑学派"的书法家与这场运动有联系,他们开始复兴唐代以后不再流行的碑刻风格的书体。③

汉代书法家的主要名作多镌刻于石碑上。当时,人们出于官方或纪念的目的,把篆、隶体铭文镌刻于石碑上。至于草书体,主要是在临时性或非官方场合使用,或为审美欣赏而书写。六朝时代(221~589)艺术家开始把注意力从石刻转向书帖,也即写在丝帛或纸上的书法手迹(如私人信件等)。与碑志相对的帖学是18世纪及以前主宰书坛的代表性书体。

公元3世纪,中国完成了从篆书经隶书向楷书的过渡。当时,王羲之集古代书法艺术风格之大成,融贯百家的书体,奠定了中国古典书法

---

① 《清代名人传》页183、807、857;胡适《清代学者的治学方法》页403;钱大昕《潜研堂文集》4:367(卷25);韦格《中国文字》(纽约,1965)页5~9。

② 田学奎《竹简与帛书》页61、73~79;《清代名人传》页244、624。

③ 钱大昕《潜研堂文集》4:365~366,卷25;莱德浩斯《清代篆书:中国书法史研究》;埃克《中国书法》费拉德尔菲亚,图版85;祝嘉《书法简史》(香港,1975)页105~137;《清代名人传》页611、716。

传统的基础。许多沿袭这一传统的著作都是用草书、行书或楷体书写。①
劳拉·莱德浩斯(Lothar Ledderhose)及沈复指出,直到18世纪,书界的
主流传统才有所改变。清代以前的书法家尽管仍继续使用古代书体,但
隶书、篆书显然在汉以后的多数书法创作中已让位于草书、行书、楷书。
清代书法家直溯秦代碑体,旁搜两汉六朝的石刻。沈复指出,18世纪最
新考古发现的广泛性、多样性及真实性使书法家们摆脱了两汉以后书法
传统的束缚,回溯篆、隶书体。②

"碑学派"信徒以考证为根据,他们声称,其书体更接近因而也更符
合古人使用的书体。唐、宋、明的篆、隶书体似乎过于精巧匀称,它在楷
书在唐代正式确立并成为此后主流书体后,受到僵化的艺术风格的限制
和影响。傅山(1607~1684)、王澍(1678~1739)两人首先直接回归碑体
传统,为转变书风树立了榜样。18世纪,人们把王羲之确立的正统书法
称为帖学。这种区分反映出正在兴起的碑学派对"帖学派"艺术观念的 193
一系列质疑。③

扬州八怪同样对篆书流露出浓厚的兴趣。道济(约1641~1720)时
常用篆书题写画名,常使用自己刻制的印章。金农(1687~1763)是首先
复兴古代书体的书家之一。他师法古代金石,试图在纸上再现金石铭刻
的韵味。书法界从当时的金石研究中吸收新的形式和灵感。与此同时,
篆书和刻印也成为有成就学者应具备的技能。④

邓石如(1743? ~1805)、包世臣(1775~1855)都是18世纪向古代
书体转变的代表人物。邓、包二人潜心研究古代金石,刻意师法金石铭

---

① 莱德浩斯《米芾》页7~12;冯文希(音译)《作为原初风格的古韵》,见莫克主编《艺术与传统》
页89~93。
② 沈复(音译)《书法的演变:中国古代书法研究》(纽黑文,1977)页43~45;莱德浩斯《米芾》页
9,57。
③ 沈复(音译)《书法的演变:中国古代书法研究》(纽黑文,1977)页44~52;莱德浩斯《米芾》页12。
④ 拉埃《中国书法学引论》(西特尔,1974)页179;埃克,No.85;马里恩、沈复合著《藏品研究》页
40~45。

刻的书风。傅山、王澍提供书体改革的主张,多数书法家在自己的篆、隶创作中仍固守保守平庸的风格。而邓石如号召新一代书法家复兴秦、汉、三国(221～280)石刻书法风格。沈复认为,邓石如扫荡了早期的平庸书风。邓石如在书法风格上摆脱了早期篆书纤巧刻板风格的影响,在篆书、隶书创作中着意追求一种鲜明的反匀称风格。包世臣对古代碑体的研究后来为康有为继承发扬光大。康有为称邓石如在篆书领域的建树可与孟子对儒学的建树相媲美。邓石如书法风格对现代中日两国篆刻仍有重大影响。①

碑学派信徒向脱胎于王羲之书法及艺术标准的古典书法传统提出了许多深刻的质疑。1778 年,人们发现一块公元 405 年的碑刻,阮元等目光敏锐的学者,受这一发现的启发,开始对王羲之书体及其书法传统的真实性产生怀疑。这块石碑和陵墓出土的 4～5 世纪砖刻都是以一种风格峭拔刚健的篆书书写的,这说明它与通行的王羲之建立的楷书、行书风格没有关系。

1823 年,阮元撰写了两篇在中国书法史上有着开拓性贡献的论文,他认为,二王创立的书体并不代表两汉以后的书法风格,担此重任的是砖石文字。他批评二王帖学,认为他们的书法风格在不断被人临摹和伪造过程中早已受到篡改。他事实上是在运用考古材料研究中国书法的历史演变,并证明唐代以后流传的古典书法传统受到错误的引导。②

那些研究考古遗物的书法家的成功之处,在于他们化解了专业爱好与艺术兴趣的对立状态。碑学派书法家全面掌握了古代书体知识,以及创作古代书体所需的适当理论构架。这些知识同样取决于训诂小学这

---

① 拉埃前引书页 184。有关康有为对碑学的论述,详参其《广艺舟双辑》(上海,1916)页 9～10。关于邓石如的重要性,详参莱德浩斯前引书页 70～83。有关康有为的书法,详参沈复(音译)《书法的演变:中国古代书法研究》(纽黑文,1977)页 137～138、290、301;《清代名人传》页 42、140、677;祝嘉《书法简史》(香港,1975)页 120～121。

② 阮元《揅经室集》2;553～559;莱德浩斯前引书页 152～211;沈复(音译)《书法的演变:中国古代书法研究》(纽黑文,1977)页 5。

一考据学骨干学科的研究进展。

六、年谱的编著

大量为古代学者编写年表、年谱是 18 世纪转向实证考据学风的又一标志。钱大昕特别重视考证古代历史人物的生卒年。他的《疑年录》成为后来出现的许多年代学工具书的先驱。梅斯克尔注意到,绝大多数年谱产生于清代的江南地区,特别是其中心城市。在总计 1197 种著作有据可查的年谱中,清代之前成书的仅有 14 种。

清代学者为清除笼罩于古代人物身上的传闻不实之词,并改变官史呆板的叙事体例,开始注重以年谱体裁再现重要历史人物的生平。他们尤其重视编辑宋代学者的年谱,钱大昕一人就编著过五部年谱,其中四部是为宋代学者编写的,如王应麟。王懋竑(1668～1741)早先编著了一部内容详实的朱子年谱。这一趋势说明年谱编纂者利用传记形式为其谱主辩护。清代为宋代学者编著了不少年谱,这是对宋学作出的重大贡献。它表明,作为一种影响广泛的学术话语、考据方法不仅影响汉学,还冲击了宋学。只要认识到考据学反对宋明道德话语的学术特征,就不难理解,人们把一种附有个别注释的编年体大事目录视为广泛接受的传记体裁的原因。①

第三节 协作、书信和会晤

清代学者生活在一个主要依赖赞助的学术环境中,时常会参与一些需集体努力相互协作的计划,他们的基本合作形式是在 17 世纪的《明史》、《大清一统志》等计划以及持续到 18 世纪的各种文化工程中开始形

① 《清代名人传》页 154;麓保考前引书页 156～158。有清代学者撰写的各类年谱,详参梁启超《中国近三百年学术史》页 325～336。有关家谱,详参梅斯克尔《中国家谱的史料价值》,见莫里斯·弗雷德曼《中国的家族与社会》(斯坦福,1970)页 140～143。

成的,这些文化工程主要依靠官方或半官方赞助维持运转(详参第三章)。① 《四库全书》是规模最庞大的学术工程,它需要不同学科的专家协调一致共同合作。它为建立一种有助于资料交换及相应成果发表的学术与社会交流机制树立了榜样。藏书家和学者们投入到这样一个图书整理工程,完成了一部前现代社会世界上内容最丰富的丛书和目录。

朝廷修书和地方官员幕友的著书活动要求众多考据学者同力协作,此外,私人学者也常招聘专家协助他们著书立说。秦蕙田即有一个具有代表性的同行关系网,他的巨著《五礼通考》的许多篇幅都得力于钱大昕、王鸣盛的帮助。1754 年,戴震首次进京,钱大昕极赏识戴震的天算才华,向秦蕙田推荐戴震,请他协助处理礼书中有关天文算学的难题。秦蕙田立即接见了戴震,征询他对许多问题的意见。秦蕙田在自己著作中几乎一字不遗地收录了戴震早年撰写的一篇数学论著。②

孙星衍经常聘请校勘学者,他得力于好友及同行如顾广圻(1776~1835)、严可均(1762~1893)等人的帮助。顾、严二人都是金石专家。苏州藏书家孙宗濂(约 1680~1749)曾阐述过通力协作对图书校勘的重要性。他指出:

> 若古人有弗可考究,无从改正者,今人亦当多方请教博学君子……讲求讨论,寻绎旧文,方有可成,否则,终有不到之处。③

除官方赞助及半官方的修书计划外,私人通信会晤对 17、18 世纪个人之间的资料交流发挥过重要作用。例如,南京钟山书院山长卢文弨曾向袁枚(1716~1798)借书,袁枚极为高兴,曾写了一首诗:

---

① 有关《大清一统志》的具体日期,详参本书第三章;夏定域《德清胡朏明先生年谱》,《文澜学报》2.1;8(1936)。胡渭、阎若璩通过这一工作建立起深厚友谊。

② 《清代名人传》页 167~168;近藤光男《清代经师的科学意识》页 102;薮内清《戴震的历算学》页 31。

③ 孙从添《藏书纪要》见《述古丛钞》页 11a~12b,这段原文由方志彤译为英文,详见氏著《孙从添的藏书纪要》页 234、258~259;《清代名人传》页 676、910~911。

他人借书借而已,君来借书我辄喜。

一书借去十日归,缺者补全乱者理。

君言检书性所嗜,精比扬金细择米。

获一义胜真珠船,剖一疑如桶脱底。①

一、尚书古文真伪之争

《尚书》古文真伪之争是研究清代考据学者学术交流方式的重要范例。会晤和通信在 17 世纪这场学术争论中发挥过重要作用,这场争论持续到 18 世纪。阎若璩、毛奇龄是这场争论的主角,他们通过私人通信和会晤渠道,引起当时许多著名学者的注意。阎、毛彼此交换有关看法,毛给阎的两封信保存至今。

1693 年,毛奇龄收到阎若璩《尚书古文疏证》的复本后,在回信中批评阎若璩的观点。他说:"昨承示《尚书》疏证一书,此不过惑前人之说,误以《尚书》为伪耳。"毛奇龄在论及《大禹漠》"人心道心"一章的关键问题时,向阎若璩推断其出于《荀子》的论证提出挑战:"且人心道心虽《荀子》有之,然亦《荀子》引经文,不是经文引《荀子》。"他还认为,《荀子》引用的道心说可以追溯到《周易》成书前编著的古籍,它是"以开三皇五帝之书也"。他指责阎若璩攻击《尚书》古文是"冒犯圣经"。②

1699 年底,毛奇龄向阎若璩寄赠新近完成的《古文尚书冤词》,他在附信中写道,经过审慎分析,他认为《尚书》全部是可信的。他和李塨进一步讨论这一问题。当时,李塨在师从颜元(1635～1704)之后,又南下向他问学。毛奇龄择要介绍了自己的主要论点,并指出:"况潜邱之学,

---

① 袁枚《小仓山房诗文集》(四部备要)31:7b～8a,英译见奥泽·韦利《袁枚:18 世纪的中国诗人》页 163。

② 有关阎、毛观点的差别,详参《四库全书总目》12:25a～31a;毛奇龄《西河合集》(书目)7:5b～6a。

万万胜予,亦必不敢谓能胜六经"。①

李塨、姚际恒都从毛奇龄进行学术研究,姚际恒尽管和毛奇龄及其兄万龄关系密切,但认为《尚书》古文是赝品。1693年,他通过毛奇龄的介绍拜见阎若璩,讨论这一课题。阎若璩把姚际恒的一些见解收入《尚书古文疏证》一书。阎发现姚际恒研究路数与自己极为相似,也利用《国语》、《左传》探讨《尚书》古文作伪者的取材来源。他早在《疏证》一书中就引用过姚际恒的观点(《尚书》古文部分及传都出自一人之手),姚嘲笑有些人只怀疑孔安国传的真实性,而不问经文本身的真伪与否。阎若璩利用毛奇龄友人的观点来加强自己论证的力量,与他对抗。②

另一方面,李塨为毛奇龄《古文尚书冤词》作序,在序中李塨介绍了毛奇龄如何回复自己对《尚书》古文部分的疑点。1699年末,李塨于北上途中在淮安逗留,拜见阎若璩,和他讨论《尚书》古文真伪之争。1700年,李塨致函毛奇龄,说明他自己已把毛有关《尚书》的最新研究成果转告阎若璩,他还说,阎若璩称毛奇龄的目的是想否定《尚书古文疏证》的学术建树。③

当时,毛奇龄还给浙东学派的创始者黄宗羲写信,他是该学派的一员。他在信中讨论了他人强加古文《尚书》之上的所谓不实诬蔑之词,并以委婉的口气(对他极为难得)写道:"闻足下向亦曾指之为伪,不知别有考据耶?"当时,毛奇龄对黄宗羲有关孔安国《尚书传》属后人伪造的观点提出质疑。这场争论是因孔安国卒年及巫蛊之乱发生时间记载混乱而引发的,后者妨碍西汉朝廷接受《古文尚书》。

阎若璩在《疏证》一书中,通过对史书时间记载矛盾的考订,断定孔安国未曾经历巫蛊之变,黄宗羲只是想对此作进一步的补充。但毛奇龄

---

① 毛奇龄《西河合集》(书目)5:1a~3b。
② 毛奇龄《古文尚书冤词》序,页 1a~2b;阎若璩《疏证》8:41b,8:9b;村山吉广前引书页 41。
③ 《颜李丛书》页 376;阎若璩《疏证》8:39b;村山吉广前引书页 40~42。

却对此提出质疑。毛奇龄致黄宗羲的信件实际上仍是批评阎若璩的观点。他从两方面发难,其一,"大序伪,非《尚书》伪矣"。其二,毛奇龄对阎若璩的主要立论依据——司马迁《史记》的可信度提出批评。阎则以司马迁的孔安国早卒观点为依据。毛奇龄认为,《史记》纪年错讹甚多,阎氏焉能以此作论证的依据。最后,毛请黄宗羲谨慎对待他信中提出的观点,因为它们是"确求实据"得来的。他试图用考据标准把黄宗羲拉到自己一边。①

阎若璩与另一位浙东学派的杰出成员万斯同(1638～1702)大约也在此时讨论过《尚书》真伪问题。他们的争论与会晤是这场极有趣的论证、反驳、再论证、再反驳的反复争论的一部分。这一系列争吵邂逅揭示出严谨的研究风格,以及对当时学术争论焦点的许多细节的关注。毛奇龄和阎若璩作为古文《尚书》争论的对立面,都力图以考证标准证明自己的论点。他们在会晤讨论这一问题后,都坚持自己的观点。但在他们结论差异的背后,隐藏着方法、话语的一致性。17 世纪《尚书》真伪之争的范例将在下面讨论的 18 世纪兴起的主要学术争论中重演。②

二、书札往来在考据研究中的作用

倪德卫指出,18 世纪,中国学者的书信得到广泛传播、传抄,最终刊行出版。奥泽·瓦莱(Arthur Waley)认为,18 世纪还没有学术期刊。学术同行之间的书信交流弥补了这一缺憾,袁枚等许多学者把书信当作一种进行某些不宜以专著或论文形式发表的临时性研究的方式。后来,人们把学术信件收集起来,或编入作者的文集,或单独成集

---

① 毛奇龄《西河合集》(书目)7:13b～14b。毛奇龄大概是读了黄宗羲为本书第三章讨论的阎氏《疏证》撰写的序言,才知道他也怀疑《尚书》古文经的可信性。
② 杭世骏《尚书古文疏证》后记被收入《尚书古文疏证》1796 年版。杭写道:先生居武林时,与西河论《古文尚书》不合。西河归,作《冤辞》,先生归,著此书。页 1a。

出版。①

　　章学诚与许多同行有通信往来,他和邵晋涵的通信主要讨论历史编纂学和目录学问题。一个学者把给仍健在同行的书信,在未得到本人允许的情况下,出版传播,在当时是司空见惯的。不过,洪亮吉刊行了 1797 年他致章学诚的一封信件,章学诚对此非常恼火,因为洪亮吉在信中批评章学诚对方志史学价值的看法。后来,章于当年致信孙星衍,对他的观点提出批评。他还把这封信的副本转致姚鼐,他显然是希望姚鼐在其南京的社交圈中散发这封信件。

　　当时,各种信件文稿常为朋友传抄,甚至交给他人阅读、讨论。章学诚采用这种方式宣传自己的主张,当时,最著名的学者如钱大昕都以这种形式发表自己的书信。许多学者借助这种方式可以得到学术界的中肯评价、认可和广泛注意。许多资深学者通过书信交换的方式,如梁启超所言,开始和需要解答疑难的学术新秀建立联系,与此同时,这些新秀也附带呈上他们的新作。章学诚在这方面也具有代表性。他在 1772 年致当时最著名的历史学者钱大昕的信中提及自己的《文史通义》。1776 年,章学诚首次结识 18 世纪学术界的另一位代表人物戴震,此后,他多次与戴震晤面。刘台拱(1751～1805)也有近乎章²⁰⁴学诚的学术经历,他生前虽然未出过学术专著,但和 204 位著名学者(如阮元、臧庸、段玉裁)经常通信,交换对经学研究的看法,对当时的许多知名学者产生了影响。

　　钱大昕向以著述卷帙浩瀚、内容宏博著称,他常以通信方式委婉地指出同行、朋友出现的学术失误。1754 年,他在北京见到戴震后,给他写信,婉转地指出在他历算论著中发现的错误,其他学者极少敢这样纠正戴震的学术失误。此外,钱大昕还致函段玉裁,言辞恳切地指出段玉裁《今文尚书考证》中出现的失误。而其他学者也常以这种方式和钱大昕

---

① 倪德卫前引书页 106;韦利《袁枚:18 世纪的中国诗人》页 112;爱德华前引书页 776～777。

通信,经常提供他进一步研究所需的资料和信息。

我们引述的最后一个事例是卢文弨。他因专精校勘而成为考证学者(详参第二章)。在他通信交往的朋友中有汪中、王念孙、周永年(1730～1791)。他在信中常和他们交流资料、阐明自己对许多文献考证问题的学术观点,确立校勘学从整体上为考据学服务的方式。他认为,校勘学是一种集体性事业,能以深入校订为基础提供更为可信的文献版本。他在信中讨论的许多技术性问题显示出相当的学术造诣,给人留下深刻的印象,要达到这样的学术造诣,就须精通典籍及其注疏和使用的考据方法。①

第四节 累积性研究

有清一代,考据研究领域取得了引人注目的成就。这是因为考据学者没有因循固守宋明理学的传统,而是致力于那些有助于累积性成果出现的研究课题。"补证"、"辨证"形式著作在当时的大量出现,反映出一种继往开来,推陈出新的学术追求和风气,这是一个值得注意的研究课题。这种累积性研究与早期的传统经典注疏的形式存在明显的差别。

一、清代学术的延续性

许多清代学者把王应麟看作自己的学术先驱。他们各自独立地探讨过王应麟开创性成果的不同侧面。阎若璩曾着手详注王应麟的名著《困学纪闻》,这一愿望在他死后由何焯于 1704 年实现。《困学纪闻》目

---

① 详参章学诚致邵晋涵的信,见《文史通义》页 290～298;倪德卫前引书页 41、49、107、142～143、201～202;河田悌一《清代学术的一个侧面》页 91～93;梁启超《清代学术概论》(剑桥,马萨诸塞,1959)页 72;杜维运《清乾嘉时代之史学与史家》页 37;余英时《论戴震与章学诚》页 5～14、31～32、45～53、83;钱大昕与戴震、段玉裁及其朴学家的书信详见《潜研堂文集》5:518～522(卷 33);卢文弨《抱经堂文集》4:263～305(卷 29～31)。段玉裁曾在一封信中详细讨论过恢复古音的方法,见《经韵楼集》卷 6。他与顾广圻的书信,见《经韵楼集》卷 12。

前通行的标准注本收录了 18 世纪学者全祖望、焦循、冯登府的新成果，他们继承了王应麟的《诗经》研究成果，纠正其中某些失误。[①]

18 世纪的学者同样也花费大量时间补充、研究 17 世纪前辈的著作。翁方纲著《经义考补正》纠正了朱彝尊《经义考》的许多错误，补充了最新材料。宋翔凤著《四书释地补正》，对阎若璩的四书地理学论著《四书释地》作了补充修订。[②]

臧庸为提高自己的天算研究水平，研读梅文鼎的《历算全书》。他根据自己的研究心得写了《翼梅》一书，力图发展梅文鼎的学术建树。梅文鼎之孙梅瑴成(？～1763)继续乃祖的事业，重行刊刻《梅氏遗书》，纠正了梅氏天算著作中存在的许多错误。江藩就学于汉学家惠栋的弟子江声(1721～1799)和余萧客(1729～1777)，他著《周易补述》完成了惠栋的未尽之业。

在金石学领域，我们已经看到，顾炎武的《金石文字记》受到欧阳修《集古录》的影响。他的著作包括了许多北宋时期即开始收集的金石史料。18 世纪，杭世骏著《石经考异》续修顾炎武《石经考》，纠正、补充了顾炎武的不少错讹疏漏。

19 世纪，丁晏(1794～1875)著《禹贡锥指证误》，补充胡渭的《禹贡锥指》，后者系统批判并纠正了历代学者对《尚书禹贡》的误解。他还著有《尚书余论》，对惠栋提出的《古文尚书》是王肃伪造的观点作了补充。广东经学和地理学者陈澧曾就学于学海堂，准备深入研究胡渭的著作，著《胡氏禹贡图考证》。[③]

清代学者不仅注意学术进步的连续性，还追求学术的独创性。尽管宋明理学也推崇学术发明，但直到清代，学术创新才成为明确的学术目

[①] 《四库全书总目》118:44b；中材久四郎《清代学术思想史(四)》页 44；《清史列传》69:29a；拙著《明清时期地理学研究》详细讨论过明清地理学的发展，详见 Mounmenta Senica 35 创刊号。

[②] 麓保考前引书页 288～289。

[③] 《四库全书总目》86:37b,46a,106:48b；王萍前引书页 323；《清代名人传》页 569；《清史列传》69:38a；《清代名人传》页 336；克莱默尔《〈孔子家语〉：孔子学术言论集》(莱登，1950)页 33、164、192～195。

标。考据研究各个领域都面临着"发前人所未发"的压力。段玉裁《说文解字》研究成果的意义反映在其他学者为它所作的大量补充性研究上。其中有金石专家严可均《说文订》、王绍兰《说文段注订补》、钮树玉《段氏说文校订》。

如前所述,考证是四库馆臣审议其著录图书的标准之一。"发明"、"心得"则是他们评判古今图书的另一标准(如同资料引用,史料考证 *207* 等)。人们鼓励学者们超越前代的学术成就,充实已有的学术定论。①

许多人对这一发展持矛盾心理。例如,邵长蘅(1636～1704)对学术界风行的被他视为纯属猎奇的小学研究风气大为不满。章学诚虽然重视考据学的许多内容,如强调目录学、文献考证的重要性,但是,他更追求史家通识,因而对18世纪汉学界琐碎弊病进行过不遗余力的批评。他贬低札记体著作的价值,视之为走向贯通百家的理想学术境界的障碍。

他在《原道》一文中讨论了两种不同学术风气存在的冲突,并断言:"训诂章句,疏解义理、考求名物,皆不足以言道也。"他认为,只有把小学、理学、目录学融会贯通,才能产生理想的学术,汉学宋学是两种门户之见的反映,这些主张是19世纪学术争论的先声(详参第六章),但它并未妨碍章学诚对戴东原"发前人所未发"的学术建树的赞扬。他在致钱大昕的一封信中这样论及自己的研究:"学诚从事于文史校雠,盖将有所发明,然辩论之间颇乖时人好恶,故不欲多为人知。"可见创新的意识无处不在。②

_____

① 对于这一发现的赞扬,详参《四库全书总目》11:25a,11:27b,14:4b,14:6a,14:29a,40:20b,41:34b,42:34a,42:43a,42:53a,106:10b,106:17a,106:26b,106:47a,106:50b,107:18a,107:23b。上述材料仅是从尚书类、小学类、天文历算类中引出几条例证。有关段玉裁研究的影响,详参《清代名人传》页783。有关焦循,详参《四库全书总目》86:4b。

② 邵长蘅《传是楼记》,《罗雪堂先生全集》页587。章的引文出自《文史通义》页41、《章氏遗书》5:102～103(卷29),英译见倪德卫前引书页182;余英时《论戴震与章学诚》页38～41、139～144;戴密微《章学诚与其历史编纂学》页183;杜维运《清乾嘉时代之史学与史家》页68～69。

二、1740 年以后的《尚书》研究

如前所述,清代学者崇尚汉代经注,在探讨前代忽略的经说文献时,对之细心研究。崇尚实证在《古文尚书》的研究中体现得最为明显。17
世纪,《尚书》研究取得了一定进展。当时,围绕《尚书》古文经真伪之争,学术界展开了交流。到 18 世纪,一些学者受其影响,开展进一步的深入讨论。阎若璩《疏证》的稿本,直到 1745 年才问世,惠栋称他在 1743 年前未读过该书。当时,惠栋已著《古文尚书考》,深入探讨《古文尚书》的问题。他承认阎若璩书中许多结论与他的发现吻合,他把阎的观点当作权威性的结论论证研究中遇到的问题,对自己与阎若璩一致的观点作了补充。惠栋认为,人们为考证《尚书》古文经真伪,已研究了几个世纪。①

惠栋一些弟子继续研究《古文尚书》。18 世纪,阎若璩的《尚书古文疏证》在太原刊行,正式问世。惠氏《古文尚书考》在此之前就已出版,但影响不及前者,在苏州尤其如此。1773 年,江声刊行《尚书集注音疏》,重新讨论了惠栋遗留的问题,力图恢复《尚书》本来的章节顺序,再显汉代版本《尚书》的原貌。

1779 年,王鸣盛经多年研究,完成了《尚书》研究的重要著作《尚书后案》,他只讨论《尚书》的今文部分,不像江声那样批评东汉经学家郑玄,而是几乎全盘接受了郑玄的经说,并视为自己的立论依据。《尚书后案》的意义在于充分利用西汉史料,这是江声的疏忽之处。它是清代汉学从东汉经学向西汉经学转变的重要标志,几乎与常州及其他地区的今文经学同时出现。②

段玉裁的《古文尚书撰异》、孙星衍的《尚书今古文注疏》完成了对梅

---

① 惠栋《古文尚书考》(皇清经解本)351:17a~17b,类似的成果也体现于 18 世纪易、诗、春秋的研究中。
② 桥本成文《清代尚书学》页 16~23;古国顺《清代尚书著书考》(上),《女师院学报》10:163~167,台北,1978。

赜"发现"的伪《古文尚书》的辨伪工作。段玉裁根据他从 1788～1791 年的研究,纠正了王、江著作出现的武断之处,以及对《尚书》章节所作的错误修订。他细心研究了两家对《尚书》今古文章节原貌考辨的差异,断言《尚书》原有古文、今文两派。他认为,经修订的《古文尚书》更为可信,因为它更近乎古代。《古文尚书》真本是在孔子故居发现的,但后来佚失了。

　　孙星衍读到段玉裁的有关论述后,认识到其价值。他效法段玉裁的研究方法,有系统地搜集宋以前《尚书》注疏原本的佚篇,探索今、古文《尚书》的差异,这种差异从唐代就被混淆了,直到段玉裁才发现他们代表汉以来残存的不同文本传统。孙星衍承认他的成果是在江声、王鸣盛、段玉裁的基础上取得的。他自己即藏有梅鷟、阎若璩、惠栋、胡渭、王鸣盛、江声、段玉裁的著作。

　　1794～1815 年,孙星衍深入研究了两汉《尚书》学的有关成果。他把 18 世纪的《古文尚书》研究发展到新的高度。尽管孙星衍及其《尚书》研究追随者认定现存《古文尚书》25 篇属后人伪作。但他们坚持认为早已佚失的《古文尚书》16 篇则是真的,这一观点同样马上成为新的争论焦点。①

　　18 世纪末期,学者开始回到讨论的起点,集中探讨西汉经学,视为经学研究更好的立论依据。陈寿祺(1771～1834)首先强调《尚书》可信的今文部分的重要性。他于 1800 年前后著成《尚书大传定本》,试图恢复对《尚书》今文经的旧注《尚书大传》的原貌,该书与西汉伏生传本《尚书》有联系。后来,其子陈乔枞(1809～1869)著《今文尚书遗说考》,他在书中除校订《今文尚书》外,还辑入了前代学者许多考证论述。

　　1829 年,刘逢禄著《尚书今古文集解》,他把段玉裁、孙星衍的研究推

---

① 桥本成文《清代尚书学》页 23～27;古国顺《清代尚书著书考》(下)11:220～211(1979)。孙星衍家藏图书情况,详参《孙氏祠堂书目》页 3～4。

向极致,还提出了新的重要的分析框架。他受外祖父庄存与的影响,开始强调《今文尚书》的可信度,以取代段、孙等学者墨守《古文尚书》的风气。这样,对《尚书》的考证性论辩即将产生出早期学者未曾预料到的政治观点(详参第一章)。今文经学家只要为论证他们的观点找到充分的小学依据,就能运用今文经说迈开阐发儒家经典包括的政治、社会思想的第一步。董仲舒的社会变革观、何休(129~182)对孔子"三世说"的富有变革意识的解释,现在因有了坚实的考据依据,而重新受到推崇。①

刘逢禄仍承认《古文尚书》16篇的真实性,但是他为其他学者敞开跨越的大门。刘的学生魏源首先利用原本《尚书》今、古文之间存在的广泛分歧,这一分歧最初为阎若璩及其他研究《古文尚书》的学者所发现。他放弃乃师推重的东汉何休的经说,转向《公羊传》。此后,他又转向董仲舒的名著《春秋繁露》。该书没有系统阐发今文经学,董仲舒写此书的意图是阐述较为紧迫的政治、社会问题,以此为君权提供儒家有说服力的论证。魏源的研究直接转向西汉今文经学,这一学派曾在公元前2世纪经董仲舒的提倡成为官方正统学说。支离破碎的汉学体系开始解体了。

1855年,魏源完成《书古微》,进一步推动了《尚书》真伪之辨的深入开展。他在书中不仅认为西晋进献的《古文尚书》如阎若璩、惠栋所指证的属伪造,甚至连东汉古文经学家郑玄提及的孔子故宅发现的早期抄本也是伪作。② 邵懿辰(1810~1861)参与了这场持续不断的争论,他在自己的经学论著中谴责刘歆(公元前45~公元23)伪造《古文尚书》16篇,还指责他伪造《仪礼》39篇。1860年前后,邵懿辰完成《尚书通义》一书。在书中坚持认为通行本《古文尚书》是原作,并非后人伪造,但是,《古文尚书》伪造说早为阎、惠二人证实,并得到多数考据学者的认可;邵氏的

---

① 周予同《经今古文学》页28~29;《清代名人传》页98;刘逢禄《尚书今古文集解》序(台北,1977)页1~3。刘雨云与我讨论过尚书今古文问题,他对我理解这一极复杂问题帮助颇多,谨此致谢。

② 魏源《古微堂内外集》页28~29(外集:1:63a~64b),《魏源集》1:109~119。

论证缺乏说服力。不过,他的观点表明,甚至连伪《古文尚书》的支持者现在也怀疑刘歆在早期《古文尚书》16 篇形成过程中扮演的角色。[①]

伪《古文尚书》出现于公元 4 世纪,它很可能是由东汉、魏、西晋学者如王肃、皇甫谧、梅赜等伪造。但是,由于批评西汉《古文尚书》16 篇之风高涨,而刘歆因为在西汉、东汉之际和王莽共同策划了反今文经学运动,所以,与其他同时代的人相比,他在情理上更易为人看作《古文尚书》的伪造者。邵懿辰的看法与刘逢禄对《左传》的分析惊人地吻合。刘逢禄指责刘歆抄袭《国语》,伪造《左传》,并无耻地把它定为《春秋》权威注释。据他分析,刘歆可能是把《公羊传》排斥于官学之外,并以伪造的古文经取而代之的策划者。

18、19 世纪,学术界就《诗经》毛传,及其与汉初其他三家诗说的关系等问题,掀起类似的争论。王肃与东汉出现的《孔子家语》的关系同样成为争论的焦点。魏源著《诗古微》直接攻击《诗经》毛传及大小序。他试 *212* 图证明诗大小序纯属后人伪造。他主张,《毛诗》即使非后人伪造,成书时间也很晚,因而不如齐、鲁、韩三家诗说可信。

19 世纪末,廖平(1852~1932)、康有为把这场争论推向新阶段,他们主张,古文经学传统纯属那些歪曲孔子进化学说的保守势力蓄意制造的骗局。他们的结论部分是以大量系统的考据成果为依据的。17、18 世纪《尚书》研究最终引发出 19 世纪对儒家正统学说的大规模攻击。[②]

三、文字学研究

对中国文字学历史的探索,同江南地区的《尚书》研究一样,也是一

---

① 侯外庐前引书 2:597;伦明前引书页 505~506。邵懿辰也是宋学倡导者,他在后二十五章中试图为理学观点找到文献依据。古国顺《清代尚书著书考》(下)11:182~183。

② 桥本成文《清代儒家对晚出古文尚书作者的讨论》,《汉学会杂志》2.1:86~92(1934,8);刘逢禄《左氏春秋考证》(皇清经解本)1294:1a,1295:4b~5a;亨利·马斯伯乐《左传写作时代考》,《中国研究丛刊》1:139~154(1931~1932);《魏源集》1:119~121。

个累积过程。清代学者根据从汉、唐音韵学论著中找到的依据,把自己的学术研究建立于一个坚实客观的基础上,因而超过了他们视为错谬百出的宋代古文字学研究。汉代许慎完成了第一部系统研究古代文字的专著《说文解字》,于公元121年把此书进献朝廷。他在书中把9353字归纳为530个部首,这种编排方式被后人效法,成为多数中国词典字汇编排的基础。

213 　　许慎不仅注明每个汉字的古体字读音,还特别注明了占汉字总数80%的形声字的语音成分。《说文》阐述了构成中国文字的六书原理,即指事、象形、谐声、会意、转注、假借。从汉末到北宋,许慎的著作一直是公认的文字学和训诂学权威著作。

　　汉代郑玄发现了古今音韵的差别,古音学延续下来。但是,唐代以后,许多学者已无法解释《诗经》及其他经典中的韵文不再按原有格式押韵的现象。他们开始修改字句调整音节,重新使之押韵。学者们不顾及文献原貌,也不管某些字音已发生变化,只根据押韵与否就武断地删改经典。①

　　两汉以降,在梵文佛经的汉译过程中建立了一套运用异域名称标注汉字语音的系统。在这个系统中,每个字分为若干音节,每一个音节由一个汉字代表。后来,每个汉字的音节又被划分为两部分进行拼音,元音、辅音分别用两个字代表,这种拼音方式就是著名的"反切",它成为详细考察唐代音韵的依据。

　　陆法言(约公元600年)应用这一拼音法则,编著了《切韵》,该书运
214 用反切方法列举出每一汉字的发音。后来,陆德明于公元7世纪著成的小学著作《经典释文》,收集了汉魏六朝230多种经说的各种音注资料。他用反切法标注每个字的发音,该书收录了14部经典的音韵资料。陆

---

① 张世禄《中国音韵学史下》卷2(台北,1975)页261～323;梁启超《中国近三百年学术史》页214～223;《国会图书馆的中文丛书》2;654～656。关于《说文》,详参罗前引书页3。

德明承认古今字音存在差异。

陈彭年(961~1017)校订、扩充陆法言的韵书,著成《广韵》。它是宋代著名韵书,按四声排列,收录了26294个字。每一声部所收各字又按韵或同声字分类,每一个字均注明反切发音和字义。陈的《广韵》因保存了公元6世纪的某些音韵材料而受到清代语言学家的欣赏。

王安石著名的《字说》曾以官方儒学经典的面貌出现,因此,对两宋音韵训诂学术界产生了重要影响。他也追溯过文字的原初形体,但几乎把所有文字都归纳为会意字。他认为"会意"是构成文字的原则,分析文字的关键。他声称许慎阐发的字形渊源是武断的,对理解字义是多余的。他还声言,只要通过分析字形的复杂结构,弄清字形每一要素的意义,就能确定字义。①

王安石对汉字结构非历史性的阐释主要是根据个人臆断和字本身的结构推断出来的。他的观点显然背弃了许慎的传统方法,也即以对文字音、形、义历史的探讨为基础研究文字。宋代学者还未认识到汉字字音的价值,经常曲解文字结构,来解释文字起源,但他们的解释似是而非(如同许多仍在这样作的学者)。早期语言学者对语源的精确分析是建 *215* 立在历史依据基础上的,不过,这种方法受到了人们的忽略。但是,一些反对因形求义,主张因音求义的学者认识到王安石小学训诂方法的局限性。例如,郑樵在《通志六书略》中分析了24235个汉字,发现90%属形声字,7%是会意字,3%是象形字。②

中国诗学对押韵的严格要求重新引发出音韵学研究热。12世纪,朱熹及其门生强调"叶韵说",修订《诗经》中韵语不协的诗句读音。朱熹的"叶韵说"部分出自其前辈吴域重建古音的学说。但11世纪的吴域在《韵补》一书中主张,恢复古音,不能以随意修改字的读

---

① 罗前引书页9~10;赫文特前引书页55~56。
② 吴广兴《学术、出版》页28;黄家平《卢文弨经典释文毛诗音义考证订补》页289~301;田学奎 *302* 《竹简与帛书》页24。

音为代价。他把古韵分为九部,为古音韵研究奠定了坚实的基础。明代,郑庠、杨慎在吴域的基础上(此处疑有误,郑庠为宋代学者——译者按)对古音学作了进一步研究。杨慎沿用吴域的研究方法,试图通过为古韵分部,以及考察它们的时代演变的方法重构先秦的古音系统。1616年,陈第《毛诗古音考》刊行问世,这是古音韵研究出现的重大突破。[①]

陈第系统排列比较《诗经》中押韵字,相当精确地考定了数百个字的古音。他的研究得到焦竑的帮助,焦竑鼓励他研治《诗经》,重构古音。他列举能从《诗经》找到的所有例证,然后从其他写作时间相同或稍后的材料中寻找辅助证据进行补充论证,以此复原古音原貌及古代用韵的规律。他称《诗经》中的有关材料为"本证",其他书中的补充材料为"旁证"。他运用严格的历史方法论,在讨论每一字古音时,尽量搜集能找到的所有证据,以此证明它们代表的古音。

焦竑似乎接触过利玛窦(1552～1610)翻译的拉丁文法著作。陈第小学研究似乎受过西方影响,这反映出焦竑与西方文化的联系。陈第同时代的其他学者也认识到,可以用拉丁字母记录汉语语音。刘献廷受到耶稣会士传入的科学成就的影响,也认识到拉丁字母具有拼写汉语字音的价值,以及梵文对研究小学的重大意义。四库馆臣指出,利玛窦把拉丁字母传入中国后,戴震认为它最初是从中国语音系统剽窃的,他坚持主张,各种天文历算学说都起源于中国(详参第二章),拉丁文也不例外。四库馆臣不赞成戴震的主张,并指出,他不知道语言学在"西域"也是一门独立学科。

应当指出,反切拼音法不能准确地记录汉语发音。它只能注明同音字群的古音读法,而不能反映他们在特定时代的发音。要绝对准确地复

---

① 钱大昕《潜研堂文集》4:416(卷 27);张世禄前引书页 362～365;《四库全书总目》41:46b,42:27a;容肇祖《明代思想史》页 279～280;胡适《中国哲学的科学精神与方法》页 123～125。

原语音是不可能的，但是，运用字母可以更精确地注明语音。一个字母最终将限制各种可能性。但是，我们还不清楚有多少清代学者对拼音文字的认知程度已达到这个层次。吴域、陈第的小学研究给顾炎武、江永等清代学者以重大的启示，它表明，唐宋时期流行的所谓"叶韵说"，只不过为删改古籍文字提供了借口。陈第研究的重要意义还在于它证明，只有通过精密的分析和考证，才能复原古音系统。宋代学者文字学研究的牵强附会之作多半是缺乏严格方法论的产物。清代学者意识到，当代音韵学研究的重大突破是自觉运用精密研究方法的结果。现在，考据学家们发现，可以根据不同类型的材料研究语音现象。[1]

217

顾炎武痛心地发现，"叶韵说"不仅导致古音湮没，还因武断改字，损害了古籍的本来面目。他在《韵补正》和《音学五书》两部著作中，进一步深入研究古音，主动填补了吴域、陈第遗留的空白。他为深化对《诗经》古音的考察，还从其他经典搜集古音材料作为论证《诗经》古音系统的补充证据。他分古韵为十部。四库馆臣综述顾炎武古音学成就后指出，他的建树有助于为古音学研究"发其旨"并提供亟需的"定论"。[2]

17世纪的学者们普遍认为，字音是形成字义的关键因素。清代小学家摒弃了王安石及其他宋代语言学者在字书中提出的种种臆见，一致认为，"会意"在中国文字形成中的作用是有限的。绝大多数汉字是形声字而非指事字。他们对"假借字"进行了系统分析，以此还原古音，更重要的是，通过研究古音解释古字字义。

当时，古文字研究已陷入死胡同，只有研究古文字的音韵，才能使之摆脱困境。高本汉（Bernhard Karlgren）指出：只有那些字音相近，字义或异的单音节字使用假借原理，每个字可以用一个字音相同或相近的字

---

① 《明代名人传》页 182～183；《清代名人传》页 233、423～424、522；《四库全书总目》41：15a～15b。有关进一步的讨论，详参《哥白尼学说在中国》页 91；《四库全书总目》42：32a～32b。
② 张世禄前引书页 263～267；《四库全书总目》42：42a～43a，44：49a；马裕藻《戴东原对于古音学的贡献》，《国学季刊》22：207～208（1929）。

代替。一个字用"意符"表示字义,这一原理导致发明如许慎编制的那样重大的、具有决定意义的汉字部首目录,形声字由"声符"、"义符"两部分组成。

秦汉时代的多数汉字属形声字,周代则通行假借字,形声字极少。由于缺乏意符或只有极不规则的意符,就需要借字。所以,只要复原古音,就可还原古义,因此,古音学成为清代小学研究的重点。音韵学也成为"复古"的主要媒介。

清代考据学者对语音在复杂字形形成过程中的作用逐步提出了一套更加精致的观点。学者们通过引进"右文说",也即一种根据汉字音符即可推测读音的粗糙学说,已能证明汉字声符可为推测其意义提供某些线索,但其方式不同于王安石的文字学说。[1]

18世纪,江永和顾炎武对小学的认识出现了分歧,他细致考察了《诗经》中的300多条韵语,细心比较自己的发现和周秦通行的语音。他还重视收集时代较晚的语音及用韵例证,在广泛网罗可信的周秦语音资料的基础上,把顾炎武划分的10个韵部扩大为13部。四库馆臣认为,江永的音学成就在于他对古音学"条理"分析得更趋细密。[2]

江永在分析四声与古音的关系时,十分重视顾炎武提出的孔子是根据当时方言整理《周易》的观点。他接受了这一观点,认为音调和语音的演变除受个别区域差异的制约外,还受时代变迁的影响。他历史地考察语音的变化,修订了顾炎武对语音变化过于僵化的看法。他认为古代文字,也即音符和意符的数量有限,而要表达说明的现象是无限的。他提出一种新的理论,认为字必有音,但许多古音没有相应的文字,这种情况在古代十分普遍,于是,少数人运用假借字方法讲述一种富有变革精神、生气勃勃的口语,口语产生于渊源于古音的书面文字。江永强调口语优

---

[1] 本纳德·卡尔格伦《中国语法》(台北,1966)页1;《周代金文》,《远东文物博物馆年鉴》8:177~178(1936)。

[2] 《四库全书总目》42:47b~52a;马裕藻前引书页207~208。

先性的主张,解释了古代象形、指事字极其稀少的原因。这种现象在中古梵文以及近代欧洲文字的中译中也能找到(如把 Europe 音译为"欧罗马")。①

江永吸收了顾炎武的许多研究成果,但放弃他研治音韵的基本宗旨。顾炎武把语言看作道德、社会、政治工具,认为只要恢复古代圣王采用的古代语言,即可恢复古代的理想社会和制度。而江永指出,尽管他和顾炎武对复原古音作出令人注目的成就,但完全复兴古典语言是不可能的。江永的历史主义分析视角阻止他接受顾炎武视语言为复古工具的思想主张。他切断了经典在事实与价值之间派生的联系。②

18 世纪的深入探讨使小学成为一门精密学科。段玉裁运用《说文》对古韵做了更精密的分部,把江永的 13 部扩充至 17 部。戴震的弟子孔广森以及刘逢禄各自独立地把古韵分为 18 部和 26 部。古韵的分部日趋精密。

段玉裁是戴震的学生,但在戴震研治音韵学时,他自己已发表了一系列音韵学论著。戴震在致段玉裁的一封著名信件中,批评了段玉裁把古韵分为 17 部的做法,解释了自己把古韵先后分为 20 及 24 部的原因。他回顾了顾炎武、江永的古音研究,建议段玉裁注意方法论。他认为自己和段玉裁的研究只是提高了古音研究的精密度。他说:

220

> 顾氏于古音有草创之功,江君与足下,皆因而加密。③

对古声母及其历史变化的研究也出现了近似的发展势头。戴震、钱大昕都在古声母研究领域作出重要贡献。木下铁矢最近指出,戴震虽然在古音学领域作出重要贡献,但他并不专治古音本身,还重视对古今语音基础——声类的研究。他认识到古今语音的惊人相似之处,摒弃了顾

---

① 《四库全书总目》44:50a~50b。
② 张世禄前引书页 268;《四库全书总目》42:45a~45b。
③ 《戴震文集》页 68,75~77;张世禄前引书页 270~277。皮锡瑞前引书页 331 也讨论过这一课题。

炎武、陈第把古今语音绝对对立起来的观点。他不仅确定古今声韵界线,还运用经典韵语探讨语言,并达到较高的语言学水平。他认为,古今语音虽然存在变化,但声母系列仍有明显的连续性,他把这一现象归因于人类声音的"自然之节限",认为这是一种古今语音都受其限制的"节限"。

18世纪末期,小学研究从几乎一边倒的古韵母研究转向探索声母与语音的关系。语音产生的特性成为研究对象。钱大昕对辅音的研究就是要讨论这一问题。他提出的"古无轻唇音说"把戴震的有关研究发展到一个崭新而深刻的高度。①

中国的小学研究与古韵学关系密切,所以,多数学者努力复原古代韵母系统。钱大昕及其他18世纪末期学者在古声母研究领域取得的成就表明,早在高本汉于本世纪早期对古汉语声母研究做出开拓性成就之前,清代学者已在这一领域取得了显著的进展。我们存在着轻视中国语言研究取得的系统发展的危险性。如同西方一样,中国语言学历史呈现出与自然科学实验方法论发展有趣的相似之处。语言学的发展,历史语言学、比较语言学的形成并不完全是西方学者的功劳。清代学者奠定了中国现代语言学的基础。我们在当代中国语言学研究中,仍可看到清代小学影响的痕迹。②

第五节 学术发明权的争论

18世纪,清代学者相互频繁地查阅引用对方著作,这显示出考证方法的生命力,也说明了有关学术材料交流的频繁。前面,我们以《尚书》

---

① 《戴震文集》页91~92;马裕藻前引书页210~220、227~228、235;张世禄前引书272~277、281~294;《清代名人传》页829~830;木下铁矢《戴震的音韵学——其研究对象及认识》,《东方学》58:128~142(1979)。
② 胡适《中国哲学的科学精神与方法》页126~127;约翰·格林《科学史与语言史》,见代尔·海莫斯《语言史研究》(布鲁明顿,1974)页487~501。

古文经真伪之争和音韵学为例,论述了这一累积性,有时甚至是重复进行的学术进程。这一进程的另一副产品即是围绕学术发明优先权展开的争论。

当时的学术环境鼓励、奖助文献考证的创造性,因此,学者无需为发表著作,而把自己的著作冒充为古代著名学者的著述。与那些由朝廷赞助,因而归功于皇帝完成的修书工程相反,18世纪日渐增多的积累性研究主要是由阮元、毕沅等省级官员开创的。这些省级大员为汉学家的每一项文化活动提供财政支持,从当地选拔专业人才,然后把著作副本呈献皇帝。伦马凯指出,这些活动显示出地方在文化事业中日趋增长的自主性。阮元因《皇清经解》而出名,他把许多学者的著述收入该书,为他们在当地树立起声誉。

由于各种必备的研究知识和方法的积累,以及多数学者把注意力集中到研究特定问题,这就无可避免地在江南引发有关学术发明优先权的争论。优先性争论即是江南考据学共同体形成的产物,又是如上所述的文献研究累积性发展的结果。在一个学者们从事考据研究的学术环境中,学术发明和建树在他们看来是重要的推动因素,他们必然为取得学术承认和学术发明优先性展开竞争。[1]

大量的学术发明是江南考据学者回应17、18世纪学术、社会影响的重要标志。清代学者根据积累的知识潜心于过去,因为社会环境以及转向专题性研究的趋势而受制于现在,又因发表学术创见的社会义务而瞩目未来。王鸣盛曾这样谦逊地谈及自己对历史研究的贡献:

> 予岂有意于著书者哉? 不过出其读书、校书之所得,标举之以贻后人……夫以予任其劳而使后人受其逸,予属其难而使后人乐其易,不亦善乎?

---

[1] 莫顿前引书页 302、322～323、349、371～376;伦马凯前引书页 261～266。

阮元及其幕友在《畴人传》序言中对那些改进古代天算成果或建立新的数学理论的学者给予高度评价。他们认为,学如积薪,后来居上,因为前者提供了大量积累性成果。①

一、学术优先性与《尚书》真伪之辨

《尚书》古文真伪之辨是清代学术众多建树的重要例证。17世纪的阎若璩、18世纪中叶的惠栋、18世纪晚期的崔述,彼此独立地研究,竟在《尚书》古文问题上取得了相近的结论。他们每一个人都采用考证方法证明自己的观点。这些论证并非同时出现的,但在一个拥有绵延几千年文化传统的国度里,这并不重要。学术研究的同时性只有在现代科学兴起后,才在欧洲受到重视。由于阎若璩承认他的研究受过明代学者梅鷟学说的启发,要弄清谁是清代第一个提出《尚书》古文为伪的学者,就变得极为困难。但是,不论谁是清代《尚书》辨伪的第一位提出者,学者们对这一问题的讨论标明,他们已意识到确定学术发明优先权的必要性,这表明考据学者要建立一种话语,他们想以这种话语公正准确地断定谁是某一学术建树的优先发明者。

四库馆臣在处理这一问题时,如同处理其他问题一样视自己为终极仲裁者,他们把《尚书》为伪的提出优先权给予阎若璩。他们认为阎氏《疏证》是伪《古文尚书》研究的顶点,因为该书找到了通行本《古文尚书》为伪的依据。但是,钱大昕在为其老师惠栋《古文尚书考异》所撰序言中认为《古文尚书》之伪的优先发现权应属于惠栋而非阎若璩。

> 此千四百余年未决之疑,而惠松崖先生独一一证成之,其有功于壁经甚大。先是,太原阎征士百诗著书数十万言,其义多与先生暗合,而于《太誓》犹沿唐人《正义》之误,未若先生之精而约也。今

---

① 王鸣盛《十七史商榷》序页3b~4a;阮元《畴人传》凡例(台北,1962)页1~2;默顿前引书298~322、371~412。

士大夫多尊崇汉学,实出先生绪论。①

皮锡瑞于《经学历史》一书中认为,《古文尚书》之伪的优先权应归明代学者梅鷟,因为他为阎若璩、惠栋二人的研究开辟道路。然而,诚如四库馆臣早已指出的那样,这种观点存在许多漏洞,因为梅氏的主张在当时没有影响,他的《古文尚书考异》濒于失传。②

224

18 世纪末期,崔述与乃兄崔迈(1743～1781)一道治《古文尚书》,经过考证,提出与阎若璩相同的结论。他们尽管住在距京城不远的直隶(即畿辅地区),但仍与学术界十分隔膜,不了解外界的《尚书》研究成果(如阎若璩《疏证》)。他们只看过李绂研究《尚书》的论著,该书提到梅鷟的《尚书》研究成果。崔述的论著使他跻身于当时考证学的前例,但他受到的冷遇表明,18、19 世纪的学术交流仍然存在着许多缺陷。它也表明,19 世纪初叶,考据学开始失去中心地位。但不论这种冷遇,崔述与考据学同辈治学方法的一致性表现,18 世纪考证方法的冲击是多么地广泛。

阎若璩、惠栋、崔述提出的众多学术新见并非是多余的。他们彼此的重复研究扩大了过去讨论过的课题的价值。他们的著述通过集中研究,大大提高了把《古文尚书》研究成果稳步融入考据学框架的可能性(如其最终实现的那样)。阎若璩、惠栋、崔述三人以这种方式促进了学术的进一步发展。③

18、19 世纪,还有许多学者试图证明《古文尚书》非伪(尽管未成功),他们反击的焦点是学术优先权问题,颇为有趣的是,多数《古文尚书》的捍卫者诅咒阎若璩是一个欺骗那个时代的骗子。翁方纲在为梁上国替《古文尚书》辩护的著作《古文尚书条辨》撰写的序言中指出:

> 说经宜平心易气,择言而出之,和平审慎而道之。彼阎氏若璩

---

① 《清代名人传》页 772;钱大昕《潜研堂文集》3;341(卷 24)。
② 皮锡瑞前引书页 384。有关梅鷟抄本的遗漏,详参《四库全书总目》12;15b。
③ 《清代名人传》页 772、776;《国会图书馆的中文丛书》1;364。

303

多嫉激不平之语,今……梁子……亦多出嫉激语以敌之……此非梁
之过,而诚阎之过也。①

225

二、《水经注》学术争议

赵一清与《水经注》的争议大概是清代围绕学术发明优先权展开的
最著名的学术争议。赵一清以前代地理学研究成果为基础,校注郦道元
的《水经注》。他的世交全祖望也在校勘《水经注》。全祖望似乎首次区
分了《水经》原文与郦道元注文,整理出一个可供阅读并接近原貌的注
本。在过去十几个世纪中,《水经》原文与郦道元注文一直为传写者和学
者混为一体。②

1754 年,赵一清和全祖望在杭州相聚,他们互相讨论对方注本的学
术价值。全祖望告诉赵一清,郦道元的注文与《水经》原文可能有混淆之
处。后来他们继续研究,力图分清《水经》原文和郦注,全祖望还为赵一
清《水经注释》撰写了序文。

1774 年,戴震受聘任《四库全书》纂修官,他向朝廷进献自己的《水经
注》校本。他声言接触过一个迄今不为人知的《水经注》版本,也即他发
现的《永乐大典》本。他校勘的《水经注》引起轰动,由朝廷下令刊行。与
此同时,赵一清的《水经注》校本也进献于《四库全书》馆,后收入这部官
修丛书。胡适认为,戴震没有看过赵一清的《水经注》校本。

后来,有人建议毕沅刊行赵一清的《水经注释》,该书于 1794 年问
世。同年,段玉裁致函梁玉绳(1745~1819)声言戴震的《水经注》研究成
果为人剽窃。梁玉绳曾帮助、筹划赵一清《水经注释》的刊行。段玉裁指

---

① 关于翁的批评,详参《清史列传》68:50b。有关对阎若璩的批评,详参伦明前引书页 457~
511。
② 胡适对全祖望、赵一清、戴震的有关研究,见《清代名人传》(台北,1972)页 970~971。有关他
对这一问题的进一步详细讨论,详参氏著《〈水经注〉校本的研究》,《中华文史论丛》(上海,
1979)页 145~220。

责梁玉绳协助赵一清之子在刊行赵一清的《水经注释》时，不加说明地引 ²²⁶
用戴震的有关成果。不过，段玉裁也承认，全、赵二人通过研究也能获得
和戴震几乎相同的结论。①

戴震、赵一清两种《水经注》校本的相似性引起魏源、张穆（1805～
1849）的注意。他们二人一反旧论，公开声称戴震未加注明地利用过赵
一清尚未刊行的书稿，1841 年，魏源、张穆二人查阅了《永乐大典》本《水
经注》，他们断言，戴震的《水经注》不是以《永乐大典》本为依据的。胡适
考察了这一复杂的问题，他断言，赵一清、全祖望、戴震三人的《水经注》
校本堪称中国学术史上各自独立研究而结论相同的学术发现的有趣范
例。朱筠、钱大昕等人在戴震《水经注》校本一出现，就予以高度评价。
胡适对魏源、张穆的观点提出批评，认为他们没有认真研究过戴震使用
的《永乐大典》本，自然无法做出可靠的结论。②

三、其他学术发明优先权的争议

赵一清还卷入了围绕《三国志》注本引发的另一场学术发明权争议。
1788 年，杭世骏刊行《三国志补注》，他的同乡和同时代人赵一清也写过
一部书名相近的著作《三国志注补》。于是，他们围绕着是否抄袭对方成
果展开争论。杭世骏著作收入《四库全书》，并几次刊行，而赵一清的注
本直到 18 世纪末期仍只有抄本行世。郑天挺在比较二人著述后指出，
杭世骏没有看过赵一清的注本，而赵一清读过杭世骏的著作。

清代学者在发现学术研究课题出现重复时，有时也承认其他学者的
学术优先权。如前所述，阎若璩、惠栋都承认在他们之前的《尚书》研究 ²²⁷
成果。惠栋在其《古文尚书考异》的结论部分承认阎若璩研究的优先性。

---

① 《清代名人传》页 76～77；胡适《全祖望、赵一清、戴震的有关研究》页 974～975；《四库全书总
目》69：4a～6b。
② 胡适《全祖望、赵一清、戴震的有关研究》页 971～977。吴广兴、房兆盈同意魏源、张穆的看
法，认为戴是剽窃者，详参《清代名人传》页 77、205。钱大昕《潜研堂文集》4：449（卷 29）。

江声也有相似的经历,他认为,研究篆书起源是文献考证的关键,所以研究《说文》,后发现段玉裁已就这一问题进行过数年探讨,就放弃自己的研究,并把有关资料让给段玉裁使用。他们没有进行重复研究,段显然拥有学术优先权。[1]

围绕学术发明优先权的争论同样也是 19 世纪儒学界面临的重要问题。据说康有为曾在广州见过廖平,后来,他就从廖平著作中剽窃过某些观点和思想。廖平曾致信康有为,要求他承认从自己的著作中吸收过某些观点,康有为坚持认为两人观点只是偶然巧合。但他的弟子梁启超却承认乃师曾受过廖平今文经学论著的影响。廖平认为这场争议是他们两人的憾事,要求两人平分今文经学有关理论带来的盛誉,而康有为声称这一理论是他的独家发明。廖平认为他首先作出文献考证方面的建树,康有为则赋予它以政治、社会意义而发展了自己的学说。因此,这一理论应属二人共同创立。他有理由与康有为并称"廖康",如同宋代朱熹、陆象山(1139～1193)为人视为"朱陆"一样。但康有为拒绝了这一建议。[2]

进入 20 世纪,考据学派围绕学术发明优先权的争论出现了国际化的趋势。人们发现,戴震的学说与日本学者伊藤仁斋(1627～1705)提出的经学观点有许多巧合之处,这一事实使人怀疑戴震可能读过伊藤的中文著作,并在自己的著述中引用过伊藤的观点。戴氏著作的书名《孟子字义疏证》和伊藤《论孟字义》书名相近,两人都反对程朱理学,倡导"气"学。此外,吉川幸次郎指出,伊藤仁斋与阎若璩几乎是同时攻击《古文尚书》的可信性,但除这种偶然巧合外没有其他的相关证据可以证明阎若璩、戴震曾受伊藤的影响。

228

---

① 《清代名人传》页 140、277。
② 约瑟夫·列文森《廖平和儒学史的终结》,见崔彻特、瑞特《儒家的人格》(斯坦福,1962)页318～319。后者的有关原始材料可以在钱穆《中国近三百年学术史》一书中找到。我没有讨论这些原始材料。详参梁启超《清代学术概论》(剑桥,马萨诸塞,1959)页 92。

尽管这里涉及的问题因牵涉面过大，还无法进行深入细致的研究，但是，考据研究显然由中国波及李氏朝鲜和德川幕府时代的日本。18、19世纪之际，朝鲜、日本学者了解、接受了清代学者创立的考证方法。[①]

第六节　考据学派的"进步"意识

约翰·韩德森指出，清初学者几乎一致认识到，天文学是一门累积性、但不断向前发展的学科。梅文鼎、王锡阐反复阐明这一点。他们是熟悉西方方法对中国传统天算学影响的天算专家。梅文鼎根据多年来在计算方法和天文观测两方面的进展阐述自己对天文学进步观念的认识。四库馆臣接受梅文鼎的进步观，在《四库全书天文历算类》小序中指出，由于耶稣会士介绍了新的先进方法，只要综合西方累积性成果和中国本土天算学，就能解决天算科学遗留的难题。[②]

对天文学进步性的认识并不新鲜，《元史·天文志》即提及天文研究精确性不断提高的趋势。但进步性意识竟进入考据领域，这是史无前例的。18世纪，知识进步性意识渗透到与考据学有关的各个领域。徐宗演（1768~1818）在19世纪初为《诂经精舍文集》所作序言中指出，清朝经学已取得如此重大的发展，当时学者精通的知识有些是汉代学者从不知晓的，更遑论陆德明、孔颖达等唐代大儒。[③] *229*

前面论述的渐进性学术和学术成果优先性的争论清楚地表明，考据学派一致接受了进步的概念。清代学者在小学领域同样发现了类似天文学领域出现的进步趋势。阎若璩受黄宗羲、梅文鼎、耶稣会士的影响，

---

① 余英时认为，中日两国当时环境不同，两国学者因而不可能自由交流学术观点。详参氏著《论戴震与章学诚》页185~196；吉川幸次郎前引书页29。本书第三章简要论述了这一问题，但它仍需作进一步详细讨论。

②《疏证》6A：9a~9b，6A：18a~18b，6A：21a；韩德森前引书页65~73；桥本敬造《梅文鼎的历算学》页500~503；席文《哥白尼在中国》页71~75；《王锡阐》页15~168；《四库全书总目》106：1a~1b，106：16a。

③《诂经精舍文集》序页1。

运用天文学和年历学分析《尚书》。他也常用天算学为例证,证明学术研究在不断进步,学术研究因此日趋精密。他在《疏证》中还认真研究马骕就《古文尚书》提出的看法,他特别重视马骕提出的学术研究处于不断进步之中的观点(详见第二章)。他还提及胡渭对他一个观点的批评。他接受了胡渭的批评,并断言,胡渭的批评是一个范例,它表明,"天下万世之心目,固有渐推而愈明,论久而后定"。①

18世纪,《畴人传》的编者也意识到考据学的进步。阮元和在杭州的幕友相信,他们编著的传记集勾勒出中西技术学科直线发展和连续变化的过程。不过这种进步的趋势并未继续下去。我们将在下一章看到,18世纪晚期开始恶化的社会经济状况向包括江南学术共同体在内的中国社会各阶层敲响警钟。考据学派的理论基础受到攻击,江南学术共同体的整体生存也遇到威胁。

---

①《疏证》8:10b,8:14a;伦马凯前引书页73—74。

第六章　考据运动的终结

19 世纪中叶,由于西方势力对中国的入侵,考据运动赖以兴旺的学
术共同体日趋凋敝,它的残枝余脉,虽历经太平天国的战乱(1850～
1864)而幸存下来,但也只是盛极一时的考证话语的余痕残影。本章将
首先论述 19 世纪早期中国士大夫对考据学派日渐加强的批评,及其对
江南学术共同体产生的冲击。接着论述考据学派赖以存在的运行机制
在 19 世纪中叶的变迁。一个持续发展两个世纪之久的学术机制,仅在
10 多年的时间内,就为一场规模浩大,牺牲数百万生灵的血腥战乱所
毁灭。

第一节　考据运动的衰落

18 世纪晚期,考据学派发展到顶点,但是,即使在反义理之风充斥于
多数考证著述之时,含蓄的不满声音已经出现。例如,戴震虽然被公认
为考据学权威,但是,他始终认为,他声望得以确立的考据"支离"之学与
为人忽略的哲学研究存在着冲突,这种冲突困扰了他的一生。余英时指
出,哲学著作是他晚年的最得意之作。这反映出他对当时轻视义理的偏

见的反感(详参第一章)。①

　　章学诚在学术上有许多不同于戴震之处,然而,他同戴震一样,都喜欢研究视野比当时考据学更为开阔的哲学问题。他拒绝接受同时代流行的义理、考证和汉学、宋学之别。他在论述浙东学派时,试图重新高扬浙东学派的经世风气,他认为,浙东学派和浙西学派(包括苏南)博雅之风截然相反。

　　纪昀(1724～1805)虽然力倡汉宋之别,但是,他承认,汉学、宋学都不能独立地存在。他在 1796 年主持北京会试时指出:

234
> 至经义之中,又分二派。为汉儒之学者,沿溯六书,考求训诂,使古义复明于后世,是一家也。为宋儒之学者,辨别精微,折衷同异,使六经微旨,不淆乱于群言,是又一家也。

他提倡一种修正学说,认为宋学是探索经典义理的指南,而汉学可以作宋学的补充,纠正其空疏之弊。②

一、经世学风与今文经学

　　早在 18 世纪中叶,常州今文经学家和桐城"古文派"就发现,汉学运动忽略了经典本身蕴含的"微言大义"。他们把精研践履义理之学视为自己的目标。在他们看来,崇尚实行不仅不是义理的对立面,还是其本质内容。

　　常州学派呼唤一种内容深广的超出正统考证研究范围的儒学理论,重视儒家经典《春秋》包含的哲学义理。他们认为,考证研究应包括义理内容,考证本身并非目的。庄存与的亲戚及学生庄有可指出:

> 人纵读书尽天下,而独不知《春秋》。……余学《春秋》三十年,

---

① 余英时《论戴震与章学诚》页 83～147,页 110～114 尤值玩味。
② 余英时《清代知识主义思潮初论》页 114～115;章学诚《文史通义》页 51～53;纪昀前引书页 35;拙著《清代学术流派》页 1～44。

> 叹其义理无穷……虽至千变万化，而一以贯之之道，未尝不自喜可
> 于此得其要尔。

阮元同样受到这一思潮的冲击。他虽然以汉学建树闻名于世，但也受到
公羊学者刘逢禄（1785～1829）、孔广森（1752～1786）、程恩泽（1785～
1837）等重视义理之学的影响。他在为自己资助出版的清代今文经学创
始人庄存与文集撰写的序言中指出：

> （庄）不专为汉宋笺注之学，而独得先圣微言大义于语言文字之
> 外，斯为昭代大儒。①

1823 年，常州今文经学家龚自珍在阮元六十寿辰之际，为阮元年谱
撰序，他在序中不仅颂扬阮元在文献考证研究领域的造诣，还特别提到
他在义理、辞章上的显赫建树。龚自珍认为，阮元学识宏博，折中汉宋两 235
派。阮元在《国史儒林传》序中指出，清代学者不仅在宋儒重视的"性与
天道"问题上卓有心得，还成功地把汉学方法运用于实践之中，解决了在
实践中遇到的许多问题。他进一步指出：

> 综而论之，圣人之道，譬若宫墙，文字训诂，其门径也。门径苟
> 误，趾步皆歧，安能升堂入室乎？学人求道太高，卑视章句，譬犹天
> 际之翔，出于丰屋之上，高则高矣，户奥之间未实窥也。或者但求名
> 物，不论圣道，又若终年寝馈于门庑之间，无复知有堂室矣。②

不过，18、19 世纪之际，这种折中之论仍只是一种强有力的潜流。1830
年之后，儒学话语已不能对当时逐步扩大的政治、社会危机无动于衷。
公羊学的复兴和回归宋学的趋势同时出现。当时，国家现状的恶化，以 236
及 18、19 世纪之交因社会、政治压力加剧而引发的现实难题，都在士大

---

① 庄有可《慕良杂纂》，《庄太久先生遗著》（常州，1930）1：1a。
② 拙著《学海堂与广东今文经学的兴起》页 59～60、63～65。阮元对庄存与的评论，详见其《味
经斋遗书》序，详见《味经斋遗书》（江苏阳湖，1882）页 1a～1b。《龚自珍全集》页 225～230；阮
元《揅经室集》1：32。

夫中间激起强烈的道德责任感,这种责任感促使他们转向公羊学和理学,并批评汉学家对现实政治的冷漠态度。

1830年前后,人口压力及随之而来的对土地、官职、教育必然加剧的竞争,全面削弱了中国社会的根基。知识精英阶层的变化(详参第三章),以及对通向仕途的科举教育不断增长的竞争带来了严重的社会难题,腐败之风开始渗入官场,甚至乡村。

与此同时,一系列的内部动乱(如大小金川[1770~1776]、王伦、白莲教[1796~1805]、八卦教起义)结束了17世纪末以来持续的相对盛平局面。孔飞力指出:白莲教起义暴露了清朝军力的真相,显示了其令人吃惊的虚弱。迷人的盛世曾掩饰过内在的腐败,现在已为耗尽帝国财力、军力的战争摧毁。对外贸易加剧了清朝内部的危机。英国鸦片贸易导致白银迅速外流,使清廷陷入严峻的经济衰退。国内的民变,国际帝国主义的侵略最终瓦解了中国传统的朝贡体制,揭开了西方、日本列强向中国沿海扩张的新时期。[①]

19世纪初叶,江南以外地区的官僚学者(如湖南贺长龄)为对付国内、国外双重危机,开始倡导经世主张,试图维护处于崩溃的帝制体制。贺长龄的经世意识部分受到《皇明经世文编》的启发,后者于1638年由明忠臣复社骨干江苏松江人陈子龙编著,有许多反满内容(该书于1639年刊行,当时清朝还未取代明朝),到清代受到禁毁。但是,它在民间继续流传,它所倡导的实学主张在19世纪受到贺长龄及其他学者的注意。1820年,贺长龄编著《皇朝经世文编》,这是经世之学重新复兴的象征。

一些具有现实意识的官僚学者高扬经世主张,他们认为,既要批评汉学琐碎之弊,还要纠正宋明理学空疏之风。他们从清初学者顾炎武、黄宗羲等人的主张中汲取灵感。他们认为顾、黄等人学术追求充满对国

---

① 详细讨论请参阅孔飞力《中华帝国晚期的叛乱及其敌人》页37~38;野村浩一《清末公羊学派的形成与康有为学术的历史意义》,《国家学会杂志》71、7:25~34(1957);韩书瑞《千年末世之乱:1813年八卦教起义》(纽黑文,1976)。又参库恩前引书页107~162。

家兴亡的关注,没有陷入 18 世纪考证学界的琐碎考证。①

一般认为,19 世纪早期旨在变革的经世思潮与今文经学的复兴存在密切的关系,后者是经世思潮复兴的哲学基础。魏源(1794～1856)、龚自珍研究过今文经学,公羊学说对他们的经世学说发展产生过影响,这就把今文经学与经世思潮的复兴联系起来。这样,18 世纪常州今文经学通过魏源、龚自珍在 19 世纪早期的经世学说和近代广东的康有为(1858～1927)、梁启超(1873～1929)建立了直接的历史关联。②

最近,有些学者认为根本不存在公羊经世学说。詹姆斯·鲍拉切克(James Polachek)指出,19 世纪早期江南经世学派成员并不是一种学术流派的成员,而是在官僚和政府关系网络中的活动分子,他们通过因公往来而形成的关系网联合起来,力图提高、扩大个人在这一松散团体中的地位和利益。按照这种看法,他们在今文经学方面的共同点显然为人夸大了。③

有些研究者根据横向分析认为新的学术思潮(如激进的今文经学)在 19 世纪十分盛行,他们批判时政、鼓吹改革现存制度。有的研究者则 ²³⁸ 否认这种横向分析所得出的结论的意义。这两者都忽略了清代今文经学复兴的一个重要内容。

今文经学实际上是清代考据学者在过去两个世纪中辛勤研究积累的文献考证成果的副产品。今文经学与古文经学的争论并未自动地从《公羊传》及何休对它有名的注释中产生。这场争论是为解决语言、历史

① 费正清《中国沿海地区的外交与贸易》(斯坦福)页 39～73;魏斐德《论〈皇朝经世文编〉》,《清史问题》1、10:8～22(1969);《清代名人传》页 102。有关讨论详参候外庐前引书 1:376～379,389～392,473～476。
② 帕特·米彻尔《变革的限度:魏源对西方入侵的反应》,《现代亚洲研究》6、2:175～204(1972);大谷敏夫《魏源经世思想考》,《史林》54、6:33～71(Nov. 1971);魏斐德《广东贸易与鸦片战争》,见费正清《剑桥中国史》卷 10 页 182～184;梁启超《清代学术概论》页 88～95。这一有影响的观点既由该书提出。黄宗智《梁启超与中国现代自由主义》(西特尔,1972)页 16～19。
③ 普莱彻克《19 世纪中国的文人社团与政治社团》(博士论文,加利福尼亚大学,1977)页 2～3。　305

考证问题而提出的,这种因考证而重提今古文争论的要求,可以解释庄存与及其他早期今文经学家把许多《周礼》古文经的观点收入自己著述的原因。很显然,今文经学和古文经学还未有明确界线。①

清代今文经学确实存在着改革意识,考据学界不同学派之间的争论表明,与苏州、扬州的同行相比,常州学派的改革意识尤为明显。例如,刘逢禄的今文经学著作政治色彩显然比钱大昕那些著名的汉学论著浓厚。此外,今文经学家力图扭转汉学琐碎考辨的学风。对《公羊传》日趋增长的兴趣有利于推动17世纪经世学说的复兴。考据学派在取代所谓"空疏"的宋明理学之后,自身也成为众矢之的。过去,实学学风被用来反对理学,现在又被用来批判考证学派本身。

19世纪初叶,龚自珍批评文献考证之学,他在本书第三章提到过的致汉学倡导者江藩(1761~1831)的信中,阐明了对清代考据学运动的十
239 点看法。他说:

> 夫读书者实事求是,千古同之,此虽汉人语,非汉人所能专,一不安也。本朝自有学,非汉学,有汉人稍开门径,而近加邃密者,有汉未开之门径,谓之汉学不甚甘心,不安二也。……若以汉与宋对峙,尤非大方之言,汉人何人不谈性道?五也。宋人何尝不谈名物训诂?不足慑服宋儒之心。六也。……本朝别有绝特之士,涵泳白文,创获于经,非汉非宋,亦惟其是而已矣。②

这封信表明龚自珍对汉学的评论并不完全是消极的。他是著名学者段玉裁的外孙,从段玉裁研治过《说文》。他承认考据学的价值。但是,他并不因此否认宋学对儒学作出的重大贡献。他并未因尊崇乾隆朝的考证学派而放弃对现实问题的关心。他后来指出:

① 杨向奎《清代的今文经学》页177~209;黄彰健前引书页49~87,该书认为康有为完全不承认这类差异。
② 龚自珍前引书页346~347。有关刘逢禄对政治与社会变革的兴趣,详参其《春秋公羊经何氏释例》1280:1a~9b。

　　　　后之为师儒则不然。重于其君，君所以使民者则不知也；重于

　　其民，民所以事君者则不知也。生不荷锄櫌，长不习吏事，故书雅

　　记，十窥三四，昭代功德，瞠目未睹，上不与君处，下不与民处。由是

　　士则别有士之渊薮者，儒则别有儒之林囿者，昧王霸之殊统，文质之

　　异同。其惑也则援古以刺今，嚣然有声气矣。是故道德不一，风教

　　不同，王治不下究，民隐不上达，国有养士之赀，士无报国之日，殆

　　天，殆夫，终必有受其患者，而非士之谓耶？

　　龚自珍清楚地认识到，汉学已经没落，文献考证已不能适应现实需要。经世之学和道德改革比非政治性的考证更为重要。他在北京游学于刘逢禄门下，通过研究公羊学说，对此有了明确认识。他认为孔子是儒学传统的奠基者，所以，他在这样一个政治、社会空前危机的时代，才要首先强调《春秋》及《公羊传》的重要性。①

　　魏源同样不满于汉学的琐碎以及汉宋之间存在的严格的门户之见。他时常为一些关心经世之学的省级要员担任幕友，这不同于龚自珍。他利用自己所处的显要位置，把经世思想和今文经学的社会改革主张融为一体。1825 年，江苏布政使贺长龄邀请魏源编著《皇朝经世文编》，该书规模浩大，由 19 世纪的学者修纂，对研究清代政治具有重要价值，被人视为当时对国内外现实问题进行研究的重要开端。

　　《皇朝经世文编》贯穿了魏源的编辑方针，反映了与阮元 1829 年主编《皇清经解》截然对立的思想主张（同样不同于《四库全书》）。魏源排除纯考证著作，只收录清初以来有关经世思想观点的论著。他在《皇朝经世文编》的学案部分，只收录那些和他一样重视个人修养及经世之学的作品。他收入了前面引用过的阮元折中汉宋的见解，还收录了段玉裁

---

① 石黑宣俊，前引书页 2。宇佐美一博《龚自珍思想试论》，《中国关系论说资料》17.1A：549～557(1975)；竹村则行《乾隆时代与龚自珍》，《中国文学论集》6：46～59(1977)；伯莱《怪僻与异见：龚自珍论》，《清史问题》3.4：50～62(1975)；侯外庐前引书 2：609～642。有关引文见《龚自珍全集》，页 5。

对汉学缺乏类似朱子在经注中阐发的义理的批评。他只从经世之学的角度讨论小学的价值。①

魏源在自己著作中试图纠正汉学琐碎的考证之风,代之以义理之学,以促进社会福利和道德的完善。在他看来,比起清朝面临的种种挑战,汉宋之争已无足轻重。1841 年,魏源谈到他对中国精英阶层的"担忧"。

> 自乾隆中叶后,海内士夫兴汉学,而大江南北大盛。……锢天下聪明智慧,使尽出于无用之一途。②

1831 年,清朝大员、湖南人陶澍邀请魏源(也是湖南人)到扬州,协助他筹划淮北盐政改革方案,陶澍任职期间讲求经世之学,他在学术上不属正统派,十分仰慕考证学使用的实证方法,他或许认为考证方法有补于经世之学。他特别推崇汉学家王鸣盛(1722~1798)对清代学术作出的贡献。当时,魏源正在撰写《圣武记》,该书系统叙述清朝道光朝(1821~1850)以前的历次重大战役,他想从此入手探讨清朝军事制度的缺陷。他于 1841 年开始撰写另一部名著《海国图志》,该书是考据学派实证地理研究的继续,同时也是出于经世目的的地缘政治学著作。珍妮·劳纳德(Jane Leonard)指出,魏源的地理学论著是对鸦片战争现实的回应,鸦片战争迫使中国知识分子收集有关西方海上扩张势力的历史地理资料。③

---

① 库恩前引书页 148~156。有关魏源对经世思潮与今文经学的贡献,详参何佑森《清代汉宋学评议》,《文史哲学报》27:106~109(1978);帕特·米彻尔《〈皇朝经世文编〉新探》,《清史问题》2.3:40~46(1976);《皇朝经世文编》卷 1~6,2;1a~1b,2;5a~6b。

② 魏源《古微堂内外集》页 542(外集 4;27b)。

③ 何佑森《清代汉宋学评议》,《文史哲学报》27;111~112;坂出祥伸《魏源思想试论》页 33~52;库恩前引书页 150;哈诺尔德·卡恩《皇帝眼中的秩序:乾隆朝的幻影与现实》(剑桥,马萨诸塞,1971)页 48~50。有关陶澍对王鸣盛的赞扬,详参他为王鸣盛《蛾术编》所作序言。关于《海国图志》详参珍·列纳德《魏源与南洋之梦》,《清史问题》4.1;23~57(1979,6);拙著《明清时期的地理学研究》Monumenta Serical 35(1981~1983)。

今天，今文经学已成为毫无价值的烦琐哲学，但在魏源手里，却是批判汉学的武器。与此同时，它还是传播偶尔运用考据方法的新思想的工具。19世纪初叶，今文经学家与考据学主流派的相通处超过了与后来康有为阐发的乌托邦和救世思想的共同点，它们的目标是在清朝现存政治制度的框架内进行行政和道德改革。① 242

二、方东树在广州：批判汉学

19世纪早期，经世学说开始在湖南、广东的书院教育中占据上风。新兴经世之学传入长沙、广州的书院，困扰帝国的行政难题在这里尤为突出，19世纪，湖南籍的官僚学者贺长龄、陶澍等对经世之学的发展发挥了推动作用，这说明反汉学运动首先是由江南以外地区士大夫发起的。19世纪中叶，湖南官僚学者曾国藩在地方和官办书院中提倡宋学，他是随西方军事势力东侵而兴起的"自强运动"的主要倡导者之一。广东也成为经世之学的中心。经世意识的高涨显示出对江南考据学风的普遍不满。

1831年，方东树刊行《汉学商兑》，1838年，他重新修订该书。它的出现与鸦片战争以前对清朝吏治腐败的认识关系密切。滨口富士雄指出，方东树攻击的并不只是文献考证。他于1824年向阮元进呈《汉学商兑》时，附致一封书信。他在信中明确表示，他对汉学的批评不仅是因为文献考证问题，还针对大量外国人在广州出现所带来的混乱局面。他认为，道德败坏以及汉学运动在全国范围内鼓吹的毫无价值的考证方法应对此负责，在一个多世纪以前，正是对理学类似的指控促成了汉学的崛起。②

---

① 库恩前引书页151~154；野村浩一前引书页34~61；张灏《理学的经世理想》，《清史问题》3，1；57e(1974，11)；佐藤震二《魏源的学问与思想》，《中国古典研究》12；24~40(1964，12)。
② 库恩前引书页157；查尔顿·路易斯《中国革命的序曲：1891~1907湖南的思想与政治变革》（马萨诸塞，剑桥，1976）页10~11；滨口富士雄《论方东树的汉学批评》，《日本中国学会报》306 30；165~168(1978)。

方东树斥责崇尚实证背后的知识浅薄和泥古倾向。他认为考证只是工具,本身缺乏思想和道德内容,批评了考证学派的"朴学"特质。他说:

> 汉学诸人言言有据,字字有考,只向纸上与古人争训诂形声,传注驳斥,援据群籍,证佐数千百条,反之身已行心,推之民人家国,了无益处,徒使人狂惑失守,不知所用,然则虽实事求是,而乃虚之至者也。

方东树崇尚程朱正统派阐发的重视义理和践履的"实学",他认为,阮元、江藩在推动广州学海堂考据学发展,主编《皇清经解》时,把儒学局限于考据范围,这是一种失误。现在需要道德规范来维护社会秩序,保持朝廷安定。① 方东树受滨口富士雄称之为"危机意识"的刺激,猛烈攻击戴震对朱子正统学说充满异端倾向的批评。方东树的《汉学商兑》和江藩为汉学辩护的著作一样,充满门户之见,他指责考据学者心存推翻理学的企图:

> 夫汉学家既深忌痛疾义理之学堕禅,申严厉禁……原无意于求真得是,但务立说,与宋儒争胜耳。

方东树认为,中国正面临着一场道德危机,这场危机是由考证学派表现的自我修养缺乏和社会意识的退化所造成的。19 世纪初叶,宋学和今文经学共同主张表明,一场具有崭新内容的变革正在形成。宋学家起来捍卫程朱正统学说,这表明姚鼐(1732～1815)、方东树、唐鉴(1778～1861)等学者又受到同时代汉学家的公开攻击。

1820 年前后,外国对广州的威胁日趋严峻,阮元(时任两广总督)和学海堂许多教员都受到了外国非法势力以及中国东南沿海鸦片走私问题的冲击。1821 年阮元对鸦片贸易实行强硬政策,逮捕了澳门的 16 名

---

① 方东树《汉学商兑》1:21a～2b,2A:1a,2A:16b。

鸦片贩子，暂时在珠江口禁绝了鸦片贸易。阮元的禁烟政策标志着鸦片贸易第一阶段的终结，但事实上，其效果微乎其微，鸦片贸易从未中断，在伶仃岛还呈扩大之势。后来，道光帝直接关注鸦片问题。阮元的禁烟之举完全是保全颜面的行动。当时，道光刚刚继位，他胸怀改革大志，视鸦片问题为当务之急的头等大事。①

方东树亲眼目睹了阮元在 1820 年推行的禁烟政策及效果，他在 1830 年指出，过去十年推行的禁烟政策已经失败了，并几近废弃，汉学在道德上破产了。他开始支持 1830 年的禁烟政策。当时，粤华书院师生是广州反鸦片运动的领导者。1836 年，许乃济上奏朝廷，要求实现鸦片贸易合法性，把禁烟范围仅限于官员、学生和士兵。人们把这一建议和学海堂一些主管人员要求放宽鸦片禁令的主张联系起来。阮元本人似乎倾向于鸦片贸易合法化。这种明显妥协的态度激怒了方东树及其他广州学者，他们主张实行强硬政策解决鸦片问题。后来，林则徐（1785～ 245
1850）受命赴广东禁烟时，担任强硬派占上风的粤华书院山长，这并非偶然之事。

在广州围绕鸦片问题展开的争论中，鸦片贸易合法化的支持者与道德理想主义者相互对立，这反映出汉宋之间日益扩大的裂痕。对这场争论的政治性质还需要进行比这里论述更细密的研究。方东树最反感的是汉学界缺乏道德意识及践履。1842 年，他在回顾鸦片战争时指出：

> 以予观之，英夷之祸，不在近年之禁烟、缴烟也。盖由于不肖洋商之引辱自蛊，各前督之姑息养痈，内地千民之贪利卖国，其蓄谋长乱久矣。

---

① 方东树《汉学商兑》2A：42b；费《1840～1842 鸦片战争》（查勃海尔，1975）页 47～48；张辛报（音译）《林钦差与鸦片战争》（纽约，1964）页 20～21；滨口富士雄前引书页 172～176；魏斐德《广州贸易与鸦片战争》页 178～185；史景迁《清代鸦片问题》，见魏斐德与格兰特主编《冲突与控制》页 143～173；伦马凯前引书页 202～213。1821 年，阮元采取禁烟措施，与人们指责他在广东任职期间从未真正实施禁烟措施有关。前面引述的资深行商浩官（音译）向学海堂提供资金的事实，也是行商在林则徐抵广州之前，影响当时禁烟政策的证据之一。

有意思的是,后来许多学者把太平天国的爆发归咎于汉学。近年来,新儒家倡导者唐君毅认为,马列主义能在现代中国取得胜利,是由于清代文献考证之学摒弃宋代的人文主义哲学,为其提供了可乘之机。①

三、汉宋折中的趋势

19 世纪初叶,考证学派仍然是重要的学术话语,受到王引之(1766～1834)、阮元、张穆(1805～1849)等学者的大力推动,但是,它也受到宋学及今文经学倡导者的挑战。然而,宋学、今文经学对汉学的挑战并不意味着想恢复宋明理学或今文经学的原初形态,它们只想纠正考据学派忽略、冷漠道德或政治问题的偏向。

19 世纪的道德哲学和经世思潮的复兴通常为人视为宋明理学的复
246 兴。与清前期重训诂的学风相反,一般认为,19 世纪,儒家又开始重视理学式的自我道德修养。但是,理学倡导者并不是纯粹的理学家,他们的论证表达方式深深受到考据学的影响。

对理学合理性的重新肯定,也并不是要全然摒弃考据方法和技巧。人们试图折中汉、宋之学,这种公开的折中倾向是向汉学挑战的重要成果之一。考证学派仍广为人知,但是,它仅凭自身已很难为自己辩护。阮元在去世前最后 10 年,逐渐重视义理之学,这是 19 世纪儒家话语转向汉宋折中的又一标志。

广州成为折中汉学考证和宋学道德学说、政治观点思想运动的中心。在《学海堂集》收录的学生作品中,既可找到汉学考证论著,同时也会发现阐发宋学义理的作品。凌佰桐(1775～1845)是倡导汉宋折衷的重要人物,他主张调和汉宋两派的学术差异,但也景仰钱大昕等为考证

---

① 方东树《仪卫轩文集》4:9a;伦马凯前引书页 234～236;瓦莱《中国人眼中的鸦片战争》(斯坦佛,1958)页 20、77～78;铃木正中《清末攘外运动的起源》(1953.10);伦马凯前引书页 103;唐君毅《中国人文精神之发展》(台北,1974)页 37～38。后一条引文由哥伦比亚大学的 R. 夏波查提供,谨致谢意。

和古音韵作出重要贡献的学者。① 阮元也十分关心理学和今文经学,这表明,学海堂并不像方东树所言,完全被汉学学风所垄断。陈澧(1810～1882)是凌佰桐在学海堂培养出来的最有名的弟子,他继承乃师的折衷思想,成为汉宋折中最著名的倡导者之一。

1858 年,陈澧刊行《汉儒通义》,当时,他已是广州著名的学者之一。他在书中指出,对汉学缺乏理论意义的指责是不公平的,并概述了汉儒讨论的哲学问题。他在自己晚年出版的札记体著作中还讨论了汉宋之争的另一面,认为指斥朱子轻视汉代经注的说法同样是错误的。他认为,朱熹对义理、考证一视同仁,这和钱穆最近研究朱子学术成就的论著提出的观点是一致的。②

19 世纪中叶,西方思想开始向儒学传统提出严峻挑战,许多儒学传统的捍卫者(如曾国藩)成为宋学信徒,而直隶人张之洞等学者受阮元教育方针的明显影响,坚持调停汉宋的立场。宋学、今文经学与汉宋折衷者都主张改革儒学,他们都认为,只有依靠强化自我修养而来的道德勇气和儒学话语中经世观念,才能成功地进行社会改革。曾国藩批评考据学脱离政治的倾向,但也吸收一些保守主义(也即宋以前经学)的学术见解。他是桐城派成员,他在 1845 年指出:

> 近世乾嘉之间,诸儒务为浩博,惠定宇、戴东原之流,钩研古训,本河间献王实事求是之旨,薄宋贤为空疏。夫所谓事者非物乎? 是者非理乎? 实事求是,非即朱子所称即物穷理乎?③

---

① 余英时《清代知识主义思潮初论》页 112～114;《学海堂集》Ⅰ,2;6a～10a,6;28a～29b。

② 有关阮元对宋学的兴趣,详见何佑森《阮元的经学及其治学方法》页 19～20。关于陈澧的观点,详见汪宗衍《陈东塾先生年谱》(香港,1964)页 62～63;陈澧《东塾读书记》(台北,1970)页 253(卷 21)。关于广东的汉宋折中之风,详参麓保考前引书页 290～293;钱穆《朱子新学案》(台北,1971)5;266～341。

③ 详参曾国藩为唐鉴《清学案小识》所作的序;威廉姆·阿耶斯《张之洞与中国教育改革》(剑桥,马萨诸塞,1971)页 50～62;何佑森《清代汉宋学评议》,《文史哲学报》27;9～12;刘广京《清朝的复兴》,见费正清主编《剑桥中国史》卷 10 页 489。

当时,考据学派仍然是重要的学术派别,尽管国内尤其是湖南、广东学者中间的不满情绪高涨,江南仍然有效地维护着考证之学,直到太平天国起义爆发。可以肯定的是,张之洞等 19 世纪的政治变革派尽管为汉学辩护,但对汉学"实事求是"宗旨中的脱离政治的学风态度日渐冷漠,对经世主张和思想日趋重视。随着太平天国起义的爆发,一种明显的变化出现了,湖南、广东取代了江南,成为全国的学术和经济中心。①

第二节 太平天国起义的冲击

19 世纪初叶的反汉学运动导致学界分裂,江南考据学派组成的学术共同体最终在太平天国和西方列强带来的双重打击下衰落了。何炳棣认为,约有 2000～3000 万人死于太平天国战乱。这一估计有些偏低。施坚雅(William Skinner)指出,江南中心城市体系毁于这场浩劫。1849年,江南人口约 6700 万,后来,人口骤降,直到 1894 年,江南人口才恢复到 4500 万。②

王益谦(音译)在研究太平天国对苏南人口的影响时指出,苏南西部和东部各府受战乱影响的程度不同。在太平天国于 1853 年建都天京到1864 年天京陷落期间,西部的江宁、镇江、常州府以及南京地区成为双方军队争夺的战场。东部的苏州、松江、太仓府破坏程度相对较轻,但也受到严重破坏。③

许多难民从江苏西部各府及浙江逃往东部各府寻求避难。上海因外国人的保护,成为江、浙两省居民、士绅、商人成群结队逃避战乱的庇护所。在南京、常州、扬州、苏州人口骤减的同时,上海成为繁华的都市

---

① 广东的财源主要来自对外贸易,有关湖南经济发展,详参罗斯基《农业的变迁与华南农村经济发展》(剑桥,马萨诸塞,1972)页 101～138、159～163。
② 施坚雅"城市"页 228,表一见页 213;何炳棣《1368～1953 中国人口研究》(剑桥,马萨诸塞,1959)页 153～158、275、285。
③ 王益谦《太平天国起义对苏南人口的影响》,《哈佛大学中国研究论丛》19:120～158(1964)。

中心。战后,大批新移民又涌入江苏西部等人口减少的地区。

据王益谦(音译)估计,仅苏南地区就有 600～700 万人死于这一时期的战乱,这主要表现于苏州、南京、常州、镇江、江宁等主要城市人口的急剧下降。江南的衰败为湖南曾国藩、左宗棠、胡林翼(1812～1861)势力的崛起提供了机会。太平天国失败后,湖南、广东士绅能成为士大夫利益的代言人,并不是偶然的。[①]

一、精神冲击

现在,我们还难以对太平天国对江南学校、书院、图书馆的破坏程度做出准确的估计,但是,江南学界的基础大致已毁灭殆尽。除了它们赖以生存的基础设施荡然无存外,安定的环境也丧失了,颠沛流离的逃难、士大夫们的参军入伍,这种种因素使江南考据学到 1860 年前后,陷于停滞状态。同一年,江苏科举考试也陷于瘫痪。在清军统治区,推荐成为招募官员的依据。[②]

著名目录学者、政治保守主义者叶德辉指出,太平天国运动结束后,江南连一座完好的藏书楼都没有了,两个世纪积累的图书收藏散佚了。多数著名藏书家或死或逃。曾经一度是文化中心的杭州,受到的破坏尤为严重。1860～1861 年,太平军彻底破坏了当地藏书楼。后来,当地士子尽力抢救存放于文澜阁的《四库全书》。诂经精舍的藏书楼以及灵隐楼(音译)也被破坏了,它们是在阮元任浙江巡抚时修建的。后者位于靠近西湖的灵隐寺,1861 年,毁于太平军对杭州的第二次攻击。[③]

250

---

① 王益谦《太平天国起义对苏南人口的影响》,《哈佛大学中国研究论丛》19:129～131、149～151;宫崎市定《明清苏松地区的民众与士大夫》页 248;库恩《造反与敌人》页 180～188;保罗·柯文《传统与现代之间:王韬与晚清改革》(剑桥,马萨诸塞,1974)页 32～34。

② 胡适《戴东原的哲学》(台北,1967)页 175。有关太平天国运动对江南藏书业的影响,详参陈登原前引书页 233～248。柯文《传统与现代之间:王韬与晚清改革》(剑桥,马萨诸塞,1974)页 165～166。

③ 方志彤《叶德辉及其藏书十要》页 133、139;伦马凯前引书页 63～64;《清代名人传》页 539、638、700、726、822;陈登原前引书页 231～238;张鋆前引书页 47。

近藤光男指出,扬州于1853年为太平军攻陷后,再也没有恢复它在中国文化界的学术和文学地位。1853年,著名数学、天文学者罗士琳死于太平军对扬州的攻击。1854年3～5月,太平军两次攻占扬州。1856年春,扬州再次成为双方争夺的主要战场。弗里德里克·莫特(Frederick Mote)指出,1860年,太平军攻占苏州,可能造成50万人伤亡。太平军对该城的占领持续了大半年。士大夫们逃到上海,过着流亡生活。江苏巡抚、著名数学家徐有壬(1800～1860)死于苏州战乱。徐有壬的幕僚,著名数学家李善兰(1810～1882)逃到上海住了几年,他刊行的著作和苏州政府衙门一道毁于战火。[①]

1860年夏季,江苏金山陷落,钱熙祚的三部重要丛书的刻版受到破坏,同一年,《经训堂丛书》书版也被毁掉了。毕沅曾把许多经校勘的著作(如《墨子》)收入该书,这些著作经过毕沅和他经常赞助的学者们的考证校勘(详参第三章)。章学诚的许多未刊手稿也毁于这场战乱。他的地方志论著以及《史籍考》定稿部分都在战乱中永远消失了。陈寿祺(1771～1834)著作的刻版,也同其子的著作一样,毁于太平军对福建的攻击。

学者们死了,著作佚散了,学校解散了,藏书楼毁掉了,江南学术共同体在太平天国的战火中消失了。形成一流学术的环境及图书馆都没有了。图书业空前凋敝,一度繁荣兴旺的出版业如今已所剩无几。此时此刻,江南一代学术精英已是烟消云散。[②]

二、同治中兴与学术

芮玛丽(Mary Wright)指出,重建学校、书院、藏书楼是同治(1862～

[①] 近藤光男《汪中与国史儒林传稿》,《人文科学论集》3:67(1964);莫特《中国城市化的千年历程》页39～42;普莱彻克《绅士特权,同治中兴时期的苏州》,载韦克曼·格兰特编《中华帝国晚期冲突与控制》(伯克利,1975)页235;《清代名人传》页479。

[②] 《清代名人传》页36、98、624;倪德卫前引书页280。

1874)中兴的主要目标。曾国藩、李鸿章等镇压太平军武装的主要领导人,下令修复南京和常州的书院,它们几乎全部毁于战火。1876年,闽浙总督吴棠(?~1876)制订计划,准备恢复闽、浙两省书院。镇压太平天国后,曾国藩的主要任务是恢复江南的和平与秩序。他为恢复江南及其他地区的学术事业,在安庆总部建立出版机构,重刊经史著作,聘请莫友芝、汪士铎等学者任主编。南京、苏州、扬州、杭州、武昌也建立了一些出版机构。

学术复兴依靠藏书楼的重建,士大夫与官僚为补救200多种丛书完全佚失所带来的损失,一起收集、整理流散的图书、抄本以及幸存的木刻版。鼓励出版,朝廷和地方政府也积极支持重新刊行经史书籍。莫友芝曾担任曾国藩的幕友,在1885年以后历时数年遍游江南,搜集存放于镇江、扬州、杭州的三部《四库全书》残本,它们均散于太平天国时期。存放于扬州、镇江的《四库全书》被战乱全部破坏了。

早在太平军占领时期,杭州丁氏兄弟就遣当地书商收罗残存的文澜阁本《四库全书》,丁氏兄弟自己的藏书楼也毁于杭州战火。1866~ ²⁵² 1871年,丁氏兄弟尽力收集、收购过去存放于杭州的《四库全书》劫余残本。1881年,文澜阁重建后,这些幸存的《四库全书》又被重新贮藏于此。

此外,陆心源(1834~1894)、丁日昌(1823~1892)也尽力抢救许多著名丛书的佚失部分。他们二人都曾供职于曾国藩、李鸿章门下。这些丛书因战争破坏损失严重。陆心源陆续收集到10余部丛书,存放于他在浙江的私人藏书楼。甲骨文研究开拓者孙诒让也搜集珍本图书、抄本、铭刻,以弥补太平军期间因私人藏书大量佚散造成的损失。他还从日本收集了一些中国已失传的书籍。

学者兼藏书家黄彭年(1823~1891)提倡刊刻书籍,建立图书馆,他希望重建江南所有书院,恢复太平天国前的学术繁荣。黄彭年复兴学术最主要的成果是1884年于苏州重建学古堂。他试图通过恢复这一学府,复兴苏州在汉学全盛时期享有的中心地位。[1]

尽管如此,考据研究赖以兴起的江南学术共同体已难以完全恢复了。太平天国之后,教育界陷入是否接受西学的思想争论,这场争论持续了相当长时间,与关心政治的士大夫数量的增长幅度同步发展。此外,那些来自太平天国冲击较轻地区的士人开始占据官僚体制的显要地位,湖南、广东人的地位尤其显赫。这些新贵支持经世之学,冷淡旧的考据学。汉宋之争此后为中西学之争所取代。

长期存在的内部威胁消失后,外部威胁依然如故,并日趋严重。例如,1858 年,英法联军在进攻广州时,毁坏了学海堂,破坏了那里收藏的《皇清经解》及木刻版,迫使陈澧等考据学到外地寻求避难,直到学海堂重建为止。《皇清经解》后来被重新整理刊刻。1900 年,在义和团运动期间,中国和西方军队在北京的战争毁掉了《永乐大典》仅存的抄本。[2]

1886 年到 1888 年,南菁书院续修《皇清经解》在 19 世纪晚期的《续编》,这是纪念考据学的最后象征。南菁书院由王先谦(1842～1918)建立,他试图以此使 19 世纪晚期的学术恢复到广东学海堂早先达到的水平。但是,儒家话语的学术内容现在受到考据学派最初推动过的激进儒家思潮(如康有为和今文经学)日益增长的挑战。1820 年的广州(《皇清经解》在此刊行)和 1880 年的江阴(常州府,音译)处在不同的历史环境。1820 年的广州仰慕苏州、杭州和扬州;1880 年的江阴却向往上海。上海同长沙、广州一样,是领先于全国的新兴力量的象征。[3]

---

[1] 芮玛丽《中国保守主义的最后抗争:1862～1874 的同治中兴》(斯坦福,1957)页 129～133;胡适《戴东原的哲学》(台北,1967)页 175;《清代名人传》页 342。学古堂后发展为本世纪的江南省图书馆。

[2]《清代名人传》页 91、198;1861 年版《皇清经解》后序页 20a～20b。

[3] 19 世纪,上海逐步成为重要都市,详参费正清《条约制度的确立》,《剑桥中国史》卷 10 页 237～243。

结　论

　　上面,我们论述了太平天国运动席卷江南之前知识阶层从事的儒家学术事业,当时,帝国主义势力还未渗入中国社会。我们特别论述了考证学派是如何从其自身所处的社会、政治环境中发展出来的。由于当时社会认为,考证是一种能够验证并延续古典智慧的可行性话语,因而推动其形成。汉族士大夫冲破了元以来尊为官方意识形态的学术话语形式的束缚,结束了新儒学的正统学说以及它的钦定理论体系和强烈的形式主义对学术事业的垄断。考据运动的参与者因而沉浸于强烈的乐观主义情绪中,他们认为,理学话语已无可挽回的过时了。

　　宋明理学生活于古典阴影中,他们受佛道影响(新儒家口头上拒绝承认这种影响),根据自己推演出的经典真理——道德主义、个人修养以及有关的形而上学理论阐发儒家学说。17、18 世纪,儒学话语出现了一种向知识主义的转变。学者们力图运用考证方法,重构古典文化无与伦比的纯洁性及其理论和表达方式的精确性。人们把道德修养斥为一种无聊的娱乐,赋予实证学风以中心位置。

　　18 世纪,孔子仍毋庸置疑地居于中国学术的中心地位。尽管清代汉学家掀起我们所称的"新儒学解体"的运动,但是,他们仍希望建立一个维护儒学于不坠的社会机制。当他们俯看四周时,还未注意到帝国主义、资本主义、革命等风行于我们这个世界的学术话语。虽然他们在语言、社会、政治、科学方面取得了许多成果,但人们仍普遍错误地把当时的中国描绘为沉溺于传统陈旧文化的形象。虽然新的学术话语在传统土壤中扎下了根基,学术事业的主旋律已发生变化。1917 年,胡适在哥伦比亚大学撰写学位论文时,自视为激进分子。他声言:"我相信,中国哲学的前途取决于是否摆脱儒家道德理论和信条的束缚。"后来,他才发现,清代先行者业已为他摆脱这些束缚准备了条件。①

255 1899 年末,一个古董商把一些刻有神秘符号的商代甲骨样本卖给王懿荣(1845～1900)。王是金石学专家,他早先收集了许多公元前 1000 年左右镌刻、铸造的金石彝器的拓本。他看到这些甲骨后,立刻意识到,甲骨上的铭文是一种要比他以前研究的金石文字更早的古代文字。赫利·格里尔(Herrlee Creel)指出:"这一事件是我们认识远东人类历史的新时代的开端。"②王懿荣、刘鹗(1857～1909)研究了这一艰深的、专业性极强的学术课题,许多著名学者紧随其后,引发了对古代中国认识的变革。不过,这种戏剧性发现主要取决于极为专业化和艰深的古文字研究。只要考证学科存在着某种契机,那些精深发现的影响将波及我们从事的社会和学术的各个领域。

中国近现代的许多重大发现不是偶然出现的。对甲骨文在古代中国研究上的潜在重要性的认识并不是由 19 世纪晚期西方传入中国学界的科学知识提供的。而是首先是由王懿荣那样的儒家学者发现的。他从中发现了研究中国古代历史的新材料。著名收藏家、中国传统金石学专家孙诒让收集研究刘鹗 1903 年出版的甲骨文摹本时,还没有几个学

---

① 胡适《中国古代逻辑方法的发展》(上海,1922)页 8,《中国哲学的科学方法与精神》页 128～131。

② 赫利·格里尔《中国的诞生:对中国文明早期历史研究》,纽约,1937;《清代名人传》页 517、827;李济《安阳》(西特尔,1977)页 7～8。

者留意甲骨文,但是,孙诒让凭借早先受过的金石学训练,就能够熟练地
释读甲骨文。孙诒让很快写出一系列专著,提出自己的新解,他在这些
著作中论述了甲骨文研究对中国语源学、历史学、历算科学、古文字学即
将产生的重大影响。一门新的学科就这样在清代金石学积累的基础上
形成了。　　　　　　　　　　　　　　　　　　　　　　　　　　　　*256*

　　前现代中国的考证学和 20 世纪甲骨学研究的崛起存在着直接的联
系,这表明,现代中国学者从事的批评研究不仅是西方社会科学和自然
科学影响的产物。人们不应低估 17 世纪西方学术的决定性影响。儒家
学者也确实受到西方天文、历算、测量学成就的影响,但是,他们能明确
把被明清之际来华的传教士混为一谈的基督教信仰和科学理论区分开
来。王懿荣、刘鹗、孙诒让从事的学术研究表明,清代出现的考证学派与
20 世纪中国学术话语存在直接的连续性。① 因此,"文革"之后,考据学
派"实事求是"的宗旨竟然能再次复活,也就不足为怪了。

　　译者按:著者为行文方便,在注释时对所引书名多有简省之处,这里
提到的书名与参考书目所列书名略有差异,译者翻译时,一仍其旧,未加
改动。

---

① 《清代名人传》页 678;李济《安阳》(西特尔,1977)页 3～13。有关耶稣会士对华影响,详参席
　 文《哥白尼学说在中国》页 63～122。戴密微《中国与欧洲的第一次哲学交流》页 84～86。

参考书目

阿特海德（Adshead，S. A. M)《17 世纪的总体性危机》,《亚洲研究》1.2:271~280,1973.10。

青木正儿《清代文学评论史》,《青木正儿全集》,东京,1969。

艾维四（William Atwell)《复社:从政治到教育》,狄百瑞编《新儒学的展开》,纽约,哥伦比亚大学出版社,1975。《论白银、对外贸易与晚明经济》《清史问题》1977,11,3,8:1~33。

奥巴赫（Erich Auebach)《西方文学的现实摹仿》,托斯克英译,普林斯顿大学出版社,1968。

阿耶斯（William Ayers)《张之洞与中国教育改革》,剑桥,哈佛大学出版社,1971。

巴拉兹（Etiene Balazs)《中国文明与官僚体制》,瑞特英译,纽黑文,耶鲁大学出版社。

伯纳德（Noel Barnard)《从考古发掘材料看清代书法改革的性质》,大卫·罗依,T. H. Hsien 编《中国早期文明研究》,香港,中文大学出版社,1978。

伯克（Howard Becker)《职业的特点:教育的职业化》,芝加哥大学出版社为美国国家教育学学会出版,1962。

本-大卫（Joseph Ben-David)《当代社会分层中的职业:最新研究趋势和文献目录》,《当代社会学》1963,12.3:246~330。《从社会学的观点看科学发展》《Minera》,1964,3:455~476。《科学家的社会角色:比较研究》,恩格伍德·克里夫,1971。

伯格（Peter and Thomas Luckman Berger)《现实的社会结构:知识社会学论集》纽约,双日,1966。

310 布鲁姆（Irene Bloom)《明代思想中的"义理":罗钦顺哲学初探》,狄百瑞与欧文·布鲁姆编《原则与现实:新儒家与实学论集》,纽约、哥伦比亚大学出版社,1979。

伯莱（Dorothy Berei)《怪僻与异见:龚自珍论》,《清史问题》1975 年 11 月,3、

4：50～62。

布郎（Harcourt Brown）《17世纪法国的科学组织》，巴尔的摩，威廉姆斯、威尔金斯公司，1934。

伯克（Kennath Burke）《文学形式的哲学》伯克利，加利福尼亚大学出版社，1973。

卡黑尔（James Cahill）《中国绘画的气韵》纽约、亚洲协会，1967。《告别海岸：明代早期、中期的中国绘画》纽约，韦特赫尔，1978。

卡曼（Schuyler Cammann）《中国魔方的演变》，《东亚研究杂志》1960，80：116～124。

陈荣捷《〈性理精义〉与17世纪的程朱学派》，狄百瑞《新儒学的展开》，纽约，哥伦比亚大学出版社，1975。《中国哲学入门要籍》，普林斯顿大学出版社，1963。《心性之学》，纽约、哥伦比亚大学出版社，1967。《王阳明生平与哲学著作引论》，纽约，哥伦比亚大学出版社，1963。

卡特（Thomas Cartor）《中国印刷术的发明与西传》，纽约、哥伦比亚大学出版社，1955。《常州府志》同治十二年刻本。

张卡逊（音译，Chang，Carsun）《理学思想的发展》第二卷，纽约，出版协会，1962。

张仲礼《中国士绅及其在19世纪社会角色的研究》，华盛顿大学出版社，1967。《中国士绅的收入》，华盛顿大学出版社，1962。

张灏《理学的经世理想》，《清史问题》1974，10，3. 1：36～61。《梁启超与近代思想的过渡期（1890～1907）》，哈佛大学出版社，1971。

张谐之《尚书古文辨惑》光绪刻本。

张辛报（音译，Chang Hsin-pao）《林钦差与鸦片战争》，纽约，1964。

章学诚《文史通义》，台北，汉尚出版社，1973。《章氏遗书》，上海，商务印书馆，1936。 *311*

章炳麟《国学概论》，台北，河洛图书出版社，1974。

张世禄《中国音韵学史》下，台北，商务出版社，1973。

张寿安《龚定庵与常州公羊传》，《书目季刊》1979.9，13. 2：3～21。

张舜徽《清代扬州学记》，上海人民出版社，1962。

张崟《诂经精舍初稿》，《文澜学报》1936.3，2. 1：47～1。

赵翼《廿二史札记》，台北，广文书局，1974。

查渥斯（Chaves，Tonathan）《朝向烟云：袁宏道兄弟的诗文》，纽约，1978。

陈澧《东塾读书记》，台北，商务印书馆，1970。

陈登原《古今典籍聚散考》，上海，商务印书馆，1936。

陈东原《清代之科举与教育》，《学风》3.4：19～52，1933.5。《清代书院风气之变迁》，《学风》315：15～20，1933，6。

成中英（音译，Cheng Zhong-ying）译《原善》，火奴鲁鲁，东西方中心出版社，1971。

纪昀《纪晓岚诗文集》，香港，广纪书局。齐思和《魏源与晚清学风》，《燕京学报》39：177～226(1950)。

江藩《国朝汉学师承记》，《四部备要》本。

312 张易（音译，Chiang Yee）《中国书法风格与技法引论》，剑桥，哈佛大学出版社，1973。

《江阴县志》同治刻本。

焦循《雕菰集》，上海，商务印书馆，1936。

钱穆《中国近三百年学术史》，台北，商务印书馆，1972。《朱子与校勘学》，《新亚学报》2.2：87～113(1957)。《读张穆著〈阎潜邱年谱〉》，《书目季刊》，10.1：3～10，1976.6。《朱子新学案》，台北，三民书局，1971。

钱大昕《潜研堂文集》，台北，商务印书馆，1968。《廿二史考异》，上海，商务印书馆，1935～1937。《十驾斋养新录》，台北，广文再版，1968。《竹汀日记钞》，台北，广文再版，1971。

《国会图书馆收藏的中国丛书》，华盛顿，中国史料研究中心，1974。

《钦定武英殿聚珍版程式》，北京，乾隆刻本。

《清史列传》，台北，光华书局，1962。

周予同《经今古文学》，台北，商务印书馆，1967。

祝嘉《书学简史》，香港，中华书局，1975。

朱彝尊《经义考》，《四部备要》本。

朱倓《明季杭州读书社考》，《国学季刊》，2.2：261～285(1929)。

313 《朱子语类》，台北，正中书局。

庄申（音译 Chuang，Shen）《明代古董收藏风气，艺术鉴赏式的考古学》，《东正研究》8：63～82(1972)。

全祖望《鲒埼亭集》，上海，商务印书馆，1929。

储同舒（音译，Ch'u Tung-Tsu）《清代中国地方政府》，斯坦福大学出版社，1973。

庄有可《慕良杂纂》，《庄大久先生遗著》常州庄氏家刻本，1930。

金大俊（音译，Chun Hae-jong）《清代中韩的朝贡关系》，费正清《中国的世界秩序：传统中国的对外关系》，剑桥，哈佛大学出版社，1968。

柯根（Morris Cogan）《职业的定义》，《哈佛教育评论》23：33～50(1953)。

柯文（Paul Cohen）《清代中国：面向西方(1850～1900)》，詹姆斯·克罗利编《现代东亚研究论集》，纽约，1970。《在传统与现代性之间——王韬与晚清改革》，剑桥，哈佛大学出版社，1974。

格里尔（Herrlee Greel）《中国的诞生：对中国文明早期历史的研究》，纽约，1937。

大卫（Sir Percival David）《中国的古董鉴赏：(格古要论)，古董鉴定方法》，伦敦，1971。

狄百瑞（William Theodore de Bary）《中国的专制主义与17世纪的儒家理想：对17世纪的一种观察》，费正清编《中国思想与社会》，芝加哥大学出版社，1957。《明代思想中的社会与自我》，纽约，哥伦比亚大学出版社，1970。《中国传统的源泉》二卷本，纽约，哥伦比亚大学出版社，1964。《新儒学的展开》，纽约，哥伦比亚大学出版社。

戴密微《章学诚与他的历史编纂学》,比斯利、浦立本编《中日史学家》,牛津大学出版社,1961。《中国与欧洲的第一次哲学交流》,《Diogenes》58:75～103(1967夏季号)。

道尔比(William Dolby)《中国戏剧史》,纽约,1976。

道尔(Ronald Dore)《德川时代的教育遗产》,詹森编《走向现代化的日本》,普林斯顿大学出版社,1965。

杜纳(Gerald Dunne)《巨人的诞生:耶稣会士在中国明朝最后10年的经历》,南班特,诺特达姆大学出版社,1962。

曾佑和(Tsen Yu-ho Ecke)《中国书法》,费城,1971。

爱德华(E. D. Edwards)《十三经引论》,《亚非学术研究年鉴》12:770～788(1948)。

爱森斯泰因(Elizabeth Eisenstein)《文艺复兴的难题与印刷术的进步》,《过去与现代》45:18～89(1969)。《作为变革标志的印刷术:现代欧洲早期的文化变迁与交流》二卷本,纽约,剑桥大学出版社,1979。

艾略特(T. S. Eliot)《什么是经典?》,《诗与散文》,纽约,诺代出版社,1961。

艾尔曼《阎若璩与宋明理学的关系》,《清史问题》3.7:105～113(1977,11)。《学海堂与广州今文经学的兴起》,《清史问题》4.2:51～82(1979,12)。《清代的学派》,《清史问题》4.6:1～44(1981,12)。《从价值到事实:中华帝国晚期小学考证的崛起》,《美国东亚研究杂志》102,3:493～500(1982,7～10)。《从理学到小学:"道人""人心"之争》,Monumenta Serica 35(1981～1983)。《明清地理学研究》,同前。

费正清《中国沿海地区的贸易与外交》,斯坦福大学出版社,1969。《条约体制的建立》,费正清编《剑桥中国史》第十卷第一章,剑桥大学出版社,1978,页213～263。

方志彤(Achilles Fang)英译《叶德辉的〈藏书十约〉》,《哈佛亚洲研究杂志》13:132～173(1950)。《孙宗濂的〈藏书十约〉》,同前,14:215～260(1951)。

方东树《汉学商兑》,台北,广文书局,1963。李鸿章、方宗诚编《仪卫轩文集》。

费(Peter Fay)《鸦片战争(1840～1842)》,北卡罗来纳大学出版社,1975。

费保莱(Febrve, Lucien and Henri-Jean Martin)《书籍的出现:印刷术的冲击(1450～1800)》,大卫·格拉德英译,人道出版社,1976。

费孝通《中国士绅:城乡关系论集》,芝加哥大学出版社,1953。

弗维凯(Feuerweaker, Albert)《18世纪中国的社会与国家》,密执安大学中国研究中心,1976。

文(Wen C Fong)《具有独创性的复古主义》,克里斯蒂安·莫克编《艺术与传统:传统在中国文化中的作用》,普林斯顿大学出版社,1976。

福柯(Michel Faucault)《知识考古学》史密斯英译,纽约,1972。

福克斯(R. Fox)《科学研究与1800～1870年法国对学术的赞助》,Minerva 11:442～473(1973)。

弗兰克(Wolfgang Franke)《中国传统科举制度的变革与废除》,剑桥,东亚研究中心,

314

315

哈佛大学,1960。

弗雷德曼(Murice Freedman)《中国的家族与社会:福建与广东》,纽约,人道出版社,1971。

弗雷德森(Eliot Freidson)《医生职业:应用知识社会学的研究》,纽约,1970。

傅衣凌《明代江南市民经济试探》,上海人民出版社,1957。

马里恩、沈复(Marilyn and Shen Fu)《塞克勒在纽约、普林斯顿的中国绘画藏品研究》,普林斯顿艺术博物馆等编,1973。

沈复等著(Shen Fu, in collaboration with Marilyn Fu, Mary Neil, and Mary Clark)《书法的演变:中国书法研究》,纽黑文,耶鲁大学艺术基金会,1977。

藤塚邻《清代文化东传研究》,东京,1976。

麓保考《宋元明清近世儒学变迁论》,东京,1976。

费侠莉(Charlotte Furth)《造反的圣人:章炳麟的内心世界》,费侠莉编《变革的限度:中华民国的保守抉择》,剑桥,哈佛大学出版社,1976。

格拉夫(Gallapker, Louis, S. J)《16世纪的中国:利玛窦游记(1583~1610)》,纽约,兰德书屋,1953。

316 盖博坚(Kent Gay)《启蒙引论:现代无神论的兴起》,纽约,1966。

吉里斯皮(Charles Gillispie)《客观性的边缘:科学思想史论集》,普林斯顿大学出版社,1960。

古德(William Goode)《共同体中的共同体:职业》,《美国社会学评论》22:194~220(1957,4)。

古德里希(Luther C Goodich)《乾隆文字狱》,巴尔的摩,波浪出版社,1935。《明代传记词典》二卷本,纽约,哥伦比亚大学出版社,1976。

格拉哈姆(Augus C Graham)《后期墨子的逻辑、道德与科学》,香港中文大学出版社,1978。

格雷(Jack Gray)《20世纪中国史学著作背景与发展的研究》,比斯利,浦立本编《中日史学家》,牛津大学出版社,1961。

格林(John Green)《科学史和语言史》,代尔·海莫斯编《语言史研究》,布鲁明顿,印第安那大学出版社,1974。

格里姆(Fileman Grimm)《广东的书院与城市系统》,施坚雅编《中华帝国晚期的城市》,斯坦大学出版社,1977。《明代对书院的控制》,《日本国际东方学杂志》2:8~16(1957)。

古格纳德(M. R. Guignard)《中国的发明》,非布勒·马丁《书籍的诞生》,人道出版社,1976。

盖博坚(Kent Gay)《中华帝国晚期的国家与学术:〈四库全书〉编纂的政治意义》,哈佛大学博士学位论文,1981。

海格(John Haeger)《新儒家学术融合的脉络》,《亚洲研究杂志》31:499~513(1972)。

海尔(A. R. Hall)《科学》,见艾尔顿编《新剑桥现代史》第二卷《1520～1559 的改革》,剑桥大学出版社,1958。

滨口富士雄《论方东树(汉学商兑)》,《大东文化大学汉学会志》15:73～89。《论方东树对汉学的批评》,《日本中国学会报》30:165～178(1978)。《清学出现的背景》,《东方学》58:114～117(1979)。 *317*

班固《汉书》,台北,史学出版社,1974。

哈图尼(H. D. Harootunian)《Kokugaku 新现实主义中的复古意识》,Najita Fetsuo、艾尔文·施纳尔《德川时代的日本思想》,芝加哥大学出版社,1978。

桥本敬造《梅文鼎的历算学》,《东方学报》41:491～518(1970)。《〈历象考成〉的成书》,东京,《人文研究学报》,1970。

桥本成文《清儒对晚出〈古文尚书〉作者的研究》,《汉学会杂志》2.1:86～92(1934.8)。《清代尚书学》,《汉文学讲座》4:1～49(1933)。

海(Denys Hay)《文学,刻本图书》,艾尔顿编《新剑桥现代史》,剑桥大学出版社,1958。《要有光》,卡特、缪尔合编《出版与人类思想》,纽约,1967。

林友春《清代书院教育》,《学习院大学文学部研究学报》6:177～197(1959)。《唐宋书院教育的发展》,同前,2:133～156(1953)。《元明时期的书院教育》,《近世中国教育研究》,东京,1958。

韩德森(John Henderson)《清代前期思想中的天地秩序》,伯克利加利福尼亚大学博士学位论文。

伊渥斯·赫文特(Yves Hervouet)《一种宋代目录学》,香港中文大学出版社,1978。

平冈武夫《经书的传统》,东京,1951。

何炳棣《扬州盐商:18 世纪中国商业资本研究》,《哈佛亚洲研究杂志》17:130～168(1954)。《中华帝国的成功捷径》,纽约,1962。《1358～1953 中国人口研究》,剑桥,哈佛大学出版社,1959。 *318*

何佑森《顾亭林的经学》,《文史哲学报》16:183～205(1967)。《阮元的经学及治学方法》,《故宫文献》2.1:19～34(1970,12)。《梨洲与浙东学术》,《书目季刊》7.4:9～16(1974,3)。《清代:汉宋之争平议》,《文史哲学报》22:97～113(1978)。

夏定域《德清胡朏明先生年谱》,《文澜学报》2.1:1～40(1936)。

萧公权《农耕中国:19 世纪的帝国统治》,华盛顿大学出版社,1967。《现代中国与新秩序:康有为,改革家与乌托邦》,同前(1975)。

谢启昆《小学考》,台北,广文书局,1969。

谢国桢《明清之际党社运动考》,上海,商务印书馆,1934。

徐乾学《憺园文集》,清,冠山堂刻本。

许宗彦《诂经精舍文集》序页 1～2。《学海堂四集》。

林佰侗《学海堂集》,香港,东大学社,1964。《荀子引得》,台北,1966。

胡适《科学的古史家崔述》,顾颉刚编《崔东璧遗书》,上海,大东图书馆,1936,卷 2, *319*

P1~176。《清代学者的治学方法》,《胡适文存》,1968,卷1.1,P383~412。《治学的方法与材料》同上卷3,P109~122。《翁方纲与墨子》,同上,卷3,P598~599。《戴东原哲学》,台北,商务印书馆,1967。《中国古代的逻辑方法及发展》,上海,1922。《中国哲学的科学精神与方法》,莫尔编《中国的心灵》,火奴鲁鲁,夏威夷大学出版社,1967。《〈水经注〉校本的研究》,《中华文史论丛》上海,1979。

胡应麟《少室山房笔丛》,上海,中华书局,1958。

黄彰健《经今古文学问题新论上》,《大陆杂志》58,2:49~87(1979,2)。

贺长龄、魏源编《皇朝世文编》,台北,史志书局,1964。

阮元《皇清经解》,1961。

黄培《集权政治:雍正时期研究(1723~1735)》,印第安那大学出版社,1974。

黄宗智《梁启超与中国现代的自由主义》,华盛顿大学出版社,1972。

黄宗羲《黄梨洲文集》,上海,中华书局,1959。《明儒学案》,台北,世纪书局,1973。

320 《传是楼藏书记》,罗振玉《罗雪堂先生全集》,3.14:5863~5865。《梨洲遗著汇刊》,台北,龙音出版社,1969。

胡克(Charles Hucker)《晚明东林党运动》,见费正清编《中国思想与制度》,芝加哥大学出版社,1957。

惠栋《古文尚书考》,《皇清经解》本。

胡默尔(Arthur Hummel)《丛书》,《东亚研究杂志》61:71~76(1941)。《清代名人传》,台北,1972。

石黑宣俊《龚自珍与〈春秋公羊传〉经学思想》,《爱知教育大学研究报告》24:1~12(1975)。

詹克森(John,A Jakson)《职业与职业化》,剑桥大学出版社,1970。

约翰森(Francis Tohnson)《格莱哈姆学院:皇家学会的前身》,温纳、诺兰德编《从文化的角度看科学思想的起源》,纽约,1958。

约翰斯(Susan Mann Jones)《18世纪晚期中国的烦琐哲学与政治思想》,《清史问题》,3.4:28~29(1975)。《宁波钱庄》,威尔莫特编《中国社会的经济组织》,斯坦福大学出版社,1972。与孔飞力合著《王朝的衰落与反叛的起源》,费正清编《剑桥中国史》第十卷,第一章,剑桥大学出版社,1978。

阮芝生《学案体裁源流初探》,《史原》1971.2:51~57。

阮元《挈经室集》,台北,世界书局,1964。《畴人传》,台北,世界书局,1962。《味经室
321 遗书序》,光绪版《味经斋丛书》卷首。

容肇祖《明代思想史》,台北,开明书局,1969。《学海堂考》,《岭南学报》3.4:1~147(1934)。

卡恩(Harold Kahn)《皇帝眼中的秩序:乾隆时代幻梦与现实》,剑桥,哈佛大学出版社,1971。

康有为《孔子改制考》,北京,中华书局,1958。《广艺舟双辑》,上海,光义书局,1916。

高本汉(Bernard Karlgren)《周代金文》,《远东艺术博物馆年鉴》8:157～178(1936)。《中国语法》,台北,成文出版,1966。

河田悌一《清代学术一瞥》,《东方学》57:84～105(1979)。《章学诚眼中的戴震》,木村英一教授纪念委员会编《中国哲学的展望与探索》,东京,1976。《从刘师培的评论看晚清对戴震的认识》,森三树三郎纪念委员会编《东洋学论集》,东京,1979。

科尼(H. F. Kearney)《新教伦理、资本主义与科学革命》,《今与昔》28:81～101(1964)。

凯莱(Denald Kelley)《现代史学的基础:语言、法律与文艺复兴时期法国的史学》,纽约,哥伦比亚大学出版社,1970。

科尔姆德(Frank Kermode)《经典:永恒与变化的语言梦幻》,纽约,维廷出版社,1975。

凯思勒(Lawrence Kessler)《中国学者与早期满洲国家》,《哈佛亚洲研究杂志》31:179～200(1971)。《康熙与1661～1684清朝统治的巩固》,芝加哥大学出版社,1976。

木下铁矢《戴震音韵学研究》,《东方学》58:128～142(1979)。

小系夏次郎《清朝考据学的背景》,《国民精神与文化》1.1:30～49(1935)。

近藤光男《〈汉学师承记〉的编著》,《人文研究》17:1～24(1957)。《汪中与〈国史儒林〉传稿》,《人文科学论集》3:64～89(1964)。《惠栋与钱大昕》,《吉川博士退休纪念中国文学论集》,东京,1968。《钱大昕的文学》,《东京支那学报》7:18～34,1961;8:60～76(1972)。《清代经师的科学意识——戴震对"北极璇玑四游"的解释》,《日本中国学会报》,4:97～110(1952)。《戴震〈考工记图〉研究——科学思想史考察》,《东方学》11:1～22(1955)。

宇安七四郎《赵翼的生平与思想》,《史学研究》3.41:85～100(1950)。

克莱克(E. A. Kracke)《宋代社会:传统的变化》,哈里逊编《亚洲研究杂志(1941～1971)学术论著精选》,亚利桑那大学出版社,1972。

克莱默尔(R. P. Kramer)《〈孔子家语〉:孔子学术言论集》,1950。

克拉托彻尔(Paul Kratochvil)《事实乎？小说乎？中国语言学传统辨析》,《东亚语言学杂志》1:17～30(1977)。

顾颉刚《古史辨》,北京,上海,志诚印书社,1926～1941。《汉代学术史略》,台北,元达印书社,1972。《明代文字狱研究》,L. C. 古德里希英译,《哈佛东亚研究杂志》3:254～311(1938)。

古国顺《清代〈尚书〉著书考》,《女师专学报》10:145～237(1978),11:177～271(1979)。

阮元编《诂经精舍文集》,台北,商务印书馆,1966。

顾炎武《日知录》,台北,平平出版社,1974。《顾亭林诗文集》,香港,中华书局,1976。《求古录》,《亭林先生遗书汇辑》,上海,巢经山房刻本。

归庄《归庄集》,北京,中华书局,1962。

322

323

孔飞力《中华帝国晚期的叛乱及其敌人:1796~1864 的军事化与社会结构》,剑桥,哈佛大学出版社,1970。

库恩(Thomas Kuhn)《科学革命的结构》,芝加哥大学出版社,1970。《必要的张力:科学传统与变革论集》,芝加哥大学出版社,1977。

龚自珍《龚自珍全集》,上海人民出版社,1975。

郭伯恭《〈四库全书〉纂修考》,北京,商务印书馆,1937。

仓石武四郎《清代小学史话》(一),《汉学会杂志》10,3:1~15(1942)。

324 拉埃(T. C. Lai)《中国书法学引论》,华盛顿大学出版社,1974。

莱德浩斯(Lothar ledderhose)《米芾与中国书法的经典传统》,普林斯顿大学出版社,1979。《清代篆书:中国书法史研究》,维兹伯登,1970。

莱特亚德(Gavi Ledyard)《1488~1887 朝鲜来华的旅行者》,《朝鲜季刊》2:1~42(1974)。

莱格(James Lagge)英译《四书》、《书经》,台北,文史哲出版社。

劳纳德(Jane Leonard)《魏源与南洋之梦》,《清史问题》4.1:23~57(1979)。

莱斯利(Donald Laslie)《地方志》,莱斯利、马克拉斯、王公武编《中国史料论集》,南卡罗来纳大学出版社,1973。

伦马凯(Leung Mang-Kam)《阮元(1764~1849):他的生平、著作与政治生涯》,夏威夷大学博士学位论文,1977。

列文森(Joseph Levenson)《儒教中国及其现代命运》,伯克利,加利福尼亚大学出版社,1968。《廖平和儒学史的终结》,瑞特、崔彻特编《儒家的人格》斯坦福大学出版社,1962。

路易斯(Carlton Lewis)《中国革命的序曲:湖南的思想与政治变革(1891~1907)》,剑桥,哈佛大学出版社,1976。

列维(Andrè Lèvy)《中国历代〈尚书〉论争考》,《通报》54:251~274(1968)。

李济《安阳》,华盛顿大学出版社,1977。

李贽《藏书》,北京,中华书局,1959。

李元庚《望社姓氏考》,《国粹学报》71 期;1a~10b,1910。

梁启超《古书真伪及其时代》,台北,中华书局,1973。《中国近三百年学术史》,同上,1973。伊曼努尔·徐英译《清代学术概论》,剑桥,哈佛大学出版社,1959。

325 刘逢禄《尚书今古文集解》,台北,商务印书馆,1977。《春秋公羊经何氏释例》,《皇清经解》本。《左氏春秋考证》,同上。

柳诒徵《江苏书院志初稿》,《国学图书馆馆刊》,4:1~112(1931)。

刘子健《新儒学是如何成为官方学说的?》,《东西方哲学》23.4:483~505(1973)。《欧阳修:11 世纪的新儒家》,斯坦福大学出版社,1967。

刘广京《清朝中兴》,费正清编《剑桥中国史》卷 10,剑桥大学出版社,1978。

刘伯骥《广东书院制度》,香港,1958。

罗振玉《玉简斋丛书》,《罗雪堂先生全集》,台北,文化出版公司,1970。

罗炳绵《章实斋的校雠论及演变》,《新亚学术年刊》8:77~95(1966)。

罗文(Winston Lo)《语言学:宋代理性主义的特点》,《中国文化》17.4:1~26(1976)。

鲁惟一(Michael Loewe)《汉代中国的冲突与危机》,伦敦,1974。

陆象山《象山全集》,《四部备要》本。

陆宝千《清代思想史》,台北,广文书局,1978。

卢文弨《抱经堂文集》,上海,商务印书馆,1937。

伦明《续书楼读书记》,《燕京学报》,3:457~511。《论语引得》,台北,1966。

龙木勋《论常州词派》,《同声》1.10:1~20,1941。

马裕藻《戴东原对于古音学的贡献》,《国学季刊》2.2:205~235(1929)。

梅肯那(Stephen and Victor Mair Mckanna)《易经卦爻的再研究》,《东西方哲学》29.4:421~441。

梅克拉斯(Colin Mackerras)《京剧的崛起:1770~1870 清代中国戏院的社会特征》,牛津,克拉伦顿出版社,1972。

梅克鲁昂(Marshall Mcluhan)《古登堡的奇迹:活字印刷的发明者》,多伦多大学出版社,1962。

梅恩(Albert Mann)《再论郑樵》,布克哈姆和莫特编《变迁与永恒:中国历史与文化》,香港,卡拉出版社,1972。

毛奇龄《西河合集》,康熙刻本,《古文尚书冤词》,《西河合集》本。

Marayama,Masao《德川时代学术史》马纳英译,普林斯顿大学出版社,1974。

门德尔松(Everett Mendelson)《19 世纪欧洲科学职业化的出现》,黑尔编《科学家的管理》,波士顿,培根出版社,1964。

马斯伯乐(Henri Maspero)《左传年代考》,《中国研究丛刊》1:137~215(1931~1932)。

梅朱林(音译,Mei,Tsu-lin)和诺曼(Jerry Norman)《中国古代"六"的内涵》,杰克逊与 Shigeo Kawanvoto 合编《东方语言学研究》,东京,1970。

莫顿(Robert Merton)《科学社会学:理论分析与实证研究》,斯托尔编,芝加哥大学出版社,1973。

梅斯克尔(Johanna Meskill)《中国家谱的史料价值》,胡克编《中国政府与家族》,斯坦福大学出版社,1970。

梅斯克(John Meskill)《明代政治与书院》,胡克编《明代中国政治的七方面研究》,纽约,哥伦比亚大学出版社,1969。《明代书院论集》,亚利桑那大学出版社,1982。

墨子刻(Thomas Metzger)《清代官僚体制的内部结构:地方、任命与交流网络》,剑桥,哈佛大学出版社,1973。《清代国家的商业管理功能:1740~1840 两淮盐商的专卖权》。维诺特编《中国社会的经济组织》,斯坦福大学出版社,1972。《逃避困境:新儒家与中国政治文化的演进》,纽约,哥伦比亚大学出版社,1977。

326

327

米勒(Koy A. Miller)《日本对清代经学的影响》,《远东研究杂志》72:56~67(1952)。

米彻尔(Peter Mitchell)《变革的限度:魏源对西方入侵的反应》,《现代亚洲研究》6.2:175~204(1972)。《〈皇朝经世文编〉新探》,《清史问题》2.3:40~56(1970)。

宫崎市定《明清时期苏州轻工业的发展》,《亚洲史研究》1964,第6卷页306~320。《明代苏松地区的士绅与民众》,《史林》33,3:219~251(1954)。《东、西方文艺复兴的比较研究》,《史林》25,4:465~480(1942),26.1:69~102(1943)。《四书考证学》第四卷,页379~387。

莫特(Fredrick Mote)《中国城市化的千年历程:苏州的形式,时间与空间概念》,《利斯大学研究》59.4:33~65(1973,秋季号)。《艺术与文明的"理论模式"》,莫克编《艺术与传统:传统在中国文化中的功用》,普林斯顿大学出版社,1976。

村山吉广《姚际恒学述》,《汉文学研究》7:77~94(1959),8:34~46(1960),9:15~35(1961)。

内藤虎次郎《支那学术现状》,《湖南全集》,东京,第六卷,页48~66。《清朝史通论》,同上第八卷,《支那史学史》,同上第十一卷。

哲夫·纳吉塔(Tetuo Najita)、施纳尔(Irwin Seheiner)《德川时代思想史:方法与隐喻》,芝加哥大学出版社,1978。

中材久四郎《清代学术思想史》,《东亚研究》(1)2,11:49~53(1912);(2)2,12:20~26(1912);(3)3,1:38~42(1913);(4)3,2:42~47(1913);(5)3,5:9~15(1913);(6)3,8:30~40(1913)。

Nakayama Shigeru《日本天文学史》,剑桥,哈佛大学出版社,1959。

韩书瑞(Susan Naquin)《千年末世之乱:1813年的八卦教起义》,纽黑文,耶鲁大学出版社,1976。

李约瑟《中国科技与文明》,五卷本,剑桥大学出版社,1959。

倪德卫(David Nivison),《章学诚的生平与思想》,斯坦福大学出版社,1966。

西顺藏《试论戴震的方法》,《东京支那学报》1:130~145(1955)。

野村浩一《清末公羊学派的形成与康有为的历史意义》(1)《国家学会杂志》71.7:1~61(1957)。

沼田次郎(Numata Jiro)《中山茂与现代东京学派的史学著作》,比斯利与浦立本合编《中日史学家》,牛津大学出版社,1961。

小川嘉子《清代义学建立的基础》,《近代中国教育研究》,东京,1958。

冈田武彦《张柄圆与陆桴亭》。

大保久英子《明末士大夫的结社与教育活动》,《近世中国教育研究》,东京,1958。《明清时代书院教育》,东京,1976。

小野和子《明代党社研究》(上、下),《史林》45.2:37~67(1962);45.3:67~92(1962)。《明末清初士大夫的政治活动》,《世界历史》第十一卷,《中华帝国的衰落》,东京,1961。《清初思想控制》,《东洋史研究》18,3:99~123(1959)。《颜元的学术观》,

328

329

《东洋学报》41:467～490(1970)。《清初的讲经会》,同上,36:633～661(1964)。《儒学的异端》,松本三之介主编《亚洲的变革》,东京,1966。

小野决精一《"气"的理念:人与自然观的展开》,东京大学出版社,1978。

奥斯泰因(Martha Ornstein)《17世纪科学社团的作用》,芝加哥大学出版社,1928。

大谷敏夫《魏源经世思想考》,《史林》54.6:33～75(1971)。

帕特森(Willard Paterson)《顾炎武的生平》,《哈佛亚洲研究杂志》28:114～156(1968),29:201～247(1969)。《方以智:西学与实学》,狄百瑞编《新儒学的展开》,哥伦比亚大学出版社,1975。《晚明刊行的西方自然哲学著作》,《美国哲学学会年鉴》,117.4:295～322(1973)。《匏包:方以智与学术变迁的冲击》,耶鲁大学出版社,1979。

皮锡瑞《经学历史》,周予同注,香港,中华书局,1961。

普莱彻克(James Polachek)《19世纪中国的文学社团与政治社团》,伯克利,加利福尼亚大学博士学位论文,1977。《绅士特权,同治中兴时期的苏州》,见魏斐德等编《中华帝国晚期的冲突与控制》,伯克利,加利福尼亚大学出版社。

罗友枝(Evelyn Rawski)《清代中国的教育与大众识字率》,密执安大学中国研究中心,1979。《农业变迁与华南农村经济》,剑桥,哈佛大学出版社,1972。

利格尔(Jeffrey Riegal)《略论清代学者对汉以前哲学文献的整理》,《亚洲研究论丛》,1:172～185(1976)。

罗斯托恩(A. Vo,n, Rosthovn)《〈尔雅〉与同义字研究》,沃尔夫英译,《中国语言教学协会杂志》Vo,3:137～145(1975)。

鲁道夫(R. C. Randolph)《18世纪中国的活字印刷》。《宋代考古学初探》,《亚洲研究杂志》22:169～177(1963)。

萨伊德(Edward Said)《东方主义》,纽约,1979。《开端:方法与目的》,巴尔的摩,约翰·霍普金斯大学出版社,1975。《语言学与思想考古学》,《国际哲学季刊》11.1:104～134(1971)。

坂出祥伸《魏源思想试论》,《怀德》35:33～52(1964)。《论方以智思想》。

酒井忠夫《清代考证学的源流》,《历史教育》5,11:28～34(1957)。《儒学与大众教育作品》,狄百瑞编《明代思想的社会与自我》,纽约,哥伦比亚大学出版社,1970。

佐藤震二《魏源的学术与思想》,《中国古典研究》12:24～40(1964)。《洪亮吉思想的特点》,亚洲学报,9:119～148(1955)。

施罗克尔(Conrad Schirokaucr)《被攻击的新儒学》,海格主编《宋朝的危机与出路》,亚里桑那大学出版社,1975。

施奈德(Lawrance Schneider)《顾颉刚与中国新史学》,伯克利,加利福尼亚大学出版社,1971。

史华慈(Benjamin Schwartz)《清代学术概论》英译本"序"。

斯考特《扬州八怪》,《亚洲研究》1～2:1～19(1964～1965)。

213

顾颉刚《尚书通检》,台北,1966。

尚钺《中国资本主义关系发生及演变的初步研究》,北京,三联书店,1956。

邵长蘅《传是楼记》,《罗雪堂先生全集》3.14:5868～5871。

盛朗西《中国书院制度》,台湾,华世出版社,1977。

舍拉(Jesse Shera)《文字学的语源基础》,蒙哥马利编《知识入门的基石》,西罗科斯大学出版社,1968.

岛田虔次《中国近代思维的挫折》,东京,1970。《历史理性的批评——"六经皆史"论》,《岩波讲座哲学》4:123～157(1969)。《章学诚的意义》,《东方学报》41:519～530(1970)。

席文(Nathan Sivin)《王锡阐》,《科技传记辞典》,纽约,第十四卷,页159～168。《哥白尼在中国》,《哥白尼论集》Ⅱ,《国际哲学与科学协会》1973。《传统中国医学的社会关系》,《日本医学杂志》23.4:1～28(1977)。

施坚雅(G. William Skinher)《中华帝国晚期的城市》,斯坦福大学出版社,1977。《农耕中国的市场与社会结构》,《亚洲研究杂志》2411:3～43(1964),2:195～228(1965),3:363～399(1965)。

奎丁(S. Quentin)《现代政治思想基础》,第二卷,剑桥大学出版社,1979。

包肯(Sohn Pow-key)《朝鲜早期的印刷术》,《美国远东研究杂志》79:96～103(1959)。

斯考尔(Robert Sokol)《分类法:目的、原则、发展、前景》,约翰森——劳埃德等编《思想:认知科学的理解》,剑桥大学出版社,1977。

史景迁(Jonathan Spence)《张伯行与康熙皇帝》,《清史问题》1.8:3～9(1968)。《清代鸦片问题》,魏斐德与格兰特编《中华帝国晚期的冲突与控制》,伯克利,加利福尼亚大学出版社,1975。《崩溃还是复兴:从万历到康熙》,莫克编《艺术与传统:传统在中国文化中的作用》,普林斯顿大学出版社,1976。《论道济》,艺术博物馆编《道济绘画(1641～1720)》,密执安大学,1967。

斯坦尔(Kenneth Starn)《后汉张迁碑的"古拓本"》,罗、T·H·Tsien合编《古代中国早期文明研究》,香港中文大学出版社,1978。

纪昀《四库全书总目》,台北,1974。

斯道尔(Storer, Norman and Talcott Parsons)《学科的分化》,蒙哥马利编《知识入门的基石》,西科罗斯大学出版社,1968。

司徒琳(Lynn Struve)《史学在中国传统社会中的作用——清代南明史编纂学》,密执安大学博士学位论文,1974。《双重性与行动:康熙朝一些受挫折的学者》。史景迁、威尔斯编《从明到清:征服、统治与17世纪的共同体》,耶鲁大学出版社,1979。

苏里文(Michael Sullivan)《17世纪中国的艺术与政治》,《Apolo》103、170:231～235(1976)。

孙星衍《诂经精舍题名碑记》,《诂经精舍文集》P1～60。《尚书今古文注疏》,台北,商务印书馆,1967。《孙氏祠堂书目》,上海,商务印书馆,1935。

332

孙从添《藏书纪要》,刘晚荣编《述古丛钞》同治刻本。

铃中正《清末排外运动的起源》,《史学杂志》67、10:1～29(1953)。

斯万(Nancy Lee Swann)《七位藏书家》,《哈佛亚洲研究杂志》1:369～390(1936)。

徐午《大清一统志表》,台北,1975。

代超温(Taam, Cheuk-Woon)《清代(1644～1911)藏书楼的发展》,台北,1977。

戴震《孟子字义疏证》,胡适《戴东原哲学》附录,页 37～157。《东原集》,《四部备要》
　　本。《戴震文集》,香港,中华书局,1974。

戴君仁《阎毛古文尚书公案》,香港,1963。《太原府志》乾隆刻本。

《太原县志》雍正刻本,道光刻本。

高田淳《章学诚史学思想研究》,《东洋学报》47.1:61～93(1964)。

竹村则行《龚自珍与乾隆时代》,《中国文学论集》6:46～59(1977)。

唐鉴《清学案小识》,台北,商务印书馆,1975。

唐君毅《中国文人精神之发展》,台北,学生书局,1974。

《德清续县志》,嘉庆刻本。

邓之诚《清诗纪事初编》,上海,中华书局,1965。

《邓石如篆书》,北京,文物出版社,1982。

邓嗣禹《王夫之的历史观与历史著作》,《亚洲研究杂志》28.1:111～123(1968)。邓 *334*
　　嗣禹与伯格斯泰夫合著《中国史料选粹目录》,剑桥,哈佛大学出版社,1971。

扎克莱、莫顿(Arnold Thacray and Robert Merton)《学术训练:乔治、萨顿的悖论》,
　　《Isis》63:473～495(1972)。

田浩(Hoyt Tillman)《儒家功利主义者:陈亮对朱熹的挑战》,剑桥与伦敦,东亚研究
　　委员会,哈佛大学,1982。

丁文江《梁任公先生年谱长编初稿》,台北,世界书局,1972。

臧琳《经义杂记叙录》,台北,中兴文化出版公司,1967。

曾养吾《辨伪学史》,顾颉刚编《古史辨》第二卷,P388～416。

田学奎《中国图书分类的演变》,《图书馆季刊》22.4:307～324(1952)。《竹简与帛
　　书》芝加哥大学出版社,1962。

《邹平县志》,道光刻本。

屠经义(音译,Tu Ching-i)《中国科举制度论》,《Monumenta Serica》31:393～406
　　(1974～1975)。

杜维明《内在体验:新儒家思想的创造基础》,莫克编《艺术与传统:传统在中国社会
　　中的作用》,普林斯顿大学出版社,1976。

杜维运《学术与世变》,台北,环宇出版社,1971。《黄宗羲与浙东学派的兴起》(上),
　　《故宫文献》2.3:1～13(1971),《清乾嘉时代的史学与史家》,台北,文史丛
　　刊,1962。

段玉裁《经韵楼集》,《段玉裁遗书》,台北,1977。《说文解字注》,台北,1973。《戴东

335 原先生年谱》。

特纳、诺杰(C. Turner and M. N. Nodge)《行业与职业》,杰克逊编《职业与职业化》。

宇野精一《〈周礼〉刘歆作伪说》,《东亚论丛》5:237～273(1941)。《从五经到四书——经学史新论》,《东洋的社会与文化》2:1～14(1952)。

浦边正信《中国政治制度的变革》,《东洋学术研究》1971。

宇佐美一博《试论龚自珍思想》,《中国关系论说资料》17.1A:549～557(1975)。

沃尔默与米尔斯(Howard Vollmer and Donald Mills)合编《职业化》,1966。

魏斐德《广州贸易与鸦片战争》,费正清《剑桥中国史》第十卷第一章,剑桥大学出版社,1978。《自主的代价:明清政治与学术》,《Daedalus》101,2:35～70(1972)。《清军征服江南期间的地方主义和忠义气节:江阴的悲剧》,韦克曼、格兰特合编《中华帝国晚期的冲突与控制》,伯克利,加利福尼亚大学出版社,1975,页43～85。《〈皇朝经世文编〉研究》,《清史问题》1.10:8～22(1969)。《中华帝国的衰落》,纽约,自由出版社,1975。

瓦莱(Arthur Waley)《中国人心目中的鸦片战争》,斯坦福大学出版社,1975。《袁枚:18世纪的中国诗人》,同上,1970。《孔子格言》,纽约。

韦勒克(Benjamin Wallacker)《汉代的儒学与孔子在汉代》,罗与 T・H・Tsien 合编《古代中国早期文明研究》,香港中文大学出版社,1978。

沃尔顿-瓦戈(Linda Walton-Vargi)《教育、社会改革与宋元新儒学:明州的地方士绅
336 与书院》,宾夕法尼亚大学博士学位论文,1978。

万斯同《群书疑辨》,嘉庆刻本。

汪中《述学》,台北,广文书局,1970。

王夫之《读通鉴论》,北京,中华书局,1975。

王鸣盛《十七史商榷》,台北,广文书局再版,1960。《蛾术编》,台北,欣义书局,1976。

王萍《清初历算家梅文鼎》,台北,中央研究院,近代史研究所集刊,1971。

汪宗衍《陈东塾先生年谱》,香港,商务印书馆,1964。

王阳明《传习录》,《王阳明全集》,台北,考亭出版社,1973。

王益谦(Wang Ye-chien)《太平天国起义对苏南人口的影响》,《哈佛大学中国研究论丛》19:120～158(1964)。

王冶秋《琉璃厂史话》,香港,三联书店,1979。

温斯顿译《荀子》,纽约,哥伦比亚大学出版社,1963。

韦伯(Max Weber)《中国的宗教》格斯英译,纽约,1954。

魏源《古微堂内外集》,台北,文海出版社,1966;《魏源集》,北京,中华书局,1976。

翁方纲《复初斋文集》,同治刻本。

海登・怀特(Hayden White)《破译福柯:背景分析》,《历史与理论》12.23～54(1973)。《话语的主体:文化批评论集》,巴尔的摩,约翰・霍普金斯大学出版社,1978。

韦格(L. Wieger)《中国文字》,纽约,企鹅书店,1965。

韦尔海姆(Hellmut Willhem)《1679年的博学鸿词科考试》,《美国东亚研究杂志》71: *337*
60~66(1951)。

韦克森(Endymion Wilkinson)《中华帝国史研究指南》,哈佛大学,东亚研究中
心,1973。

黄六平《卢文弨〈经典释文〉毛诗音义考证订补》,香港《东亚研究杂志》8:2:289~301
(1970)。

芮玛丽《中国保守主义的最后抗争:1862~1874的同治中兴》,斯坦福大学出版
社,1957。

吴哲夫(Wu Che-Fu)《中国书籍的发展》,《回声》5、6:21~37(1975)。5、7:48~59
(1975)。《武进阳湖县志》,光绪刻本。

吴敬梓《儒林外史》,杨宪益等英译,纽约,1972。

《吴县志》,1933。

吴宏一《清代诗学初探》,台北,牧童出版社,1977。

吴广兴(Wu Kwang Tsin)《618~1644年中国的学术,图书出版与收藏》,芝加哥大学
博士学位论文,1944。《中国印刷术的发展》,《天下》月刊3:137~160(1936),《明
代出版与出版家》,《哈佛亚洲研究杂志》7:203~260(1943)。

吴讷孙(Nelson Wu)《董其昌:热衷艺术,冷淡政治》,瑞特、崔彻特合编《儒家的人
格》,斯坦福大学出版社,1979。

吴秀良(Silas Wu)《走向权力:康熙和他的继承者》,剑桥,哈佛大学出版社,1979。

韦利(Alexande Wylie)《中国文学论集》,上海,1867。

薮内清《中国科学和日本》,东京,1978。与吉田光邦合著《明清科学技术史》,东京,
1970。《明清科技史》,《明清易代之际学术研究》页1~26。《戴震的天算学》,同
前,页27~34。
338

山井涌《明清际经世学风研究》,《东方学论集》1:136~150(1954)。《明清"气"的哲
学》,《哲学杂志》46.711:82~103(1951)。《〈孟子字义疏证〉特点》,《日本中国学
会报》12:108~126(1960)。《明清际哲学与道德修养》,《历史教育》2.11:82~88
(1954)。《黄宗羲学述——明清之际学术转变的具体分析》,《东京支那学报》3:
31~50(1957)。《从明清之际学风的转变看顾炎武学术》,《中央大学文学部纪要》
35:67~93(1964)。《明末清初思想研究》,《东京支那学报》11:37~54(1965)。

杨向奎《清代的今文经学》,《清史论丛》(1:177~209),北京,1979。

叶德辉《藏书十约》,《观古堂所著书》,光绪长沙刻本。

阎若璩《尚书古文疏证》,《皇清经解续编》,台北,复兴书局,1972。《潜丘札记》,台
北,商务印书馆,1973。

《颜李丛书》,台北,广文书局,1965。

吉川幸次郎《钱谦益与清代经学》,《京都大学文学部研究纪要》9:1~82(1965)。

余英时《清代思想史的一个新解释》,余英时等编《中国哲学思想论集清代篇》,台北,

牧童出版社,1977。《从宋明儒学的发展论清代思想史》,《中国学人》2:19～41(1970)。《论戴震与章学诚》,香港,龙门书局,1976。《清代知识主义思潮初论》,《清华中国研究杂志》11:105～146(1975)。

袁枚《小仓山房诗文集》,《四部备要》本。

"海外中国研究丛书"书目

1. 中国的现代化 [美]吉尔伯特·罗兹曼 主编 国家社会科学基金"比较现代化"课题组 译 沈宗美 校
2. 寻求富强:严复与西方 [美]本杰明·史华兹 著 叶凤美 译
3. 中国现代思想中的唯科学主义(1900—1950) [美]郭颖颐 著 雷颐 译
4. 台湾:走向工业化社会 [美]吴元黎 著
5. 中国思想传统的现代诠释 余英时 著
6. 胡适与中国的文艺复兴:中国革命中的自由主义,1917—1937 [美]格里德 著 鲁奇 译
7. 德国思想家论中国 [德]夏瑞春 编 陈爱政 等译
8. 摆脱困境:新儒学与中国政治文化的演进 [美]墨子刻 著 颜世安 高华 黄东兰 译
9. 儒家思想新论:创造性转换的自我 [美]杜维明 著 曹幼华 单丁 译 周文彰 等校
10. 洪业:清朝开国史 [美]魏斐德 著 陈苏镇 薄小莹 包伟民 陈晓燕 牛朴 谭天星 译 阎步克 等校
11. 走向21世纪:中国经济的现状、问题和前景 [美]D. H. 帕金斯 著 陈志标 编译
12. 中国:传统与变革 [美]费正清 赖肖尔 主编 陈仲丹 潘兴明 庞朝阳 译 吴世民 张子清 洪邮生 校
13. 中华帝国的法律 [美]D. 布朗 C. 莫里斯 著 朱勇 译 梁治平 校
14. 梁启超与中国思想的过渡(1890—1907) [美]张灏 著 崔志海 葛夫平 译
15. 儒教与道教 [德]马克斯·韦伯 著 洪天富 译
16. 中国政治 [美]詹姆斯·R. 汤森 布兰特利·沃马克 著 顾速 董方 译
17. 文化、权力与国家:1900—1942 年的华北农村 [美]杜赞奇 著 王福明 译
18. 义和团运动的起源 [美]周锡瑞 著 张俊义 王栋 译
19. 在传统与现代性之间:王韬与晚清革命 [美]柯文 著 雷颐 罗检秋 译
20. 最后的儒家:梁漱溟与中国现代化的两难 [美]艾恺 著 王宗昱 冀建中 译
21. 蒙元入侵前夜的中国日常生活 [法]谢和耐 著 刘东 译
22. 东亚之锋 [美]小 R. 霍夫亨兹 K. E. 柯德尔 著 黎鸣 译
23. 中国社会史 [法]谢和耐 著 黄建华 黄迅余 译
24. 从理学到朴学:中华帝国晚期思想与社会变化面面观 [美]艾尔曼 著 赵刚 译
25. 孔子哲学思微 [美]郝大维 安乐哲 著 蒋弋为 李志林 译
26. 北美中国古典文学研究名家十年文选乐黛云 陈珏 编选
27. 东亚文明:五个阶段的对话 [美]狄百瑞 著 何兆武 何冰 译
28. 五四运动:现代中国的思想革命 [美]周策纵 著 周子平 等译
29. 近代中国与新世界:康有为变法与大同思想研究 [美]萧公权 著 汪荣祖 译
30. 功利主义儒家:陈亮对朱熹的挑战 [美]田浩 著 姜长苏 译
31. 莱布尼兹和儒学 [美]孟德卫 著 张学智 译
32. 佛教征服中国:佛教在中国中古早期的传播与适应 [荷兰]许理和 著 李四龙 裴勇 等译
33. 新政革命与日本:中国,1898—1912 [美]任达 著 李仲贤 译
34. 经学、政治和宗族:中华帝国晚期常州今文学派研究 [美]艾尔曼 著 赵刚 译
35. 中国制度史研究 [美]杨联陞 著 彭刚 程钢 译